"十三五"全国高等院校民航服务专业规划教材

民航电子客票销售实务

主　编◎霍连才　杨　超
副主编◎黄　娜

OnLine Ticketing of CiviL Aviation

清华大学出版社
北　京

内 容 简 介

本教材紧紧围绕高等职业教育培养目标，遵循高等职业教育教学规律，以满足民航电子客票销售行业发展对高素质技能型人才的需求为出发点，做到实用、适用；适应航空公司和民航客票销售代理企业实际工作任务的知识、能力、素质要求，涵盖了民用客票销售行业工作岗位所需要的知识和操作技能；课程内容与民用航空运输销售代理岗位技能培训合格证的要求相对接。该教材在内容选取、内容续化等方面进行了改革及创新。

本书可以作为高等院校航空运输管理、民航运输、空中乘务等专业的教学用书，也可以供民航客票销售工作人员参考使用。

图书在版编目（CIP）数据

民航电子客票销售实务 / 霍连才，杨超主编. —北京：清华大学出版社，2019（2021.2重印）
（“十三五”全国高等院校民航服务专业规划教材）
ISBN 978-7-302-53416-7

Ⅰ. ①民… Ⅱ. ①霍… ②杨… Ⅲ. ①民用航空—旅客运输—售票—中国—高等学校—教材 Ⅳ. ①F562.5

中国版本图书馆CIP数据核字（2019）第178636号

责任编辑： 杜春杰
封面设计： 刘 超
版式设计： 文森时代
责任校对： 马军令
责任印制： 杨 艳

出版发行： 清华大学出版社
网　　址： http://www.tup.com.cn，http://www.wqbook.com
地　　址： 北京清华大学学研大厦A座　　**邮　　编：** 100084
社 总 机： 010-62770175　　**邮　　购：** 010-62786544
投稿与读者服务： 010-62776969，c-service@tup.tsinghua.edu.cn
质量反馈： 010-62772015，zhiliang@tup.tsinghua.edu.cn
印 装 者： 北京鑫海金澳胶印有限公司
经　　销： 全国新华书店
开　　本： 185mm×260mm　　**印　　张：** 14.75　　**字　　数：** 338千字
版　　次： 2019年9第1版　　**印　　次：** 2021年2月第3次印刷
定　　价： 49.80元

产品编号：083823-01

“十三五”全国高等院校民航服务专业规划教材
丛书主编及专家指导委员会

丛 书 总 主 编 刘　永（北京中航未来科技集团有限公司董事长兼总裁）
丛 书 副 总 主 编 马晓伟（北京中航未来科技集团有限公司常务副总裁）
丛 书 副 总 主 编 郑大地（北京中航未来科技集团有限公司教学副总裁）
丛 书 总 主 审 朱益民（原海南航空公司总裁、原中国货运航空公司总裁、原上海航空公司总裁）
丛 书 英 语 总 主 审 王　朔（美国雪城大学、纽约市立大学巴鲁克学院双硕士）
丛 书 总 顾 问 沈泽江（原中国民用航空华东管理局局长）
丛 书 总 执 行 主 编 王益友［江苏民航职业技术学院（筹）院长、教授］
丛 书 艺 术 总 顾 问 万峻池（美术评论家、著名美术品收藏家）
丛书总航空法律顾问 程　颖（荷兰莱顿大学国际法研究生、全国高职高专“十二五”规划教材《航空法规》主审、中国东方航空股份有限公司法律顾问）

丛书专家指导委员会主任

关云飞（长沙航空职业技术学院教授）
张树生（国务院津贴获得者，山东交通学院教授）
刘岩松（沈阳航空航天大学教授）
宋兆宽（河北传媒学院教授）
姚　宝（上海外国语大学教授）
李剑峰（山东大学教授）
孙福万（国家开放大学教授）
张　威（沈阳师范大学教授）
成积春（曲阜师范大学教授）

“十三五”全国高等院校民航服务专业规划教材编委会

出版说明

随着经济的稳步发展，我国已经进入经济新常态的阶段，特别是十九大指出：中国社会主要矛盾已经转化为人民日益增长的美好生活需要和不平衡不充分的发展之间的矛盾，这客观上要求社会服务系统要完善升级。作为公共交通运输的主要组成部分，民航运输在满足人们对美好生活的追求和促进国民经济发展中扮演着重要的角色，具有广阔的发展空间。特别是"十三五"期间，国家高度重视民航业的发展，将民航业作为推动我国经济社会发展的重要战略产业，预示着我国民航业将会有更好、更快的发展。从国产化飞机C919的试飞，到宽体飞机规划的出台，以及民航发展战略的实施，标志着我国民航业已经步入崭新的发展阶段，这一阶段的特点是以人才为核心，而这一发展模式必将进一步对民航人才质量提出更高的要求。面对民航业发展对人才培养提出的挑战，培养服务于民航业发展的高质量人才，不仅需要转变人才培养观念，创新教育模式，更需要加强人才培养过程中基本环节的建设，而教材建设就是其首要的任务。

我国民航服务专业的学历教育，经过18年的探索与发展，其办学水平、办学结构、办学规模、办学条件和师资队伍等方面都发生了巨大的变化，专业建设水平稳步提高，适应民航发展的人才培养体系初步形成。但我们应该清醒地看到，目前我国民航服务类专业的人才培养仍存在着诸多问题，特别是专业人才培养质量仍不能适应民航发展对人才的需求，人才培养的规模与高质量人才短缺的矛盾仍很突出。而目前相关专业教材的开发还处于探索阶段，缺乏系统性与规范性。已出版的民航服务类专业教材，在吸收民航服务类专业研究成果方面做出了有益的尝试，涌现出不同层次的系列教材，推动了民航服务的专业建设与人才培养，但从总体来看，民航服务类教材的建设仍落后于民航业对专业人才培养的实践要求，教材建设已成为相关人才培养的瓶颈。这就需要以引领和服务专业发展为宗旨，系统总结民航服务实践经验与教学研究成果，开发全面反映民航服务职业特点、符合人才培养规律和满足教学需要的系统性专业教材，积极有效地推进民航服务专业人才的培养工作。

基于上述思考，编委会经过两年多的实际调研与反复论证，在广泛征询民航业内专家的意见与建议、总结我国民航服务类专业教育的研究成果后，结合我国民航服务业的发展趋势，致力于编写出一套系统的、具有一定权威性和实用性的民航服务类系列教材，为推进我国民航服务人才的培养尽微薄之力。

本系列教材由沈阳航空航天大学、南昌航空大学、郑州航空工业管理学院、上海民航职业技术学院、长沙航空职业技术学院、西安航空职业技术学院、中原工学院、上海外国语大学、山东大学、大连外国语大学、沈阳师范大学、曲阜师范大学、湖南艺术职业学院、陕西师范大学、兰州大学、云南大学、四川大学、湖南民族职业学院、江西青年职业学院、天津交通职业学院、潍坊职业学院、南京旅游职业学院等多所高校的众多资深专家和学者共同打造，还邀请了多名原中国东方航空公司、原中国南方航空公司、原中国国际航空公司和原海南航空公司中从事多年乘务工作的乘务长和乘务员参与教材的编写。

目前，我国民航服务类的专业教育呈现着多元化、多层次的办学格局，各类学校的办学模式也呈现出个性化的特点，在人才培养体系、课程设置以及课程内容等方面，各学校之间存在着一定的差异，对教材也有不同的需求。为了能够更好地满足不同办学层次、教学模式对教材的需要，本套教材主要突出以下特点。

第一，兼顾本、专科不同培养层次的教学需要。鉴于近些年我国本科层次民航服务专业办学规模的不断扩大，在教材需求方面显得十分迫切，同时，专科层面的办学已经到了规模化的阶段，完善与更新教材体系和内容迫在眉睫，本套教材充分考虑了各类办学层次的需要，本着“求同存异、个性单列、内容升级”的原则，通过教材体系的科学架构和教材内容的层次化，以达到兼顾民航服务类本、专科不同层次教学之需要。

第二，将最新实践经验和专业研究成果融入教材。服务类人才培养是系统性问题，具有很强的内在规定性，民航服务的实践经验和专业建设成果是教材的基础，本套教材以丰富理论、培养技能为主，力求夯实服务基础、培养服务职业素质，将实践层面行之有效的经验与民航服务类人才培养规律的研究成果有效融合，以提高教材对人才培养的有效性。

第三，落实素质教育理念，注重服务人才培养。习近平总书记在党的十九大报告中强调，“要全面贯彻党的教育方针，落实立德树人根本任务，发展素质教育，推进教育公平，培养德智体美全面发展的社会主义建设者和接班人”，人才以德为先，以社会主义价值观铸就人的灵魂，才能使人才担当重任，也是高校人才培养的基本任务。教育实践表明，素质是人才培养的基础，也是人才职业发展的基石，人才的能力与技能以精神与灵魂为附着，但在传统的民航服务教材体系中，包含素质教育板块的教材较为少见。根据党的教育方针，本套教材的编写考虑到素质教育与专业能力培养的关系，以及素质对职业生涯的潜在影响，首次在我国民航服务专业教学中提出专业教育与人文素质并重、素质决定能力的培养理念，以独特的视野，精心打造素质教育教材板块，使教材体系更加系统，强化了教材特色。

第四，必要的服务理论与专业能力培养并重。调研分析表明，忽视服务理论与人文素质所培养出的人才很难有宽阔的职业胸怀与职业精神，其未来的职业生涯发展就会乏力。因此，教材不应仅是对单纯技能的阐述与训练指导，更应该是不淡化专业能力培养的同时，强化行业知识、职业情感、服务机理、职业道德等关系到职业发展潜力的要素的培养，以期培养出高层次和高质量的民航服务人才。

第五，架构适合未来发展需要的课程体系与内容。民航服务具有很强的国际化特点，而我国民航服务的思想、模式与方法也正处于不断创新的阶段，紧紧把握未来民航服务的发展趋势，提出面向未来的解决问题的方案，是本套教材的基本出发点和应该承担的责任。我们力图将未来民航服务的发展趋势、服务思想、服务模式创新、服务理论体系以及服务管理等内容进行重新架构，以期能对我国民航服务人才培养，乃至整个民航服务业的发展起到引领作用。

第六，扩大教材的种类，使教材的选择更加宽泛。鉴于我国目前尚缺乏民航服务专业更高层次办学模式的规范，各学校的人才培养方案各具特点，差异明显，为了使教材更适合于办学的需要，本套教材打破了传统教材的格局，通过课程分割、内容优化和课外外延化等方式，增加了教材体系的课程覆盖面，使不同办学层次、关联专业，可以通过教材合理组合获得完整的专业教材选择机会。

本套教材规划出版品种大约为四十种，分为：① 人文素养类教材，包括《大学语文》《应用文写作》《艺术素养》《跨文化沟通》《民航职业修养》《中国传统文化》等。② 语言类教材，包括《民航客舱服务英语教程》《民航客舱实用英语口语教程》《民航实用英语听力教程》《民航播音训练》《机上广播英语》《民航服务沟通技巧》等。③ 专业类教材，包括《民航概论》《民航服务概论》《中国民航常飞客源国概况》《民航危险品运输》《客舱安全管理与应急处置》《民航安全检查技术》《民航服务心理学》《航空运输地理》《民航服务法律实务与案例教程》等。④ 职业形象类教材，包括《空乘人员形体与仪态》《空乘人员职业形象设计与化妆》《民航体能训练》等。⑤ 专业特色类教材，包括《民航服务手语训练》《空乘服务专业导论》《空乘人员求职应聘面试指南》《民航面试英语教程》等。

为了开发职业能力，编者联合有关 VR 开发公司开发了一些与教材配套的手机移动端 VR 互动资源，学生可以利用这些资源体验真实场景。

本套教材是迄今为止民航服务类专业较为完整的教材系列之一，希望能借此为我国民航服务人才的培养，乃至我国民航服务水平的提高贡献力量。民航发展方兴未艾，民航教育任重道远，为民航服务事业发展培养高质量的人才是各类人才培养部门的共同责任，相信集民航教育的业内学者、专家之共同智慧，凝聚有识之士心血的这套教材的出版，对加速我国民航服务专业建设、完善人才培养模式、优化课程体系、丰富教学内容，以及加强师资队伍建设能起到一定的推动作用。在教材使用的过程中，我们真诚地希望听到业内专家、学者批评的声音，收到广大师生的反馈意见，以利于进一步提高教材的水平。

从书序

《礼记·学记》曰："古之王者，建国君民，教学为先。"教育是兴国安邦之本，决定着人类的今天，也决定着人类的未来，企业发展也大同小异，重视人才是企业的成功之道，别无二选。航空经济是现代经济发展的新趋势，是当今世界经济发展的新引擎，民航是经济全球化的主流形态和主导模式，是区域经济发展和产业升级的驱动力。作为发展中的中国民航业，有巨大的发展潜力，其民航发展战略的实施必将成为我国未来经济发展的增长点。

"十三五"期间正值实现我国民航强国战略构想的关键时期，"一带一路"倡议方兴未艾，"空中丝路"越来越宽阔。面对高速发展的民航运输，需要推动持续的创新与变革；同时，基于民航运输的安全性和规范性的特点，其对人才有着近乎苛刻的要求，只有人才培养先行，夯实人才基础，才能抓住国家战略转型与产业升级的巨大机遇，实现民航运输发展的战略目标。经历多年民航服务人才发展的积累，我国建立了较为完善的民航服务人才培养体系，培养了大量服务民航发展的各类人才，保证了我国民航运输业的高速持续发展。与此同时，我国民航人才培养正面临新的挑战，既要通过教育创新，提升人才品质，又需要在人才培养过程中精细化，把人才培养目标落实到人才培养的过程中，而教材作为专业人才培养的基础，需要先行，从而发挥引领作用。教材建设发挥的作用并不局限于专业教育本身，其对行业发展的引领，专业人才的培养方向，人才素质、知识、能力结构的塑造以及职业发展潜力的培养具有不可替代的作用。

我国民航运输发展的实践表明，人才培养决定着民航发展的水平，而民航人才的培养需要社会各方面的共同努力。我们惊喜地看到，清华大学出版社秉承"自强不息，厚德载物"的人文精神，发挥强势的品牌优势，投身到民航服务专业系列教材的开发行列，改变了民航服务教材研发的格局，体现了其对社会责任的担当。

本套教材体系组织严谨，精心策划，高屋建瓴，深入浅出，具有突出的特色。第一，从民航服务人才培养的全局出发，关注了民航服务产业的未来发展趋势，架构了以培养目标为导向的教材体系与内容结构，比较全面地反映了服务人才培养趋势，具有良好的统领性；第二，很好地回归了教材的本质——适用性，体现在每本教材均有独特的视角和编写立意，既有高度的提升、理论的升华，也注重教育要素在课程体系中的细化，具有较强的可用性；第三，引入了职业素质教育的理念，补齐了服务人才素质教育缺少教材的短板，可谓是对传统服务人才培养理念的一次冲击；第四，教材编写人员参与面非常广泛。这反映出本套教材充分体现了当今民航服务专业教育的教学成果和编写者的思考，形成了相互交流的良性机制，势必对全国民航服务类专业的发展起到推动作用。

教材建设是专业人才培养的基础，与其服务的行业的发展交互作用，共同实现人才培养—社会检验的良性循环是助推民航服务人才的动力。希望这套教材能够在民航服务类专业人才培养的实践中，发挥更广泛的积极作用。相信通过不断总结与完善，这套教材一定会成为具有自身特色的、适应我国民航业发展要求的，以及深受读者喜欢的规范教材。

此为序。

原海南航空公司总裁、原中国货运航空公司总裁、原上海航空公司总裁

朱益民

2017 年 9 月

前　言

随着我国经济快速发展，越来越多的人选择乘坐飞机出行，客票销售作为旅客运输的第一项服务，在民航运输过程中具有不可替代的作用。行业的发展，提高了对客票销售人才的需求，也带动了国内民航职业教育的快速发展。作为培养该方向人才的航空运输管理、民航运输、空中乘务等专业，如雨后春笋般在国内各高校遍地开花，但是市场上可供选择的教材寥寥无几。现有教材普遍存在知识点陈旧、编排不合理、重指令轻流程等问题，不能满足行业对高素质技能型人才的培养要求。

教材编写组在深入调研行业中企业的用人需求，分析高等院校学情的基础上，将本书分为知识篇、技能篇和提升篇，紧紧围绕民航客票销售工作岗位流程，讲述 ETERM 系统的基本知识和指令，并重点讲述一般旅客客票的预订操作、各种航程客票的预订操作、特殊旅客客票的预订操作及国际旅客客票的预订操作，最后还介绍了民航呼叫中心及民航网络客票销售等。

本书知识篇项目一由青岛职业技术学院黄娜老师编写，项目二由山东外贸职业学院霍连才老师编写。技能篇项目三和项目四由霍连才老师编写，项目五和项目六由山东外贸职业学院杨超老师编写，项目七由北京希努成信息技术中心葛星总经理编写。提升篇项目八由霍连才老师编写，项目九由杨超老师编写。全书由霍连才老师统稿并审定。

本书在编写过程中得到了许多民航客票销售行业人士的热情指导和帮助，特别是青岛鹏飞航空服务有限公司陈相强总经理，北京希努成信息技术中心葛星总经理，青岛流亭国际机场郝振东总经理，山东航空公司邢杨阳女士和李莹女士等给予了无私的帮助，在此表示衷心的感谢。由于编者水平有限，书中难免有不当之处，敬请各位业内人士及广大读者提出宝贵意见。

编　者

2019 年 4 月

CONTENTS 目录

第一篇 知识篇

项目一 民航客票销售系统概述……2

任务1 民航计算机订座系统简介……2
任务2 民航订座系统的发展……4

项目二 民航订座系统基本指令……6

任务1 民航订座系统的进入及退出……6
任务2 民航订座系统的临时退出及恢复……10
任务3 民航订座系统的密码修改……12
任务4 公用信息查询……13
任务5 国家/城市/机场/航空公司信息查询……17
任务6 系统其他公用信息查询……19

第二篇 技能篇

项目三 客票预订的流程……26

任务1 航班信息查询……26
任务2 航班时刻查询……29
任务3 航班最早可利用座位查询……32
任务4 航班完整信息查询……33
任务5 航班经停站查询……34

任务 6　航班运价查询 35
任务 7　旅客订座记录的建立 38
任务 8　旅客订座记录的提取 46
任务 9　旅客订座记录的修改 51
任务 10　旅客订座记录的还原与取消 53
任务 11　出票并打印行程单 56

项目四　各种航程客票的预订 68

任务 1　联程客票的预订 68
任务 2　来回程客票的预订 75
任务 3　缺口程客票的预订 81

项目五　特殊旅客客票的预订 89

任务 1　多人客票的预订 89
任务 2　旅客订座记录的分离 95
任务 3　儿童客票的预订 97
任务 4　婴儿客票的预订 103
任务 5　团体客票的预订 112
任务 6　重要旅客客票的预订 116
任务 7　特殊服务客票的预订 125

项目六　客票变更与退票 134

任务 1　客票变更 134
任务 2　退票 142
任务 3　挂起与解挂 152
任务 4　电子客票的作废 155

项目七　国际客票的预订 158

第三篇 提升篇

项目八 民航呼叫中心……174

任务1 民航客票的预订服务……174
任务2 民航客票的特殊情景处理……178

项目九 机票电子商务平台……184

参考文献……194

附录A 国内航空公司代码索引……195

附录B 国际航空公司代码索引……196

附录C 国内城市三字代码……197

附录D 国际城市三字代码……200

附录E 常用特殊服务需求代码……205

附录F 指令索引……207

附录G 出错信息提示总汇……212

附录H 出错信息索引……214

附录I 国际组织名称及缩写……216

第一篇

知识篇

项目一　民航客票销售系统概述

本项目主要介绍民航客票分销系统的现状，客票分销系统的分类和特点，让学生掌握民航客票分销系统的基础知识。

知识目标

1. 了解民航客票分销系统的现状。
2. 掌握民航客票分销系统的分类及特点。
3. 了解民航客票分销系统的发展历程。

能力目标

1. 能够熟知民航客票分销系统的功能。
2. 能够简述民航客票分销系统的发展历程。

考证标准

民用航空运输销售代理岗位技能培训合格证。

任务1　民航计算机订座系统简介

知识目标

1. 了解计算机订座系统的基本情况。
2. 了解我国计算机订座系统的现状。
3. 掌握民航代理人分销系统的分类及特点。

能力目标

1. 能够简述民航代理人分销系统的类型及特点。
2. 能够介绍民航代理人分销系统的功能。

基础知识

1. 民航计算机订座系统

民航计算机订座系统包括航空公司的预订系统 ICS（Inventory Control System）和民航代理人的预订系统 CRS（Computer Reservation System）。民航代理人的预订系统就是代理人分销系统，销售代理通过此系统进行航班座位及其他旅游产品的销售。

目前，全球有五大 CRS 系统：美洲（SABRE、WORLDSPAN、GETS）、欧洲（GALILEO、AMADUES）、东南亚（ABACUS）、日本（INFINL）、韩国（TOPAS）。以上各 CRS 系统都是由当地知名的航空公司控股的。

2. 中国的民航代理人分销系统

中国民航的 CRS 系统创建于 1995 年，目前销售市场份额比例为：航空公司占 30%，销售代理人占 70%。国内航空公司相当大比例的航班座位销售份额是由销售代理完成的，这说明销售代理在销售过程中扮演着非常重要的角色。

截至 2018 年 12 月底，CRS 系统已与国外主要的十二家航空系统（200 多家国外的航空公司）建立了级别较高的连接，可使代理人方便地查询和销售世界上绝大多数航空公司的航班座位。对于暂时无登记连接的航空公司，代理人也可以在本系统内查询到航班信息并通过申请的方式订取该航空公司的座位。

3. 民航代理人分销系统的分类及特点

目前中国民航代理人分销系统主要有两种：一种是基于哑终端模式；一种是基于 PC 机的 ETERM 模式。下面我们就这两种模式分别进行介绍。

（1）哑终端模式

哑终端模式是一种最传统的、使用最广的模式。通过民航专用线路将代理人的终端和民航订票的大型主机连接起来，民航代理人可以通过终端进行查询、预订、打票等业务操作。民航分配给代理人的资源可以用 RID-SID-DID 号来描述。其中 RID 号是指专线号，范围是 21-4F（16 进制）；SID 是指在 RID 号下的终端代号，范围是 51-7F（16 进制）；DID 号是指查询和打印的标志，其中 70 为查询配置，73 为打印配置。

① 哑终端。代理人现在使用最多的是科比亚（CVT-1000）和昌霖终端。终端只能与系统主机进行通信，由主机板、显示器和键盘组成，通过电缆与打票机相连，通过专线与主机相连。

② 配置号。配置号由 RID、SID、DID 三部分组成，如 22-51-70。

RID——在相同的部门代号（OFFICE）下，所有的配置号都相同。

SID——同 RID 号下的配置序号。

DID——查询配置为 70，打印配置为 73。

在代理人中 SID 号为奇数的配置为查询配置，SID 号为偶数的为打印配置。

③ PID 号。每个配置号都对应一个 PID 号。例如，配置号为 22-51-70 的 PID 号为 15911。

④ 配置费用。代理人需要向当地民航接点交纳的月租费用，每个接点的费用不同，北京约为 600 元/月，深圳约为 2 000 元/月。

（2）ETERM 模式

ETERM 模式是中国航信最新推出的代理人订票平台。代理人所使用的终端设备是基于 Windows 操作系统的电脑。代理人的业务操作及指令都没有改变，民航分配给代理人的资源是用指定的 IP 地址来实现。ETERM 是以计算机的网络与民航主机进行通信的，在这种情况下就需要对所有访问主机的计算机进行认证。认证的方式有两种：一种为地址认证；一种为口令认证。

① 地址认证。所谓地址认证就是通过计算机 IP 地址进行认证的一种方式，只有具有合法 IP 地址的计算机才能访问民航主机。此种方式限制使用者只能在民航专线上使用，不利于发展。

② 口令认证。ETERM 认证的另一种方式为口令认证，此种方式对使用者没有地理限制，但加密程度极差，只是通过用户名及口令进行身份验证，所以只有极少的用户使用这种方式。

中国民航代理人大部分以第一种方式（地址认证）为主，每个 IP 地址对应一个或一组 PID，PID 对应一个配置号，不需要设置，只需要有合法的 IP 即可。

练习操作

教师将学生分组，每组控制在 6 人左右，每组选定一名组长。

小组设计调查问卷，在当地机场发放调查问卷，有效问卷应不少于 100 份，对调查问卷进行分析总结，并以小组为单位提交调研报告。

调研的主要内容：旅客购买机票的途径、旅行目的、支付方式、乘坐飞机的频率、购买机票的建议等。

任务 2　民航订座系统的发展

知识目标

1．了解全球分销系统的发展历程。

2．掌握中国民航分销系统的发展历程。

能力目标

能够简述中国民航分销系统的发展。

基础知识

1. 全球分销系统概述

GDS（Global Distribution System）是全球分销系统的简称，通过复杂的计算机系统将航空、旅游产品与代理商连接在一起，使代理商可以实时销售各类组合产品，从而使最终消费者拥有最透明的信息、最大的选择范围、最强的议价能力和最低的购买成本。

1964 年，美国航空公司与 IBM 合作开发出能够实现座位控制和销售功能的航班控制系统 ICS（Inventory Control System），实现了航空公司销售部门业务处理自动化，提高了航空公司的生产效率。20 世纪 70 年代，美国各大航空公司将 ICS 推广到机票代理人，形成代理人分销系统 CRS，使 CRS 成为航空公司掌握销售控制权、获取竞争优势的重要手段。20 世纪八九十年代，CRS 从分销机票到分销酒店，从航空业延伸到旅游业，从美国扩展到全球，逐步演变成分销机票、酒店、旅游、轮船等各种旅行产品的全球性电子分销网络，被称为全球分销系统 GDS。目前，世界上最大的四家 GDS 公司分别是欧洲 Amadeus、美国 Sabre、英国 Travelport 和中国航信 Travelsky。

2. 中国民航分销系统发展

1986 年，中国民航旅客订座系统投入使用。

1989 年，国内航空公司的国际航班成功地转移到国内系统。

1994 年，圆满地完成了 USAS2000 升档工作。

1996 年，完成了基础型代理人订座系统（CRS）与航空公司订座系统（ICS）分离的工作，实现了外航航班直接销售。

1997 年，实现为 IATA 中国地区 BSP 中性票提供自动出票服务，初步启动国内非航空市场分销业务，如机票保险和酒店的分销，投资建设中国基础型代理人分销系统（CRS）Internet 网上信息服务，开始按计划实施网络改造工程。

1999 年，进入全面建设中国 GDS 工程阶段。

2001 年，以原中国民航计算机信息中心为基础，国内全部 20 家航空公司共同发起设立了中国民航信息网络股份有限公司（中国航信 Travelsky）。

目前，中国航信是唯一为国内全部航空公司、机场和国内外多家代理人提供服务的分销系统公司，该系统最大的特点是既提供 CRS 服务又提供 ICS 服务，在国内有完善的技术支持体系和分销网络，完全有能力满足国内航段的分销需求。

通过中国的 CRS，一方面，可供分布于世界各地的销售代理通过网络终端来出售机票及旅行附加产品；另一方面，航空公司通过将自己的营运数据投入 CRS 中销售，可以最大限度地销售自己的航班座位，同时通过有效的座位控制，可提高航班座位的利用率和商业利益。

练习操作

教师将学生分组，每组控制在 6 人左右，每组选定一名组长。以小组为单位通过多种方式展示民航订座系统的发展。小组可以通过网络、图书馆等途径收集资料。

项目二　民航订座系统基本指令

本项目主要介绍民航计算机订座系统的进入和退出、密码修改、公用信息及常用代码的查询等指令，使学生能够熟练使用系统查询各种代码并进行各种单位的换算。

知识目标

1．了解公用信息查询指令。

2．掌握进入及退出系统时，系统显示各项信息的含义。

3．掌握临时退出及恢复的指令。

4．掌握密码修改的指令。

5．熟练掌握国家、城市、机场、航空公司信息的查询指令。

6．熟练掌握其他公用信息查询的指令。

能力目标

1．能够进入和退出系统。

2．能够修改密码。

3．能够熟练查询国家、城市、机场、航空公司信息。

4．能够查询其他公用信息。

考证标准

民用航空运输销售代理岗位技能培训合格证。

任务1　民航订座系统的进入及退出

知识目标

1．掌握订座系统进入及退出的操作指令。

2．掌握进入及退出系统时，系统显示各项信息的含义。

能力目标

1．能够进入民航计算机订座系统。

2．能够退出民航计算机订座系统。

基础知识

1. 进入系统

ETERM 系统可以连接不同的几个系统，在使用前需要先选择进入相应的系统。

指令格式>$$OPEN TIPC3 <XIMT>

【格式说明】

① “>”在系统中是一个实心三角，输入的指令前面必须有一个“>”。

② C3 是将要进入系统的名称，在 ETERM 系统中的 C3 表示 CRS 系统，B 表示 ICS 系统。

③ <XIMT>是串键，在键盘上是按 F12 键或者小键盘的 Enter 键，表示执行“>”与光标之间的命令。所有指令都需要使用串键才能执行。

知识补充

（1）如果使用 ETERM 系统时不小心删除了“>”，可以按 Esc 键恢复。

（2）大键盘的 Enter 键是回车换行功能，小键盘的 Enter 键是执行键，行业一般简称“串”。

（3）在 ETERM 系统中，输入的所有符号必须是英文状态下的符号。

示例：打开 ETERM 系统，进入中国民航代理系统。

操作如下：

```
►$$OPEN TIPC3
SESSION PATH OPEN TO: TIPC3
```

【说明】这就表示已经进入了中国民航 CRS 系统。

2. 查看工作区信息

DA 用于查看是否已输入营业员工作号，以及本台终端的 PID 号。

指令格式>DA

示例：查看 CRS 中工作区状态。

操作如下：

```
►DA
A        AVAIL
```

```
B        AVAIL
C        AVAIL
D        AVAIL
E        AVAIL
PID = 68378      HARDCOPY = 1112
TIME = 1318      DATE = 24JUL          HOST = LILY
AIRLINE = 1E     SYSTEM = CAAC09      APPLICATION = 3
```

【说明】

① 用户在日常工作中，应明确 DA 中 PID 项是一个重要的参数。当终端不能工作时，维护人员经常要问到终端的 PID 号。

② A、B、C、D、E 表示工作区，字母后面的 AVAIL 表示该工作区是可以使用的。

3. 输入营业员工作号（SI）

每个营业员都应该有自己的工作号，只有输入工作号才可以正常工作。

指令格式>SI:工作号/密码/级别/部门号

【格式说明】

① 每个营业员都有自己的工作号，并可以设置密码，只有输入正确的工作号和密码，才可以进行正常工作。

知识补充

在代理人系统中，中国航信的工作人员要把代理人的信息建立在 CRS 系统中，如部门代号（OFFICE），终端 PID，打票机，工作人员号，以及该代理人得到授权的航空公司等信息。

一个代理人通常有一个部门代号（OFFICE），如 TAO220、DLC160。

一个部门中可以有多台终端，而每一台终端只能属于一个部门。

同一个部门中的终端可以共享打票机。

每台终端或打票机都有唯一的一个 PID。

每个工作号只能在自己部门（OFFICE）中使用。

② 所有营业员的级别都是 41。

③ 部门代号（OFFICE）也就是中国航信分配给代理人的编号。

示例：工作号为 11111，密码为 123A，级别 41，部门号为 TAO220 的营业员进入系统。

操作如下：

```
►SI: 11111/123A/41/TAO220
TAO220 SIGNED IN A
------ 重 要 通 知 ---------
```

```
1. 中国航信将与国际航协合作举办 BSP 中性票培训，具体安排详见 >YI:SNOTICE/20
2. 各 BSP 自动客票销售代理人：为适应中国 BSP 自动客票日益普及的形势，中国航信将向国际航协中国 BSP 送交报告磁带次数由每月四次增加为每月八次。具体时间为每月的 1、5、9、13、16、20、24、27 日。PVT 指令(作废一个报告周期内的 BSP 客票)的有效使用时间,也将由于报告期间隔的缩短而相应缩短。
```

【说明】

若正常进入，系统将显示系统公告信息。

知识补充

系统登录还提供暗行显示。

```
>SI:按输入键
```

系统光标转到最下行，在光标后，输入工作号等（如 11111/123A/41）则可进入系统。与前者不同的是，光标后的输入是不显示的。这是系统为操作人员提供的系统保密措施。

登录系统后，再次输入 DA 查看工作区的信息。

```
►DA
A*      11111   21JAN   0828    41  TAO220
B       AVAIL
C       AVAIL
D       AVAIL
E       AVAIL
PID = 84281     HARDCOPY = 1112
TIME = 1057     DATE = 21JAN      HOST = LILY/B
AIRLINE = 1E     SYSTEM = D849B2   APPLICATION = 3
```

【说明】

① 工作区 A 后面的“*”号表示该工作区处于活动状态。

② A 工作区后面的 AVAIL 已经被“11111 21JAN 0828 41 TAO220”所取代。11111 表示营业员登录的工作号，“21JAN 0828”表示营业员登录系统的日期和时间，41 表示级别是营业员，TAO220 表示营业员所属的部门号。

4. 退出系统（SO）

当工作人员结束正常工作时，须将工作号退出系统以防被人盗用。这项工作可用 SO 指令完成。

```
指令格式>SO
```

示例：将工作号退出系统。

操作如下：

```
►SO
TAO220 11111 SIGNED OUT A
```

【说明】

正常退出系统，将显示“SIGNED OUT”信息。

退出系统后，再次查看工作区状态，将显示如下信息：

```
►DA
A        AVAIL
B        AVAIL
C        AVAIL
D        AVAIL
E        AVAIL
PID = 68378     HARDCOPY = 1112
TIME = 1318     DATE = 24JUL        HOST = LILY
AIRLINE = 1E      SYSTEM = CAAC09   APPLICATION = 3
```

【说明】

① 工作号 11111 已从 A 工作区中退出。

② 有时退出系统时，系统因显示其他内容而不让退号，这表明该工作号在退号时，有其他未完成的工作，必须完成后方可退出。

③ 代理人系统在北京时间 00:00、06:00、12:00、18:00 对世界各地不同时区的终端进行自动退号，对中国大陆地区代理人来讲，只在北京时间 00:00 自动退号。

练习操作

1. 查看营业员是否登录，并解释输出信息的意义。
2. 指出本台终端的 PID 号。
3. 登录系统并解释输出信息的意义。
4. 退出系统并解释输出信息的意义。
5. 退出系统后，使用 DA 指令查看输出信息，并指出和登录系统时有何差别。

任务 2　民航订座系统的临时退出及恢复

知识目标

1. 掌握订座系统临时退出及恢复的操作方法。
2. 掌握临时退出及恢复的指令。

能力目标

能够根据工作区信息使用指令进行临时退出及恢复操作。

基础知识

1. 临时退出系统（AO）

在某些情况下，若营业员临时离开系统，需要将工作号退出来，可用 AO 功能。

指令格式>AO

示例：工号 11111 已经登录工作区，请将此工号临时退出。
操作如下：

```
►AO
AGENT A-OUT
```

【说明】
系统显示“AGENT A-OUT”信息，表示工号已临时退出。
完成后，再用 DA 查看工作区信息，系统显示如下：

```
►DA
A        11111    24JUL    0732     41   TAO220
B        AVAIL
C        AVAIL
D        AVAIL
E        AVAIL
PID = 68378     HARDCOPY = 1112
TIME = 1318     DATE = 24JUL       HOST = LILY
AIRLINE = 1E    YSTEM = CAAC09     APPLICATION = 3
```

【说明】
输入 AO 以后，A 工作区的活动标识“*”号没有了，这说明在输入 AO 以后，A 区已由活动区变为非活动区。这时如进行航班查询等工作，系统将显示“PLEASE SIGN IN FIRST”，意思是要求重新进入系统。

2. 恢复临时退出（AI）

当营业员在临时退出系统以后，需要重新进入系统工作。需要使用恢复临时退出的指令，即 AI 指令。

指令格式>AI:工作区/工作号/密码

示例：恢复临时退出。
操作如下：

```
►AI:A/11111/123A
AGENT A-IN
```

【说明】

系统显示“AGENT A-IN”信息，表示工号已临时退出。

完成后，再用DA查看工作区信息，系统显示如下：

```
►DA
A*      11111   24JUL    0732     41   TAO220
B       AVAIL
C       AVAIL
D       AVAIL
E       AVAIL
PID = 68378     HARDCOPY = 1112
TIME = 1318     DATE = 24JUL        HOST = LILY
AIRLINE = 1E    SYSTEM = CAAC09     APPLICATION = 3
```

【说明】

A工作区后面的活动标识“*”又出现了，表示营业员又可以开始工作了。

练习操作

1．临时退出系统，使用DA指令查看一下系统状态，并解释输出信息的意义。
2．恢复登录，使用DA指令查看一下系统状态，并解释输出信息的意义。
3．退出系统，使用DA指令查看一下系统状态，并解释输出信息的意义。

任务3　民航订座系统的密码修改

知识目标

1．掌握订座系统密码修改的操作方法。
2．掌握部门代号的含义。

能力目标

能够定期修改自己工作号的密码。

基础知识

每一个工作号都有密码，除营业员自己外，其他人员无从得知其他人的密码。计算机系统记录了每一个工作人员输入的内容，并且是通过其工作号记录的，换句话讲，一旦操作出现问题，将追究该工作号对应的工作人员的责任。因此，每个工作人员应注意密码保护，经常更改密码，避免工作号被他人盗用。

指令格式>AN:旧密码号/新密码号

【格式说明】

密码号的修改方法如下：

① 进入系统，输入工作号（SI，使用原密码号）。

② 用 AN 指令进行修改。

③ 退出系统（SO）。

④ 重新进入系统（SI，使用新密码号）。

▶ 知识补充

密码由最多 5 个数字及 1 个字母组成，如 12345A、123B、9T 等均是有效密码，而如 123、ABC、12BB、1W2E 等均不是有效密码。

示例：假定有工作号 11111，原密码号为 123A，现欲改为 888F。

操作如下：

```
►AN:123A/888F
```

练习操作

登入系统，并修改工作密码。

任务 4 公用信息查询

知识目标

1. 了解公用信息查询方法。
2. 掌握进入系统公告牌和查看公用静态数据信息的指令。

能力目标

1. 能使用 YI 显示所有静态信息目录。
2. 能使用 YI 指令进行静态信息查询。

基础知识

系统为方便广大代理人使用，提供了公用信息查询系统，随着系统的发展，该功能正进一步完善。

公用信息查询体系包括系统公告牌、公用静态数据信息、功能帮助系统、城市/机场信息查询系统、旅游信息查询系统、其他信息功能。

1. 进入系统公告牌

工作人员进入系统时，将会看到一些公告信息。

指令格式>SIIF

示例：请显示系统公告牌。
操作如下：

```
►SIIF
*******************************************************************************
尊敬的用户:
为提升网站安全,从今日起访问 eTerm 网站,请使用浏览器通过
https://eterm.travelsky.com 方式访问.谢谢.
*******************************************************************************
为加强 eterm 账号安全,消除潜在的弱口令安全隐患,航信计划在
5 月份对后台系统进行升级改造工作,禁止简单弱密码访问系统.
同时对老版本 eterm1/eterm2 软件不再支持.请您提前修改弱口
令\使用安全性更高的 eTerm3 软件,并做好相关准备工作,由此给
您造成的不便,敬请谅解.如有不明,请致电:中国航信在线支持
中心 010-84018401 或邮件发至 HELPDESK@TRAVELSKY.COM.
*******************************************************************************
```

【说明】

这些公告是中国航信根据航空公司或有关部门的要求输入系统的。如内容过多不便显示，将会把详细内容输入 YI 文件中，可以利用 YI 功能查询详细内容。

2. 公用静态数据信息

YI 公用静态数据信息是大量静态数据（如航空公司电话等），由维护人员存入 YI 静态数据文件，然后用户用 YI 功能调用查询的过程。代理人系统将大量有关信息存储在不同标题的公告系统中，利用 YI 功能可以分类查阅。

（1）显示所有静态信息的目录

指令格式>YI

示例：请显示系统公用静态数据信息。
操作如下：

```
►YI
YI:GENERAL INFORMATION INDEX PH:
1. MHOTEL       2. SHOTEL/CITY
3. HOTEL/!/9999       4. MAIRFARE
5. SAIRFARE/AIRLINE       6. MAIRAGRE
7. SAIRAGRE/AIRLINE       8. MITPHON
```

9. SITPHON/CITY 10. MAIRPHON
11. SAIRPHON/AIRLINE 12. MCAAC
13. SCAAC/AREA 14. MAPTPHON
15. SAPTPHON/AREA 16. MCITY
17. SCITY/COUNTRY 18. SITAFARE/INFO
19. MTKTINFO 20. CA/INFO
21. CZ/INFO 22. MU/INFO +

【说明】

① 在上面显示内容中，每一项都是一个标题，如 MHOTEL，可以直接通过“YI:MHOTEL”查询。

② 标题中有“/”连接符，如 SHOTEL/CITY，说明该标题拥有副标题。静态信息的查询中，在阅读标题的内容时，有两种类型：不含副标题的公告内容和有副标题的公告内容。

（2）不含副标题的公告

指令格式>YI:标题

示例：查看国内省市区域电话号码，标题为 MDOMTEL，且不含副标题。

操作如下：

►YI:MDOMTEL
系统显示：
*** 国内省市电话区域号码 ***
--- --------
01. YI:SDOMTEL/PEK 北京
02. YI:SDOMTEL/SHA 上海
03. YI:SDOMTEL/TSN 天津
04. YI:SDOMTEL/JI 河北
05. YI:SDOMTEL/JIN 山西
06. YI:SDOMTEL/MENG 内蒙古
07. YI:SDOMTEL/LIAO 辽宁
08. YI:SDOMTEL/JILIN 吉林
09. YI:SDOMTEL/HEI 黑龙江
10. YI:SDOMTEL/GAN 江西

然后根据系统显示的查询方法输入即可进行查询。如查北京号码，按照上述显示输入。

►YI:SDOMTEL/PEK
YI:SDOMTEL/PEK

（3）有副标题的信息内容查询

有许多主标题下面拥有副标题，查询主标题中的副标题内容用如下格式。

指令格式>YI:I/某标题

示例：在前面讲过，在 YI 显示内容中，第 20 项 CA/INFO，由于主标题 CA 后面有/INFO，说明 CA 是个拥有副标题的主标题，欲查看 CA 下面详细的副标题内容。

操作如下：

```
►YI:I/CA
_PH:
1. 950906B     2. 950906A
3. 950906C     4. 950906D
5. 950906E     6. 950906F
7. 950906G     8. 950906I
9. 950906J     10. 950906K
11. 950906L    12. 950906M
13. 950906N    14. 950906P
15. 950906Q    16. FLT98
```

【说明】

可以看到，在主标题 CA 下面还有副标题，副标题中存放的是具体的详细静态数据内容，通过以下功能我们可以进行查询。

继续查看标题 CA 下面拥有很多副标题，其中第 16 项 FLT98 副标题，我们用下面指令查询其详细内容。

```
►YI:CA/FLT98
YI:CA/FLT98
通知
经海关总署批准，中国国际航空公司自即日起在目前北京-青岛-新加坡航线上全程承办国际客、货业务。
一航班号由于航权限制，北京-青岛-新加坡航线，仍使用双航班号执行，即 CA1555D/CA955 和
CA956/CA1556D
二订座
```

3. 功能帮助系统

鉴于代理人系统指令功能较多，系统提供了一个指令帮助工作人员日常查询使用。

指令格式>HELP:功能指令

示例：查询 DA 功能的使用方法。

操作如下：

```
►HELP:DA
=======================  中国航信指令帮助系统  ========================

指令: DA          查看使用终端 PID 及工作号登入情况

详细描述:
```

```
DA:
A*      8888    05APR       0938     41   TAO220
B       AVAIL
C       AVAIL
D       AVAIL
```

练习操作

1．查询系统的公用信息，并解释其意义。
2．利用帮助查询 SD，并解释其意义。

任务 5　国家/城市/机场/航空公司信息查询

知识目标

1．掌握国家信息查询的指令。
2．掌握城市信息查询指令。
3．掌握航空公司信息查询指令。

能力目标

能熟练使用指令查询国家、城市、机场的信息。

基础知识

营业员在实际工作中经常要用到各种代码。在代理人系统中，有关国家/城市/机场等的信息查询可以用 CNTZ/CD 等功能来实现。它可以为用户提供有关城市/机场三字代码，以及国家及航空公司代码等有关静态信息。

1．查询某城市/机场三字代码

指令格式>CNTZ:T/城市名

示例：查询上海三字代码。
操作如下：

```
►CNTZ:T/SHANGHAI
SHA SHANGHAI CN
```

【说明】
SHA——三字代码。

SHANGHAI——上海的拼音。

CN——中国两字代码。

2. 根据三字代码查询城市名称

指令格式>CD:三字代码

示例：查询 SHA 是哪个城市。

操作如下：

```
►CD:SHA
SHA/SHANGHAI,CN
```

3. 根据城市名称前几个字母查询三字代码

指令格式>CNTZ:A/城市前几个字母

示例：查询 BEI 开头所有城市的三字代码。

操作如下：

```
►CNTZ:A/BEI
BEY BEIRUT LB
BHY BEIHAI CN
LAQ BEIDA LY ...
```

4. 查询国家两字代码

指令格式>CNTZ:N/国家名称

示例：查询中国 CHINA 两字代码。

操作如下：

```
►CNTZ:N/CHINA
CN CHINA 中国
```

5. 根据国家两字代码查询国家全称

指令格式>CNTZ:C/国家两字代码

示例：查询 US 是哪个国家。

操作如下：

```
►CNTZ:C/US
US UNITED STATE 美国
```

6. 查询航空公司两字代码

指令格式>CNTZ:M/航空公司名称

示例：查询 AIR CHINA 的两字代码。

操作如下：

```
►CNTZ:M/AIR CHINA
CA AIR CHINA 中国国际航空公司
```

7. 根据航空公司两字代码查询航空公司名称

指令格式>CNTZ :D/航空公司两字代码

示例：查询 LH 是哪家公司。

操作如下：

```
►CNTZ:D/LH
LH LUFTHANSA 德国汉莎航空公司
```

在日常工作中，经常会遇到代码的查询，营业员最好记住一些常用的代码。系统中的帮助指令也非常方便，即“>HELP CNTZ”。

练习操作

使用 ETERM 系统完成下面题目，把答案截图并附在题目后。

1．查询 CN、US 所代表的国家。

2．查询西安、成都、重庆、天津、合肥、济南、厦门、海口、兰州、西宁的三字代码。

3．查询所有以济、西开头的机场。

4．查询 TAO、SHA、NKG、NNG、SYX、CSX、WUH、URC、DLC 所代表的机场。

5．查询 CA、MU、CZ、HU、SC、3U、ZH 所代表的航空公司。

6．查询国航、南航、东航、山航、上航、厦航、川航、海航、深航的两字代码。

任务 6　系统其他公用信息查询

知识目标

1．掌握计算的相关指令。

2．掌握日期/时间的查询与对比的指令。

3．掌握长度、重量、温度各进制间转换的指令。

4．掌握翻页的指令。

能力目标

1．能够利用系统完成计算。

2．能够利用系统完成日期/时间的查询与对比。
3．能够利用系统完成长度、重量、温度各进制间的转换。
4．能够利用系统进行翻页。

基础知识

1. 计算功能

CO 计算功能为工作人员提供多种运算指令。

（1）四则运算

指令格式>CO:四则运算表达式

示例：计算 100 除以 6。

操作如下：

```
►CO:100/6
=16.67
```

（2）时差计算

计算两个城市间的时差。

指令格式>CO:T/城市对

示例：查询 PEK 与 NYC 的时差。

操作如下：

```
►CO:T/PEKNYC
PEK: 10OCT18 1613 NYC:10OCT18 0313
GMT: 10OCT18 0813 TIM DIF:13
```

【说明】

北京时间 10OCT18 16:13
纽约时间 10OCT18 03:13
格林尼治时间 10OCT18 08:13
北京与纽约时差为 13 小时，即北京比纽约早 13 小时。

知识补充

时差计算还可以选用这种格式，用于显示某城市时间的 GMT 标准时间。

指令格式>CO:T/城市代码/日期/时间

（3）英里/公里换算

指令格式 1>CO:M/公里数

示例：将 15 公里换算成英里。

操作如下：

```
►CO:M/15
KM:15    MILE:9
```

【说明】

15 公里等于 9 英里。

指令格式 2>CO:K/英里数

示例：将 15 英里换算成公里。

操作如下：

```
►CO:K/15
KM:24    MILE:15
```

【说明】

15 英里等于 24 公里。

2. 日期/时间查询与对比显示

（1）日期显示

指令格式>DATE:日期/天数/天数

示例：显示 6 天、90 天后的日期。

操作如下：

```
►DATE:6/90
+0 17FEB00 THU
+6 23FEB00 WED
+90 17MAY00 WED
```

（2）时间查询与对比显示

指令格式>TIME:城市/日期/时间/城市

示例：北京时间 2019 年 1 月 1 日零点的 NYC 和 SFO 时间。

操作如下：

```
►TIME:1JAN19/0000/NYC/SFO
-TIME：1JAN19/0000/NYC/SFO
PEK NYC SFO
TIME DIFF 0.0 -13．0 -16．0
12HR LOCAL 12:00M 11:00A(-1) 08:00A(-1)
24HR LOCAL 0000 1100(-1) 0800(-1)
```

```
DATE 01JAN 31DEC 31DEC
UTC (GMT) 1600 1600 1600
UTC +/- 8．0 -5．0 -8．0
```

【说明】

系统将北京、纽约和旧金山在北京时间 2019 年 1 月 1 日零点的当地时间分别列举出来。

3. 长度、重量、温度各进制间的转换

CV 功能用来实现有关长度、重量、温度各进制间的转换计算。

指令格式>CV:符号 数字 单位

【格式说明】

① “符号”有正（+）、负（-）区分。

② “单位”有 MI（英里）、KM（公里）、C（摄氏度）、F（华氏度）、LB（英磅）、KG（公斤）。

示例 1：将 100 公里换算成英里。

操作如下：

```
►CV:100KM
KILOMETERS MILES
100 62. 14
```

【说明】

100 公里等于 62.14 英里。

示例 2：将摄氏度 35 度转换为华氏度。

操作如下：

```
►CV:35 C
CELSIUS FAHRENHEIT
35 95
```

【说明】

35 摄氏度等于 95 华氏度。

4. 翻页功能

在系统使用过程中，不可避免地会出现显示内容多于一页的情况。因此，系统提供了一些关于显示当前页、下页、最前页、最后页等的对应功能。在代理人系统中，某个功能的显示内容多于一页，用以下功能可以进行内容显示。

指令格式>PN:（或 PB:、PF:、PL:、PG:）

【格式说明】

① PN——下页 PAGE NEXT。

② PB——前页 PAGE BACK。

③ PF——最前页 PAGE FIRST。

④ PL——最后页 PAGE LAST。

⑤ PG——重新显示当前页 PAGE。

示例：在 YI 功能（公用信息）中显示所有内容。

操作如下：

```
►YI
YI:GENERAL INFORMATION INDEX -PH:
1. MHOTEL       2. SHOTEL/CITY
3. HOTEL/!/9999       4. MAIRFARE
5. SAIRFARE/AIRLINE       6. MAIRAGRE
7. SAIRAGRE/AIRLINE       8. MITPHON
9. SITPHON/CITY       10. MAIRPHON
11. SAIRPHON/AIRLINE       12. MCAAC
13. SCAAC/AREA       14. MAPTPHON
15. SAPTPHON/AREA       16. MCITY
17. SCITY/COUNTRY       18. SITAFARE/INFO
19. MTKTINFO       20. CA/INFO
21. CZ/INFO       22. MU/INFO +
```

在本页最后一行后面，有一个“+”号，它表示显示内容有续页。显示下一页，输入 PN。

```
►PN
YI:GENERAL INFORMATION INDEX -PH ：_
23. SZ/INFO       24. MINTTEL
25. SINTTEL/PART       26. MDOMTEL
27. SDOMTEL/CITY       28. SDTRVL/PROVC
29. MDTRVL       30. MDAGENCY
31. MSEATCTL       32. SDAGENCY/CITY
33. DAGENCY/!/9999       34. MITRVL
35. CITY/CITY       36. SITRVL/CITY
37. MCRDCARD       38. SCRDCARD/CITY
39. CARD/!/9999       40. MTRAIN
41. STRAIN/CITY       42. MFDSHOP
43. SFDSHOP/CITY       44. 3U/INFO +
```

【说明】

在本页显示中，发现除了本页右下角的“+”外，右上角多了个“-”号，它表示在本页前还有显示内容。从本页的“+”“-”号可以看出，本页是显示的中间一页。

显示最后一页，输入：

```
►PL
YI:GENERAL INFORMATION INDEX -PH: _
95．MCZINFO      96．MMUINFO
97．MCJINFO      98．MMFINFO
99．MSZINFO      100．MWHINFO
101．MCAACPH      102．ZUH/INFO
103．MITAIR/INFO      104．MMITAIR
105．TIM      106．CA1INX/INFO
107．CA2INX/INFO      108．CATEST
109．INFO      110．KKK
111．INFO1      112．INFO2
113．INFO3      114．INFO4
115． INFO5      116. INFO6
```

【说明】

在本页显示中，发现只有右上角的“-”号，它表示本页是显示的最后一页。同样，显示前一页，输入“>PB”，显示最前页，输入“>PF”。

练习操作

1．查看当地当时的 GMT 标准时间。
2．计算青岛和西雅图的时差，并解释其意义。
3．计算 10 天和 35 天后的日期。
4．将 220 公里换算成英里。将 60 摄氏度转换为华氏度。
5．查询静态信息，并进行翻页。

第二篇

技能篇

项目三　客票预订的流程

本项目主要介绍航班信息查询、运价查询、旅客订座记录 PNR 的建立和出票流程的基本知识，让学生掌握客票预订及出票的一般流程，能够为普通旅客预订客票及出票。

知识目标

1．了解旅客订座记录的基础知识。

2．掌握航班信息查询指令。

3．掌握旅客信息的输入指令。

4．熟练掌握 PNR 的建立流程。

5．熟练掌握客票的出票流程。

能力目标

1．能够熟练进行航班信息的查询。

2．能够熟练使用 ETERM 系统为旅客建立订座记录。

3．能够熟练使用 ETERM 系统进行出票。

考证标准

民用航空运输销售代理岗位技能培训合格证。

任务 1　航班信息查询

知识目标

1．了解航班信息查询的一般方法。

2．掌握航班信息查询指令。

能力目标

1．能够进行航班信息的查询。

2．能够识别查询结果。

基础知识

AV 指令用于查询航班座位可利用情况，及其相关航班信息，如航班号、舱位、起飞和到达时间、经停点等，是一个非常重要的指令。

指令格式>AV: 选择项/城市对/日期/起飞时间/航空公司代码/经停标识/座位等级

【格式说明】

① 选择项有以下几种。

P——显示结果按照起飞时间先后顺序排列。

A——显示结果按照到达时间先后顺序排列。

E——显示结果按照飞行时间由短到长排列。

不选，默认为P。

② 城市对为必选项，其余为可选项。

③ 日期。按照日月的格式输入，其中日用数字表示，月份用英文缩写，默认为当天。例如，3 月 10 日。输入：10 Mar。其中“.”表示当天，“+”表示明天，“-”表示昨天。

知识补充

一月 Jan，二月 Feb，三月 Mar，四月 Apr，五月 May，六月 Jun，七月 Jul，八月 Aug，九月 Sep，十月 Oct，十一月 Nov，十二月 Dec。

④ 起飞时间。如果想查询几点以后的航班，可以加入起飞时间。

示例：下午三点以后的航班。输入：15:00。

⑤ 航空公司代码。如果想查询指定航空公司航班，可以加入航空公司两字代码。

示例：山东航空的航班。输入：SC。

⑥ 经停标识。D：直达。N：无经停。

示例：显示 10 月 10 日的北京到上海的航班座位可利用情况。

操作如下：

```
►AV:PEKSHA/10OCT
10OCT00(TUE) PEKSHA
1- CA921    PEKSHA 0800 0955 777 0 M DS# CS DS YS SS BS HS KS LS MS TS*
2 CA929     PEKSHA 0830 1030 744 0 M DS# FS AS CS DS YS SS BS HS KS LS*
3 CA1501    PEKSHA 0840 1035 767 0 M DS# CA DA YA BA KA MA ZA VA
4 MU513    PEKSHA 1050 1235 320 0 M DS# FA PA CA JA YA KA BA EA HA IA*
5 MU583    PEKSHA 1140 1335 M11 0^M DS# FS CA DA YA EQ VA QA ZS
6 CA934     PEKSHA 1305 1500 74E 0 M DS# FS AS CS DS YS SS HS KS MS TS*
7+ CA985    PEKSHA 1410 1610 74E 0 M DS# FS AS PS CS DS JS YS SS HS KS*
** SHA-HONGQIAO AIRPORT PVG-PUDONG AIRPORT
```

【说明】

第 1 列：表示航班序号，7 后面的“+”号表示还有未显示的航班。

第 2 列：航班号。

第 3 列：PEKSHA，为起飞和到达城市三字代码。

第 4 列：起飞时间。

第 5 列：到达时间。

第 6 列：执行该航班的机型代码。

第 7 列：经停点，0 表示没有经停点，1 表示有一个经停点。

第 8 列：座位预留标示，“^”标示该航班可以在订座时完成座位预留。

第 9 列：餐食标示。

第 10 列：DS#为该航空公司与 CRS 之间的协议级别，不同的协议级别获取座位的方式不同，DS#是最高的协议级别。若显示 AS#，则表示该航班做过时间变更。

第 11～20 列：航班座位可利用情况。第一个字母表示舱位等级，第二个字母或者数字表示座位状态，其中，

A——可以提供 9 个以上座位。

1～9——可以提供 1～9 个座位，这种情况下系统显示具体的可利用座位数。

L——没有可利用座位，但旅客可以候补。

Q——永久申请状态，没有可利用座位，但可以申请（申请后的客票状态用 HN 标识）。

S——因达到限制销售数而没有可利用座位，但可以候补。

C——该等级彻底关闭，不允许候补或申请。

X——该等级取消，不允许候补或申请。

Z——座位可利用情况不明，这种情况有可能在外航航班上出现。

第 21 列：“*”号表示还有子舱位没有显示，可以使用“>AV:C/航班序号”进行查询。

知识补充

查询航班座位可利用情况时，可以使用 AVH 指令，该指令后需要用“/”代替“:”，该指令可以直接显示每个航班的全部子舱位。

任务导入

请为旅客李磊查询 3 月 5 日大连到厦门的航班。

任务实施

```
►AVH/DLCXMN/5MAR
 05MAR(TUE) DLCXMN
1- *CA8796   DS# F8 OS YA BS MS US HS QS VS WS   DLCXMN 1225   1535   738 0 L   E
>    SC8796        SS TS                                        -- T4   3:10
2    SC8796    DS# F8 AS PS OS YA BS MS HS KS LS   DLCXMN 1225   1535   738 0 L   E
>                 QS GS VS US ZS TS ES SS                        -- T4   3:10
3    MF873     DS# FC AC J8 C2 D2 I2 OS YA HA BA   DLCXMN 1305   1630   738 0^L   E
```

```
>                  MA LA KA NA QA VA TQ RQ UQ GS S5 ZQ X3 ES              -- T3   3:25
4  *MF4647   DS# YA BA MA LA KA NA QA VA SQ     DLCXMN 1645    1950    32L 0^C   E
>   CZ6978                                                        -- T3   3:05
5   CZ6978   DS# J4 C2 D1 IS OC WA SA YA PA BA   DLCXMN 1645    1950    32L 0^C   E
>                  MA HA KA UA AA LA QA EA VQ ZQ TQ NQ RQ G7 XC          -- T3   3:05
6  *NS8086   DS# YA AA BA MA LA KA NA QA VA TA DLCXMN 0800   1245    738 1^M   E
>   MF8086        SQ                                               -- T3   4:45
7  *CZ5100   DS# YA BA MA HA UA AA LA EA KQ QQ DLCXMN 0800    1245   738 1^M   E
>   MF8086        NQ                                               -- T3   4:45
8+  MF8086   DS# FC AC J8 C2 D2 I2 OS YA HA BA   DLCXMN 0800    1245    738 1^M   E
>                  MA LA KA NA QA VA TA RA US GS SQ ZS ES              -- T3   4:45
 **   FLIGHT OF DR PLEASE CHECK IN 40 MINUTES BEFORE DEPARTURE AT DLC
 **   HKG-HX-PEK-*HX-DLC and v.v., NO STOPOVER AT PEK IS PERMITTED
```

练习操作

1．查询 9 月 15 日青岛到福州的航班，并解释第一个航班的含义。

2．查询 9 月 15 日南京到西安的深航的航班，并解释第一个航班的含义。

3．查询明日上海到兰州 9 点以后东航的航班，并解释第一个航班的含义。

4．请按照到达时间的先后顺序，查询今日杭州到深圳的国航航班，并解释第一个航班的含义。

5．查询 10 月 1 日青岛到西安的深航下午 1 点以后的航班，并解释第一个航班的含义。

6．请按照飞行时间长短，查询 10 月 21 日南京到成都的南航航班，并解释第一个航班的含义。

任务 2　航班时刻查询

知识目标

1．了解航班时刻查询的一般方法。

2．掌握航班时刻查询指令。

能力目标

1．能够进行航班时刻查询。

2．能够识别查询结果。

基础知识

SK 指令可以查询一城市对在特定周期内所有航班的信息，包括航班号、出发和到达时间、舱位、机型、周期和有效期限。

指令格式>SK:选择项/城市对/日期/时间/航空公司代码/舱位

【格式说明】

① SK 指令所显示出的航班信息的时间段为指定时间和前后三天共一周的时间。

② 其指令格式的说明同 AV 指令是一样的。

示例：查询 10 月 15 日前后三天北京到南宁的航班时刻。

操作如下：

```
►SK:PEKNNG/15OCT
 12OCT(SAT)/18OCT(FRI) PEKNNG
1-  CA1335 PEKNNG 0725  1100    321 0     E   X5  30JUN26OCT FAOJCDZRYBMUHQVWS*
2   CZ3286 PEKNNG 0750  1130    73N 0 C   E       01APR26OCT JCDIOWSYPBMHKUALQ*
3   CA1485 PEKNNG 1135  1515    738 0     E       31MAR26OCT FAOJCDZRYBMUHQVWS*
4   CZ3278 PEKNNG 1150  1530    73N 0 L   E       31MAR26OCT JCDIOWSYPBMHKUALQ*
5   CA1311 PEKNNG 1320  1700    738 0     E   16  01APR26OCT FAOJCDZRYBMUHQVWS*
6   ZH9168 PEKNNG 1335  1725    738 0 S   E       31MAR26OCT FPAOCDGYBRMUHQVWS*
7   CA1465 PEKNNG 1450  1830    73N 0     E       31MAR26OCT FAOJCDZRYBMUHQVWS*
8   CA1311 PEKNNG 1555  1935    738 0     E   2   02APR22OCT FAOJCDZRYBMUHQVWS*
9+ *AA7129 PEKNNG 2215  0155+1 737 0 C    E       31MAR26OCT JRDIWPYBHKMLGVSNQ*
**  PLEASE CHECK YI:CZ/TZ144 FOR ET SELF-SERVICE CHECK-IN KIOS
**  SC FLIGHT PLEASE CHECK IN 45 MINUTES BEFORE DEPARTURE AT PEK T3
**  HU FLIGHT PLEASE CHECK IN 45 MINUTES BEFORE DEPARTURE AT PEK
```

【说明】

第 1 行：所查询航班的时间范围。

第 1 列：航班序号。

第 2 列：航班号，数字 9 后面的“+”号表示还有航班没有显示，可以使用翻页功能进行查看。

第 3 列：PEKNNG 为起飞和到达城市代码。

第 4 列：起飞时间。

第 5 列：到达时间。

第 6 列：经停点，0 表示没有经停点，1 表示有一个经停点。

第 7 列：餐食标示。

第 8 列：航班飞行日期，X5 表示除星期五以外每天都有该航班，30JUN26OCT 是该航班执行的周期，即从 30JUN 到 26OCT 这段时间除周五以外该航班都按这一条的内容执行；16 表示每个周一和周六有该航班；如果没有任何显示，表示周一到周日，每天都有该航班。

第 9 列：该航班的有效期。

第 10 列：该航班可以提供的舱位。

任务导入

请为旅客李磊查询 3 月 10 日天津到南京的航班时刻表。

任务实施

```
►SK:TSNNNG/10MAR
 07MAR(THU)/13MAR(WED) TSNNNG
1-BK2908    TSNNNG 0655 1040     738 0 S    E    246    05MAR30MAR WYBKMLNQEUTDOZJHG*
2 CZ6420    TSNNNG 2200 0125+1 73N 0 C    E           18FEB30MAR JCDIOWSYPBMHKUALQ*
3 *MF4028 TSNNNG 2200 0125+1 73N 0 C    E           18FEB30MAR YBMLKNQVS
4 BK2999    TSNNNG 0730 1345     738 1 M   E    37     27JAN27MAR WYBKMLNQEUTDOZJHG*
5 GX8852    TSNNNG 0915 1440     190 1      E    246   15JAN30MAR YBHKLMXVNQPAUTZRD*
6 MF8343    TSNNNG 1050 1720     738 1 S   E          17JAN30MAR FAJCDIOYHBMLKNQVT*
7 *CZ5247 TSNNNG 1050 1720     738 1 S    E          17JAN30MAR YBMHUALEKQN
8 *NS8343 TSNNNG 1050 1720     738 1 S    E          17JAN30MAR YABMLKNQVTS
9+GX8820 TSNNNG 1305    1800     190 1     E    246    17JAN30MAR YBHKLMXVNQPAUTZRD*
**    FLIGHT OF DR PLEASE CHECK IN 40 MINUTES BEFORE DEPARTURE AT TSN
►PN
 07MAR(THU)/13MAR(WED) TSNNNG
1-*GS8820 TSNNNG 1305 1800 190 1         E    246     17JAN30MAR YBHKLMXVN
2 GX8854    TSNNNG 1305 1805 320 1       E   X246   27JAN29MAR YBHKLMXVNQPAUTZRD*
3 BK2701    TSNNNG 1425 2025 738 1 D   E    246   29JAN30MAR YBKMLNQEUTDOZJHGI*
4 GX8850    TSNNNG 1505 2040 190 1       E   137   14JAN27MAR YBHKLMXVNQPAUTZRD*
5 GX8850    TSNNNG 1510 2040 190 1       E   5      14JAN29MAR YBHKLMXVNQPAUTZRD*
6 GX8820    TSNNNG 1630 2145 190 1       E   X246   06FEB29MAR YBHKLMXVNQPAUTZRD*
7 *GS8820 TSNNNG 1630 2145 190 1         E   X246   06FEB29MAR YBHKLMXVN
8+ BK2997 TSNNNG 1705 2240 738 1  D   E   X246   28JAN29MAR YBKMLNQEUTDOZJHGI*
**    FLIGHT OF DR PLEASE CHECK IN 40 MINUTES BEFORE DEPARTURE AT TSN
```

练习操作

1. 查询 9 月 15 日前后三天青岛到福州的航班时刻，并解释第一个航班的含义。

2. 查询 9 月 15 日前后三天南京到西安深航的航班时刻，并解释第一个航班的含义。

3. 查询明日前后三天上海到兰州的航班时刻，并解释第一个航班的含义。

4. 请按照到达时间先后顺序，查询今日前后三天杭州到深圳的航班时刻，并解释第一个航班的含义。

5. 查询 10 月 1 日前后三天青岛到西安的航班时刻，并解释第一个航班的含义。

6. 请按照飞行时间长短，查询 10 月 21 日前后三天南京到成都的航班时刻，并解释第一个航班的含义。

任务3　航班最早可利用座位查询

知识目标

1．了解航班最早可利用座位查询的一般方法。
2．掌握航班最早可利用座位查询指令。

能力目标

1．能够进行航班最早可利用座位查询。
2．能够识别查询结果。

基础知识

FV 功能提供了最早有座位的航班信息，它的显示内容与 AV 相似。它会对选定日期以后的航班进行检索，直到找到最早可提供座位的航班。该指令只能查询中国民航航班信息。

指令格式>FV:选择项/城市对/日期/起飞时间/座位数/航空公司/舱位

示例：显示从北京到上海今日最早有座位的航班。
操作如下：

```
►FV:PEKPVG
 21JAN(MON) BJSPVG
1+   MU271   PEKPVG 1300    1520    321 0^D   E    DS# UQ FC PC J5 C3 D3 Q1 IS WC YA*
 **   SC FLIGHT PLEASE CHECK IN 45 MINUTES BEFORE DEPARTURE AT PEK T3
 **   HU FLIGHT PLEASE CHECK IN 45 MINUTES BEFORE DEPARTURE AT PEK
 **   All scheduled MU or FM flights operated by MU or FM
```

【说明】

显示结果与 AV 指令结果一样，不同之处在于 FV 只显示最早的航班信息，因此只有一个航班。

任务导入

请为旅客李磊查询 3 月 15 日呼和浩特到郑州的航班最早可利用座位。

任务实施

```
►FV:HETCGO/15MAR
 15MAR(FRI) HETCGO
1+ *MF4065   HETCGO 0850    1020    73M 0^    E    DS# YA BA MA LA KA NA QA VA SQ
**   FLIGHT OF DR PLEASE CHECK IN 40 MINUTES BEFORE DEPARTURE AT HET
```

练习操作

1．查询 9 月 15 日青岛到福州最早有座位的航班，并解释航班的含义。
2．查询 9 月 15 日南京到西安最早有座位的航班，并解释航班的含义。
3．查询明日上海到兰州最早有座位的航班，并解释航班的含义。
4．查询今日杭州到深圳最早有座位的航班，并解释航班的含义。
5．查询 10 月 1 日青岛到西安最早有座位的航班，并解释航班的含义。
6．查询 10 月 21 日南京到成都最早有座位的航班，并解释航班的含义。

任务 4　航班完整信息查询

知识目标

1．了解航班完整信息查询的一般方法。
2．掌握航班完整信息查询指令。

能力目标

1．能够进行航班完整信息查询。
2．能够识别查询结果。

基础知识

DSG 指令可以显示指定日期的航段上的航班信息，包括航班的起飞降落城市、起飞降落时间、航班的空中飞行时间、航班的空中飞行距离、经停点数、航班机型、餐食等。该功能便于旅客掌握旅行中的航班动态。它可以直接显示旅客 PNR 中涉及的全部航班航段信息。

指令格式>DSG:完整显示项/航班号/座位等级/日期/航段

示例：完整显示今天 CA981 航班的信息。
操作如下：

```
►DSG:C/SC4697
SC4697    (MON)21JAN          TAO        0705     738 BCL
                        0925  XIY   (60) 1025     738
                        1210  XNN ELAPSED TIME  5:05 DIST   0M
```

知识补充

若当前已存在一个 PNR，可通过如下指令查询。

指令格式>DSG:完整显示项/ PNR 中所选航段的数字 1/ PNR 中所选航段的数字 2

任务导入

请完整显示 MU2769 航班信息。

任务实施

```
►DSG:C/MU2769
 MU2769   (MON)21JAN        NKG        1130     320 BC
                    1335    XIY   (60) 1435     320
                    1820    URC   ELAPSED   TIME   6:50 DIST   0M
```

练习操作

1．完整显示今天 HU7610 航班的信息，并解释航班信息的意义。

2．完整显示 12 月 1 日 MU9955 航班的信息，并解释航班信息的意义。

3．完整显示 8 月 10 日 CZ6614 航班的信息，并解释航班信息的意义。

4．完整显示 9 月 15 日 ZH9888 航班的信息，并解释航班信息的意义。

5．完整显示 10 月 10 日 CA1886 航班的信息，并解释航班信息的意义。

6．完整显示 6 月 12 日 MU5331 航班的信息，并解释航班信息的意义。

任务 5　航班经停站查询

知识目标

1．了解航班经停站查询的一般方法。

2．掌握航班经停站查询指令。

能力目标

1．能够进行航班经停站查询。

2．能够识别查询结果。

基础知识

在利用 AV 指令查询航班时，会发现有的航班有经停点，可以利用 FF 指令查询航班的经停城市、起降时间和机型。

指令格式>FF:航班号/日期

示例：查询 3 月 10 日 CZ6483 航班的经停站。

操作如下：

```
▶FF:CZ6483/10MAR
FF:CZ6483/10MAR19
SHE              0820      32G
HGH     1100     1205
SYX     1505
```

【说明】

第 1 行：第一出港城市，起飞时间，机型。

第 2 行：第二出港城市，到达时间，起飞时间。

第 3 行：目的地，到达时间。

任务导入

请为旅客李磊查询 3 月 22 日青岛到乌鲁木齐 SC4611 航班的经停站。

任务实施

```
▶FF:SC4611/22MAR
FF:SC4611/22MAR19
TAO              0710      7M8
TYN     0905     0955
URC     1345
```

练习操作

1．查询 3 月 6 日 SC4635 航班的经停站，并解释输出信息的意义。

2．查询 5 月 1 日 ZH9676 航班的经停站，并解释输出信息的意义。

3．查询 8 月 11 日 HU7276 航班的经停站，并解释输出信息的意义。

4．查询 8 月 20 日 MU2759 航班的经停站，并解释输出信息的意义。

5．查询 9 月 15 日 MU5327 航班的经停站，并解释输出信息的意义。

6．查询 10 月 1 日 GS7857 航班的经停站，并解释输出信息的意义。

任务 6　航班运价查询

知识目标

1．了解航班运价查询的一般方法。

2．掌握航班运价查询指令。

能力目标

1．能够进行航班运价查询。

2．能够识别查询结果。

基础知识

FD 指令可以查询国内航空公司国内段运价。

指令格式>FD:城市对/日期/航空公司代码

【格式说明】

① 城市对：始发城市和目的城市的三字代码。

② 日期：“.”表示当天，也可以省略。

③ 航空公司代码：该项可以省略，省略表示查询所有航空公司的运价。

示例：查询今天从济南到长沙山航的运价。

操作如下：

```
►FD:TNACSX/./SC
>PFDTNACSX/./SC
FD:TNACSX/21JAN19/SC                          /CNY /TPM    1228/
01 SC/C       / 2500.00= 5000.00/C/C/   /    .    /04JAN19              /SC11    PFN:01
02 SC/CLS     / 2300.00= 4600.00/C/C/   /    .    /28OCT18              /SCLA    PFN:02
03 SC/CHS     / 2300.00= 4600.00/C/C/   /    .    /28OCT18              /SCHA    PFN:03
04 SC/FLS     / 2300.00= 4600.00/F/F/   /    .    /16JAN19 30MAR19/SCLA    PFN:04
05 SC/FHS     / 2300.00= 4600.00/F/F/   /    .    /16JAN19 30MAR19/SCHA    PFN:05
06 SC/WLS     / 1280.00= 2560.00/W/Y/   /    .    /16JAN19 30MAR19/SCLA    PFN:06
07 SC/WHS     / 1280.00= 2560.00/W/Y/   /    .    /16JAN19 30MAR19/SCHA    PFN:07
08 SC/YLS     / 1280.00= 2560.00/Y/Y/   /    .    /16JAN19 30MAR19/SCLA    PFN:08
09 SC/YHS     / 1280.00= 2560.00/Y/Y/   /    .    /16JAN19 30MAR19/SCHA    PFN:09
10 SC/BLS     / 1200.00= 2400.00/B/Y/   /    .    /16JAN19 30MAR19/SCLB    PFN:10
11 SC/BHS     / 1200.00= 2400.00/B/Y/   /    .    /16JAN19 30MAR19/SCHB    PFN:11
12 SC/MHS     / 1140.00= 2280.00/M/Y/   /    .    /16JAN19 30MAR19/SCHB    PFN:12
13 SC/MLS     / 1140.00= 2280.00/M/Y/   /    .    /16JAN19 30MAR19/SCLB    PFN:13
14 SC/HLS     / 1080.00= 2160.00/H/Y/   /    .    /16JAN19 30MAR19/SCLB    PFN:14
15 SC/HHS     / 1080.00= 2160.00/H/Y/   /    .    /16JAN19 30MAR19/SCHB    PFN:15
16 SC/KHS     / 1010.00= 2020.00/K/Y/   /    .    /16JAN19 30MAR19/SCHB    PFN:16
17 SC/KLS     / 1010.00= 2020.00/K/Y/   /    .    /16JAN19 30MAR19/SCLB    PFN:17
18 SC/LLS     /   950.00= 1900.00/L/Y/   /    .    /16JAN19 30MAR19/SCLB    PFN:18

PAGE 1/2
```

【说明】

第 1 列为编号。

第 2 列为航空公司代码。

第 3 列为单程运价。

第 4 列为往返程运价。

第 5 列为舱位等级。

第 6 列为运价有效期的开始时间。

第 7 列为运价有效期的截止时间。

第 8 列为运价规则编号。

知识补充

运价与时间有着密切的关系。不同时期，运价也会不同。查询当前的运价时，建议营业员按照这种方式查询，即航段后加上日期及航空公司代码，这样会比较简洁明了。

任务导入

请查询今日上海到西宁东航的运价。

任务实施

```
►FD:SHAXNN/MU
>PFDSHAXNN/MU
FD:SHAXNN/16JAN19/MU                          /CNY /TPM   2047/
01MU/U/9360.00=18720.00/U/F/  /   .   /05NOV15          /MU11   _x0010_PFN:01
02MU/F/7020.00            /F/F/  /   .   /07JUL17          /MU11   _x0010_PFN:02
03MU/F/        12640.00/F/F/  /   .   /07JUL17          /MU11   _x0010_PFN:03
04MU/J/4680.00            /J/C/  /   .   /22FEB17          /MU11   _x0010_PFN:04
05MU/J/         8420.00/J/C/  /   .   /22FEB17          /MU11   _x0010_PFN:05
06MU/C/2810．00= 5620.00/C/C/  /   .   /29OCT17          /MU12   _x0010_PFN:06
07MU/D/2570.00= 5140.00/D/C/  /   .   /29OCT17          /MU12   _x0010_PFN:07
08MU/Q/2460.00= 4920.00/Q/C/  /   .   /29OCT17          /MU12   _x0010_PFN:08
09MU/W/2340.00= 4680.00/W/Y/  /   .   /05NOV15          /MU11   _x0010_PFN:09
10MU/Y/2340.00= 4680.00/Y/Y/  /   .   /05NOV15          /MU11   _x0010_PFN:10
11MU/B/2320.00= 4640.00/B/Y/  /   .   /05NOV15          /MU12   _x0010_PFN:11
12MU/M/2150.00= 4300.00/M/Y/  /   .   /22FEB17          /MU12   _x0010_PFN:12
13MU/I/1990.00= 3980.00/I/C/  /   .   /19JUN17          /MU12   _x0010_PFN:13
14MU/E/1920.00= 3840.00/E/Y/  /   .   /18AUG17          /MU12   _x0010_PFN:14
15MU/K/1680.00= 3360.00/K/Y/  /   .   /18AUG17          /MU12   _x0010_PFN:15
16MU/L/1540.00= 3080.00/L/Y/  /   .   /18AUG17          /MU12   _x0010_PFN:16
17MU/N/1430.00= 2860.00/N/Y/  /   .   /18AUG17          /MU12   _x0010_PFN:17
18MU/R/1190.00= 2380.00/R/Y/  /   .   /18AUG17          /MU12   _x0010_PFN:18
PAGE 1/2
```

练习操作

1．查询从青岛到上海山航当前的运价。
2．查询从南京到成都国航 10 月 1 日的运价。
3．查询从北京到南京国航 8 月 10 日的运价。
4．查询从上海到重庆上航 6 月 8 日的运价。
5．查询从海口到厦门海航 8 月 15 日的运价。
6．查询从成都到西安川航 9 月 7 日的运价。

任务 7　旅客订座记录的建立

知识目标

1．了解旅客订座记录的概念。
2．掌握旅客订座记录的组成部分。

能力目标

1．能够为旅客建立订座记录。
2．能够处理建立订座记录过程中常见的报错信息。

基础知识

旅客订座记录简称为 PNR（Passenger Name Record），由于其主要作用是订座，还可以用于计算运价、出票、建立常旅客信息、订酒店，以及其他相关信息，它反映了旅客的航程、航班座位占用的数量及旅客信息，适用民航订座系统。一个 PNR 记录了旅客订座的完整信息，计算机赋于每个 PNR 一个编号，也称订座记录编号。记录编号一般为五位或六位数字与字母的组合。

旅客订座记录包括基本项和其他项，建立好基本项后，就可以在计算机订座系统中生成记录，方便工作人员为旅客服务。

旅客订座记录的基本项包括姓名组、航段组、联系组、出票组，建立起这四项后，就可以完成 PNR 的建立了。

1. 姓名组的建立

指令格式>NM:该姓名的订座总数 旅客姓名 (特殊旅客代码)

【格式说明】

① 姓名组由英文字母或汉字组成。

② 若输入英文字母的姓名，姓与名之间须用斜线（/）分开（中文姓名无此限制）。

③ 旅客姓名均应由 26 个英文字母组成，每个旅客姓名最多只能有一个斜线（/）。

④ 对于输入英文字母的姓名，姓不得少于两个字母。

⑤ 旅客名单按照姓氏的字母顺序排列。

⑥ 旅客姓名长度最大为 55 个字符。

⑦ 散客记录最大旅客数为 9 人，旅客数大于 9 人的记录为团体旅客记录。

示例：输入李磊的姓名。

操作如下：

```
►NM:1 李磊
1. 李磊
2. TAO/T TAO/T 0532-83835555/QINGDAO PENGFEI AIRLINES SERVICE LTD.,CO/LI TAO
3. TAO220
```

【说明】

① 出国内票时，若自动打票，国内旅客要输入其中文姓名。

② 出国际票时，必须输入旅客姓名的英文字母，姓和名之间用“/”隔开。

③ 输入旅客姓名时，要保证姓名的准确，有一些航空公司禁止修改旅客姓名。

示例：输入 REINHARD/HAETTI、STEFAN/PLETZER、ZHU/QI 的姓名。

操作如下：

```
►NM:1ZHU/QI 1REINHARD/HAETTI 1STEFAN/PLETZER
1. REINHARD/HAETTI   2. STEFAN/PLETZER   3. ZHU/QI
4. TAO/T TAO/T 0532-83835555/QINGDAO PENGFEI AIRLINES SERVICE LTD.,CO/LI TAO
5. TAO220
```

【说明】

输出的顺序是按照姓氏的字母顺序排列的。

示例：为 ZHANG JIAN、ZHANG QIANG、LIU QUN、LIU WEI、LIU HANG 建立姓名组。

操作如下：

```
►NM:1ZHANG/JIAN 1ZHANG/QIANG 1LIU/QUN 1LIU/WEI 1LIU/HANG
3. LIU/QUN 4.LIU/WEI 5.LIU/HANG   1. ZHANG/JIAN   2. ZHANG/QIANG
4. TAO/T TAO/T 0532-83835555/QINGDAO PENGFEI AIRLINES SERVICE LTD.,CO/LI TAO
5. TAO220
```

【说明】

① 姓名输出的顺序是按照姓氏的字母顺序排列的，姓氏相同时，先输入的姓名排列在前。

② 封口以后的姓名顺序会按照屏幕上显示的列出，即 LIU/QUN 是 1 号，LIU/WEI

是2号。

▶ 知识补充

姓氏相同的，也可以这样输入：

```
>NM:2ZHANG/JIAN/QIANG 3LIU/QUN/WEI/HANG
3．LIU/QUN 4.LIU/WEI 5.LIU/HANG   1．ZHANG/JIAN   2．ZHANG/QIANG
4．TAO/T TAO/T 0532-83835555/QINGDAO PENGFEI AIRLINES SERVICE LTD.,CO/LI TAO
5．TAO220
```

姓名前的2和3是指相同姓氏的旅客数，只适用于英文姓名，不适用于中文姓名。

2. 航段组

代理人对航班座位进行销售是由建立航段组来完成的。航段组的建立一般是通过间接方式建立。

间接建立航段组是指利用航班时刻表、指定日期班机时刻表或航班座位可利用情况建立航段组。

指令格式>SD: 航线序号 舱位等级 行动代号 订座数

【格式说明】

航线序号：前一步AV显示的对应航班的序号。

舱位等级：前一步AV显示的对应航班的舱位。

行动代码：可以省略，默认为NN申请。

订座数：预订座位的数量。

▶ 知识补充

行动代码一般有以下几种情况：

（1）可直接销售（DIRECT SELL）的航空公司，即AV中有DS#标识。

DK，DR：销售成功且直接占座。

DW：候补状态。

NN：为申请状态。

（2）可直接存取（DIRECT ACCESS）的航空公司。

SS：航班有座位可进行销售。

NN：航班没有座位，须进行申请。

（3）以CO-HOST方式连接的航空公司。

SS：航班有座位可进行销售。

NN：航班没有座位，须进行申请。

（4）无协议的航空公司。

NN：航班状态不明，须进行申请。

示例：航班可利用状态显示如下，订取 CA1321 航班 F 舱 1 个座位。

操作如下：

```
►AV:PEKCAN/+
30SEP(WED) PEKCAN
1- CA1321 PEKCAN 0900 1200 340 0 M DS# FA AS CA DS YA BA HA KA LS MS
2 WH2137 PEKCAN 1030 1310 300 0 M DS# FA YA BA RA HA Z5
3 CZ3102 PEKCAN 1210 1500 777 0 M DS# CA DS YA WA KA HA MA GS QS VS
4 XO9311 PEKCAN 1250 1555 TU5 0 M AS# YL KL HL MQ
5+ CZ346 PEKCAN 1435 1720 77B 0 M DS# FS AS C6 D6 Y1 KA MA GS ZS
```

操作如下：

```
►SD:1F1
1. CA1321 F WE30SEP PEKCAN DK1 0900 1200 340 S 0
2. TAO220.
```

【说明】

CA1321——预订的航班号，舱位为 F 舱。

WE30SEP——航班起飞时间。

PEKCAN——始发地和目的地。

DK1——行动代码是 DK，数量为 1。

0900——起飞时间。

1200——到达时间。

340——机型代码。

S——有餐食。

0——无经停。

知识补充

直接建立航段组是在营业员知道待订航班的所有信息，如航班号、日期、航段、舱位、座位数及起飞时间的情况下建立起来的。

指令格式>SS: 航班号/舱位/日期/航段/行动代码/订座数/起飞时间/到达时间

（1）使用 SS 直接建立航段组时，对于中国民航航空公司的航班，代理人只能订取系统中实际存在的航班。

（2）对于外国航空公司的航班，代理人可以任意订取，即使该航班实际并不存在，也可以建立。故用 SS 订取外国航空公司的航班时，营业员应事先了解详细的航班情况。

（3）营业员使用 SS 直接建立航段组时，一次输入最多可订取 5 个航班。

3. 联系组

联系组的功能是记录各种联系信息，方便查询旅客信息。旅客联系信息由营业员手工输入，记录旅客的联系电话，便于代理人与旅客的联系。

（1）旅客手机号码输入

指令格式>OSI 航空公司代码 CTCM 手机号码/P#

【格式说明】

航空公司代码——航空公司的两字代码。

手机号码——旅客的联系电话。

P#——电话号码对应旅客的编号，无特指时可以省略。

示例：输入国航旅客联系电话 19088004518。

操作如下：

```
►OSI CA CTCM19088004518
1. OSI CA CTCM19088004518
2. TAO/T TAO/T 0532-83835555/QINGDAO PENGFEI AIRLINES SERVICE LTD.,CO/LI TAO
3. TAO220
```

（2）非旅客手机号码输入

指令格式>OSI 航空公司代码 CTCT 手机号码/P#

【格式说明】

航空公司代码——航空公司的两字代码。

手机号码——一般输入代理的手机号码。

P#——电话号码对应旅客的编号，无特指时可以省略。

示例：输入代理人联系电话 10000000000。

操作如下：

```
►OSI CA CTCT10000000000
1. OSI CA CTCT10000000000
2. TAO/T TAO/T 0532-83835555/QINGDAO PENGFEI AIRLINES SERVICE LTD.,CO/LI TAO
3. TAO220
```

知识补充

对于团队旅客，除乘机人的手机号码外，还需要将团队负责人员（领队或调度员）的手机号码准确输入订座系统中。因旅客原因，不能留存乘机人手机号码的，代理人将有效联系手机号码准确输入订座系统中，并保证手机 24 小时处于开机状态。

4. 出票组

出票组注明旅客的出票情况，已出票的将给出票号，未出票的则写明具体出票的时限，到达出票时限时计算机系统向相应部门派发通知，提示营业员出票，否则会被航空公司取消。

指令格式>TK:TL/时间/日期/出票部门

【格式说明】

TL——出票时限。

时间——设定计划出票时间。

日期——设定计划出票日期。

出票部门——设计计划出票单位。

示例：为 PNR 中旅客设置出票时限为今天 12 点。

操作如下：

```
►TK:TL/1200/060CT/TAO220
1. LI/SAN   2. ZHANG/WAN   3. ZHAO/YI M4MDS
4. MU2137 Y SA10OCT PEKCAN HK3 1030 1310
5. TAO/T TAO/T 0532-83835555/QINGDAO PENGFEI AIRLINES SERVICE LTD.,CO/LI TAO
6. 66017755
7. TL/1200/06OCT/TAO220
8. RMK CA/JV3C6
9. TAO220
```

【说明】

出票时限可以根据旅客情况而定，但通常要求旅客在航班起飞 3 天之前出票。

5. PNR 的生效

在修改或建立新的 PNR 时，用封口指令，使修改或建立的 PNR 生效。在封口之前，PNR 虽然显示在屏幕上，但并未正式生效，只有封口后，才可以继续建立其他记录。它是 PNR 生效必不可少的一步。

指令格式>@选择代码

【格式说明】

@——PNR 生成指令，可以用“/”代替。

选择代码有两种。

① I：当订单中有不连续的行程时，可以用 I 代码跳过检查生成 PNR。

② K：当订单中有航班变化提示时，可以通过 K 代码清理航段信息生成 PNR。

操作如下：

```
►TK:TL/2000/16JAN/TAO220
1. 李磊
2. QW6011 Z    WE27MAR   CGQNNG HK1    1215 1705    E T2T2
3. TAO/T TAO/T 0532-83835555/QINGDAO PENGFEI AIRLINES SERVICE LTD.,CO/LI TAO
4. TL/2000/16JAN/TAO220
5. OSI QW CTCT19088004518
6. OSI QW CTCM19088004518/P1
7. TAO220
```

示例：现有如下指令，请对其进行封口生效。

操作如下：

```
►@
QW6011   Z WE27MAR   CGQNNG DK1     1215 1705
HQJ1FK
```

【说明】

QW6011——预订的航班编号。

Z——舱位等级。

WE27MAR——航班的日期。

CGQNNG——始发站和目的站。

DK1——状态代码，数量是 1 张。

1215——起飞时间。

1705——到达时间。

HQJ1FK——PNR 编号。

任务导入

请为旅客李磊预订 3 月 27 日长春到南宁的航班，并建立 PNR，身份证号码为 180100199910210010，电话号码为 19088004518。

任务实施

【步骤一】查询航班。

```
►AVH/CGQNNG/27MAR
 27MAR(WED) CGQNNG
1-  QW6011   DS# FA A2 O2 WA I5 YA BA HA LA PA   CGQNNG 1215    1705    320 0 D   E
>                QA GA VA UA ZA RS ES SS TS JS MS KS X5 NS              T2 --   4:50
2   ZH9382   AS# F6 P2 A2 O1 C2 D1 YA BQ RQ MA   CGQNNG 1605    2250    738 1^S   E
>                UA HA QA VA WA SA EA TQ LQ X2 NQ KQ                    T2 T2   6:45
3   *KY9382  AS# F6 YA MA UA HA QA VA WA         CGQNNG 1605    2250    738 1^S   E
>   ZH9382                                                              T2 T2   6:45
4   *CA3682  AS# F6 YA BA MA UA QA VA WA TQ LQ   CGQNNG 1605    2250    738 1^S   E
>   ZH9382       KQ                                                     T2 T2   6:45
5   CZ3910   DS# J4 C2 D1 IQ OC WA SQ YA PA BA   CGQNNG 1640    2350    73C 1^C   E
>                MA HA KA UA AA LA Q7 E6 V5 Z4 TQ NQ RQ G5 XC           T1 --   7:10
6   *MF1765  DS# YA BA MA LA KA NA QA V6 SQ      CGQNNG 1640    2350    73C 1^C   E
>   CZ3910                                                              T1 T2   7:10
7+  QW9790   DS# FA A2 O2 WA I4 YA BA HA LA PA   CGQTAO 0700    0855    320 0 S   E
```

```
>                   QA GA VA UA ZS RS ES SS TA JS MS KS X5 NS              T2 T1    1:55
   QW9791    DS# FA A2 O2 WA I4 YA BA HA LA PS         NNG 0640+1 1235+1 320 1 M    E
>                   QA GS VA US ZA RA ES SS TS JS M2 KS X5 N5              T1 -- 29:35
 **   CZ FARE CGQNNG/NNGCGQ YI CZ/TZ698
 **   HKG-HX-PEK-*HX-CGQ and v.v., NO STOPOVER AT PEK IS PERMITTED
```

【步骤二】建立航段。

```
►SD2Y1
1    QW6011      Z      WE27MAR      DK1      CGQNNG 1215 1705 738 0 C E
2    TAO/T TAO/T 0532-83835555/QINGDAO PENGFEI AIRLINES SERVICE LTD.,CO/LI TAO
3    TAO220
```

【步骤三】输入旅客姓名。

```
►NM1 李磊
1    李磊
2     QW6011      Z      WE27MAR      DK1      CGQNNG 1215 1705 738 0 C E
3    TAO/T TAO/T 0532-83835555/QINGDAO PENGFEI AIRLINES SERVICE LTD.,CO/LI TAO
4    TAO220
```

【步骤四】输入旅客联系方式。

```
►OSI QW CTCT19088004518
1    李磊
2     QW6011      Z      WE27MAR      DK1      CGQNNG 1215 1705 738 0 C E
3    OSI CA CTCT19088004518
3    TAO/T TAO/T 0532-83835555/QINGDAO PENGFEI AIRLINES SERVICE LTD.,CO/LI TAO
5    TAO220
►OSI QW CTCM19088004518/P1
1    李磊
2     QW6011      Z      WE27MAR      DK1      CGQNNG 1215 1705 738 0 C E
3    OSI CA CTCT19088004518
4    OSI QW CTCM19088004518/P1
5    TAO/T TAO/T 0532-83835555/QINGDAO PENGFEI AIRLINES SERVICE LTD.,CO/LI TAO
6    TAO220
```

【步骤五】输入出票时限。

```
►TKTL/2000/16JAN/TAO220
1. 李磊
2.  QW6011 Z    WE27MAR    CGQNNG HK1      1215 1705      E T2T2
3. TAO/T TAO/T 0532-83835555/QINGDAO PENGFEI AIRLINES SERVICE LTD.,CO/LI TAO
4. TL/2000/16JAN/TAO220
5. OSI QW CTCT19088004518
6. OSI QW CTCM19088004518/P1
7. TAO220
```

【步骤六】封口。

```
▶@
QW6011   Z WE27MAR   CGQNNG DK1     1215 1705
HQJ1FK
  ***  预订酒店指令 HC, 详情   _x0010_HC:HELP     ***
```

练习操作

1．请为本人预订 10 月 1 日乌鲁木齐到西安最便宜的航班，联系方式用本人手机号码，并建立 PNR。

2．请为本人预订 9 月 28 日广州到成都最便宜的航班，联系方式用本人手机号码，并建立 PNR。

3．请为本人预订 10 月 10 日天津到南京最便宜的航班，联系方式用本人手机号码，并建立 PNR。

4．请为本人预订 10 月 5 日青岛到广州最便宜的航班，联系方式用本人手机号码，并建立 PNR。

5．请为本人预订 9 月 29 日济南到重庆最便宜的航班，联系方式用本人手机号码，并建立 PNR。

6．请为本人预订 8 月 5 日北京到重庆最便宜的航班，联系方式用本人手机号码，并建立 PNR。

任务 8　旅客订座记录的提取

知识目标

1．了解旅客订座记录提取的方法。

2．掌握旅客订座记录提取的指令。

能力目标

1．能够使用不同方法提取旅客订座记录。

2．能够根据 PNR 编号、旅客姓名、航空公司记录编号等提取旅客订座记录。

基础知识

日常工作中经常要提取旅客订座记录。我们可以通过多种方法提取旅客订座记录。

1. 根据记录编号提取 PNR

每个订座记录在封口后都有一个记录编号，它由 5 位数字或字母组成，是计算机系统随机给出来的。

指令格式>RT: 记录编号

示例：提取 PNR N1PSZ。

操作如下：

```
►RT N1PSZ
1. SHEN/JIE N1PSZ
2. CA1501 Y TU29SEP PEKSHA RR1 0840 1035
3. TAO/T TAO/T 0532-83835555/QINGDAO PENGFEI AIRLINES SERVICE LTD.,CO/LI TAO
   ABCDEFG
4. 62339987
5. T/999124455682-83
6. RMK CA/KWSEN
7. TAO220
```

2. 根据旅客姓名提取 PNR

我们还可以根据旅客姓名、航班日期提取订座记录。

指令格式>RT: 姓名/航班/日期/航段

示例：提取 8 月 24 日 CA1501 航班上姓名为“陈鹏”的旅客的订座记录。

操作如下：

```
►RT:CHEN/CA1501/24AUG
NAME LIST
CA1501/24AUG
001 1CHEN/WILLIAM P9NM0 C RR1 BJS160 20AUG99
002 1CHENPENG NENC2 C RR1 BJS160 23AUG
003 1CHENDERONG MH4E5 Y HX2 BJS160 09AUG99
004 1CHENXINGYU MMYZ8 Y RR2 BJS160 16AUG99
END
```

【说明】

① 根据姓名提取 PNR 时，既可以输入旅客的全名，也可以只输入姓氏。

② 若只输入姓氏，则航班上以该姓氏字母开头的旅客记录全部显示出来。

③ 有些 PNR 中的旅客姓名是英文字母，有些是中文，无论哪种输入，提取时都应输入字母。

3. 根据旅客名单提取 PNR

我们可以先提取航班上由本部门建立的全部旅客记录，即 ML，然后再根据序号提取 PNR。

指令格式>ML: 选择项/航班号/日期>RT: 序号

示例：提取本部门建立的某航班上的全部旅客记录。

操作如下：

```
►ML:B/CA1501/6OCT
MULTI
CA1501 /06OCT B
PEKSHA
001 1LIANGYU PBJS3 Y RR1 TAO220 29SEP98 K T
002 1LINTONG NGC35 Y RR1 TAO220 30SEP98 K T
TOTAL NUMBER 2
```

如果要提取其中的第一个记录，则输入：

```
►RT1
1. 李磊 PBJS3
2. CA1501 Y TU06OCT PEKSHA RR1 0840 1035
3. TAO/T TAO/T 0532-83835555/QINGDAO PENGFEI AIRLINES SERVICE LTD.,CO/LI TAO
   ABCDEFG
4. T
5. RMK CA/JCD4V
6. FN/FCNY900.00/SCNY900.00/C4. 00/ACNY900.00
7. TN/999-6091714065/P1
8. FP/CASH,CNY
9. TAO220
```

如果想继续提取第二个记录，可以输入：

```
►RT2
1. 林彤 NGC35
2. CA1501 Y TU06OCT PEKSHA RR1 0840 1035
3. TAO/T TAO/T 0532-83835555/QINGDAO PENGFEI AIRLINES SERVICE LTD.,CO/LI TAO
4. T
5. RMK CA/HY3MB
6. FN/FCNY900.00/SCNY900.00/C4. 00/ACNY900.00
7. TN/999-6091714248/P1
8. FP/CASH,CNY
9. TAO220
```

4. 根据航空公司记录编号提取 PNR

中国民航订座系统包括航空公司系统（ICS）和代理人系统（CRS）两部分。如果旅客在 ICS 系统直接订座生成 PNR，则在 CRS 中没有相应记录。这种情况下代理人如果想提取该记录，需要使用 RRT 指令。

指令格式>RRT: V/记录编号/航班/日期>RRT: OK

示例：现有一航空公司系统记录旅客编号为 JZS19，无 CRS 记录编号，请为该旅客出票。

操作如下：

```
►RRT:V/JZS19/MU5110/10OCT
1. GAO/FENG
2. MU5110 Y SA10OCT PEKNKG HK1 1205 1335
3. NC
4. TL/1200/07OCT/SHA001
5. TAO220
```

```
►RRT:OK
1. GAOFENG NDTRR
2. MU5110 Y SA10OCT PEKNKG HK1 1205 1335
3. NC
4. TL/1200/7OCT/TAO220
5. RMK CA/JZS19
6. RMK CLAIM PNR ACK RECEIVED
7. TAO220
@
MU5110 Y SA10OCT PEKNKG HK1 1205 1335
NDTRR
```

【说明】

可以看到系统给出了 CRS 系统的记录编号 NDTRR，并且将 ICS 系统的记录编号 JZS19 记入 RMK 项，说明该 PNR 在 CRS 系统中已经生成，对应 ICS 系统的记录 JZS19，然后可进行其他处理。

5. 提取完整的 PNR RTC

PNR 在建立的过程中，有时会经过多次修改，营业员对订座记录的任何修改都会记录在 PNR 中。RT 看到的 PNR 内容是 PNR 的现行部分，我们先来看一下 PNR 结构。

PNR 的现行部分——RT 看到的 PNR 内容。

PNR 的历史部分——被修改过的 PNR 内容。

若要查看完整的 PNR 内容，可以使用 RTC 指令。

```
指令格式 1>RT:C/记录编号
指令格式 2>RT:记录编号>RT:C
```

示例：提取 PNR MZ1YG 的完整内容。

操作如下：

```
►RT:C/MZ1YG
004 HDQCA 9983 0137 31JUL98 /RLC3
```

```
1. CHEN/XUFAN(001) MZ1YG
001   2. CA1321 K MO10AUG98PEKCAN RR1 0900 1200
DR(001) RR(001)
001   3. TAO/T TAO/T 0532-83835555/QINGDAO PENGFEI AIRLINES SERVICE LTD.,CO/LI TAO
         ABCDEFG
001   4. 64012233
003   5. T/999-1124995051
002   6. RMK CA/H45VF
001   7. TAO220
```

【说明】

PNR 中每一项前面的序号（001，002，003，004）表示这一项是在第几次封口中加入的。从上面的 PNR 中可以看出：

① 第一步操作，所有序号为 001 的项均是第一次封口时完成的，PNR 中加入了姓名组、航段组、代理人联系组和责任组。

② 第二步系统加入了 RMK 项。

③ 第三步系统加入了票号项。

④ 最上面的 004 项表示这个 PNR 的最后一次修改是第四步，并且标出了修改时间和工作号。

任务导入

请提取编号为 HQJ1FK 的订座记录。

任务实施

```
►RT:HQJ1FK
 QW6011   Z WE27MAR   CGQNNG DK1     1215 1705
 HQJ1FK
 ***  预订酒店指令 HC，详情   _x0010_HC:HELP      ***
1. 李磊 HQJ1FK
2. QW6011 Z    WE27MAR   CGQNNG HK1     1215 1705              E T2T2
3. TAO/T TAO/T 0532-83835555/QINGDAO PENGFEI AIRLINES SERVICE LTD.,CO/LI TAO
    ABCDEFG
4. HYZT 1005 PNR
5. TL/2000/16JAN/TAO206
6. SSR FOID QW HK1 NI180100199910210020/P1
7. OSI QW CTCT19088004518
8. OSI QW CTCM19088004518/P1
9. RMK CA/MJYQ16
10. TAO220
```

练习操作

1．请为本人预订 10 月 1 日乌鲁木齐到西安最便宜的航班，联系方式用本人手机号码，建立并提取 PNR。

2．请为本人预订 9 月 28 日广州到成都最便宜的航班，联系方式用本人手机号码，建立并提取 PNR。

3．请为本人预订 10 月 10 日天津到南京最便宜的航班，联系方式用本人手机号码，建立并提取 PNR。

4．请为本人预订 10 月 5 日青岛到广州最便宜的航班，联系方式用本人手机号码，建立并提取 PNR。

5．请为本人预订 9 月 29 日济南到重庆最便宜的航班，联系方式用本人手机号码，建立并提取 PNR。

6．请为本人预订 8 月 5 日北京到重庆最便宜的航班，联系方式用本人手机号码，建立并提取 PNR。

任务 9　旅客订座记录的修改

知识目标

1．了解旅客订座记录修改的方法。

2．掌握旅客订座记录修改的指令。

能力目标

1．能够为旅客修改订座记录。

2．能够处理旅客订座记录修改过程中常见的报错信息。

基础知识

在日常工作中经常遇到对 PNR 进行修改的情况。对 PNR 的修改，不同的组项有不同的方式，主要有以下两种：

（1）取消除姓名组外的其他项，可以用“XE:序号”先取消，然后再增加新的内容。姓名组要使用类似于“1/1ZHANG/HANG”的方式。

（2）若要取消完整的 PNR，则提取 PNR 后，做“XEPNR@”指令，这条指令可以将整个 PNR 取消。取消之前应先将该记录 RT 出来，确定要取消后，即可做该命令。一旦取消，订座记录不能再恢复。

任务导入

对下面 PNR 中的一些项做修改，现在旅客想要将行程改为 2 月 2 日的 SZ4516 航班的 Y 舱。

```
►RT MWDBQ
1. ZHANG/KE MWDBQ
2. SZ4516 Y MO01FEB SHACTU HK1 1040 1320
3. TAO/T TAO/T 0532-83835555/QINGDAO PENGFEI AIRLINES SERVICE LTD.,CO/LI TAO
   ABCDEFG
4. 64357823
5. TL/1200/25JAN/TAO220
6. RMK CA/JNDVY
7. TAO220
```

任务实施

【步骤一】删除原航班。

```
►XE2
1. ZHANG/KE MWDBQ
2. TAO/T TAO/T 0532-83835555/QINGDAO PENGFEI AIRLINES SERVICE LTD.,CO/LI TAO
   ABCDEFG
3. 64357823
4. TL/1200/25JAN/TAO220
5. RMK CA/JNDVY
6. TAO220
```

【步骤二】修改为新航班。

```
►SS:SZ4516 Y 2FEB SHACTU NN1
@
SZ4516 Y TU02FEB SHACTU HK1 1040 1320
MWDBQ.1
```

练习操作

1．请为本人预订 10 月 1 日深圳到西安的航班，联系方式用本人的手机号码，建立 PNR 后，将联系方式进行修改。

2．请为本人预订 10 月 28 日福州到成都的航班，联系方式用本人的手机号码，建立 PNR 后，将航班日期改为 11 月 5 日。

3．请为本人预订 11 月 2 日哈尔滨到杭州的航班，联系方式用本人的手机号码，建立 PNR 后，将航班日期改为 11 月 5 日。

4．请为本人预订 10 月 7 日上海到兰州的航班，联系方式用本人的手机号码，建立 PNR 并删除。

5．请为本人预订 10 月 15 日北京到南昌的航班，联系方式用本人的手机号码，建立 PNR 并删除。

6．请为本人预订 11 月 20 日北京到青岛的航班，联系方式用本人的手机号码，建立 PNR 并删除。

任务 10　旅客订座记录的还原与取消

知识目标

1．了解旅客订座记录还原与取消的方法。
2．掌握旅客订座记录还原与取消的指令。

能力目标

1．能够还原与取消旅客订座记录。
2．能够处理还原与取消过程中常见的报错信息。

基础知识

1. PNR 的还原

在前面的例子中我们已经知道，对 PNR 的所有修改在封口以后才真正生效，因此在修改 PNR 时，如果封口之前发现所做的修改不对，可以使用 IG 指令将 PNR 还原成未修改时的状态。

```
指令格式>IG
```

2. PNR 的取消

若要取消完整的 PNR，则提取 PNR 后，使用“XEPNR@”指令，这条指令可以将整个 PNR 取消。取消之前应先将该记录提取出来，确定要取消后，即可做该命令。一旦取消，订座记录不能再恢复。

任务导入一

有一个 PNR 做过修改但未封口，现将其还原。

```
►RT M01W6
1. TU/LIJUN M01W6
2. CZ3375 H WE10FEB CSXCAN HK1 0810 0855
3. TAO/T TAO/T 0532-83835555/QINGDAO PENGFEI AIRLINES SERVICE LTD.,CO/LI TAO
   ABCDEFG
4. 76589234
```

```
5. TL/1000/01FEB/TAO220
6. RMK CA/HH49W
7. TAO220
```

现在再订一段 2 月 15 日的 CANSHA 航段，输入如下：

```
►SS:CZ3613/Y/15FEB/CANSHA/NN1
1. TU/LIJUN M01W6
2. CZ3375 H WE10FEB CSXCAN HK1 0810 0855
3. CZ3613 Y MO15FEB CANSHA DK1 0750 0940 320 S 0
4. TAO/T TAO/T 0532-83835555/QINGDAO PENGFEI AIRLINES SERVICE LTD.,CO/LI TAO
   ABCDEFG
5. 76589234
6. TL/1000/01FEB/TAO220
7. RMK CA/HH49W
8. TAO220
```

任务实施一

可以看到 CZ3613 的 CANSHA 航段已经被加入了 PNR，状态是 DK，但是现在还没有封口，PNR 就没有最终完成。在这种情况下，如果不想将 CZ3613 航段加入 PNR，而让 PNR 恢复原来的状态，可以使用 IG 指令将 PNR 还原。输入如下：

```
►IG
PNR IGNORED
```

系统的显示提示代理人 PNR M01W6 被还原了。提出 PNR 可以看到仍然只有一个航段。

```
►RT:M01W6
1. TU/LIJUN M01W6
2. CZ3375 H WE10FEB CSXCAN HK1 0810 0855
3. TAO/T TAO/T 0532-83835555/QINGDAO PENGFEI AIRLINES SERVICE LTD.,CO/LI TAO
   ABCDEFG
4. 76589234
5. TL/1000/01F EB/TAO220
6. RMK CA/HH49W
7. TAO220
```

与修改航段的道理一样，对 PNR 所做的其他修改（如改名字，改出票时限，PNR 分离，取消部分旅客等），在封口之前都可以用 IG 将其还原。

任务导入二

旅客取消旅行，取消 PNR。

```
►RT:NW972
1．魏丽 NW972
2．CA1301 Y MO17JAN PEKCAN RR1 1450 1745
3．TAO/T TAO/T 0532-83835555/QINGDAO PENGFEI AIRLINES SERVICE LTD.,CO/LI TAO
    ABCDEFG
4．SHUO KE FA
5．T
6．RMK CA/K5JX2
7．FN/FCNY1360.00/SCNY1360.00/C3．00/ACNY1360.00
8．TN/999-6051923394/P1
9．FP/CASH,CNY
10．TAO220
```

任务实施二

【步骤一】删除 PNR。

```
►XEPNR@
PNR CANCELLED NW972
```

【步骤二】提取 PNR。

```
►RT NE972
*THIS PNR WAS ENTIREL Y CANCELLED*
005 HDQCA 9983 0212 17JAN /RLC4
X1.  魏丽(001) NW972
001 X2.  CA1301 Y MO17JAN PEKCAN XX1 1450 1745
RR(001) DR(001) RR(001) XX(004)
001 X3. TAO/T TAO/T 0532-83835555/QINGDAO PENGFEI AIRLINES SERVICE LTD.,CO/LI
TAO ABCDEFG
001 X4.SHUO KE FA
001 X5.T
002 X6.RMK CA/K5JX2
001 X7.FN/FCNY1360.00/SCNY1360.00/C3.00/ACNY1360.00
003 X8.TN/999-6051923394/P1
001 X9.FP/CASH,CNY
001 10.TAO220
```

```
►PN
001 BJS105 11324 0742 13JAN00 I -002
HDQCA 9983 0742 13JAN00 /RLC1
001/003 FC/PEK CA CAN 1360.00YB CNY1360.00END
003 PEK1E 9986 0743 13JAN00
004 BJS105 11324 0212 17JAN
005 HDQCA 9983 0212 17JAN /RLC4.1
```

练习操作

1. 请为旅客李磊预订 3 月 1 日北京到兰州的航班，建立 PNR 并取消。
2. 请为旅客李磊预订 3 月 4 日天津到西宁的航班，建立 PNR 并取消。
3. 请为旅客李磊预订 3 月 8 日沈阳到厦门的航班，建立 PNR 并取消。
4. 请为旅客李磊预订 3 月 15 日太原到成都的航班，建立 PNR 并取消。
5. 请为旅客李磊预订 3 月 18 日西安到福州的航班，建立 PNR 并取消。
6. 请为旅客李磊预订 3 月 27 日南宁到银川的航班，建立 PNR 并取消。

任务 11　出票并打印行程单

知识目标

1. 了解电子客票票面状态。
2. 掌握电子客票出票的流程。
3. 熟练掌握电子客票出票的指令。

能力目标

1. 能够为旅客出票。
2. 能够处理出错过程中常见的报错信息。

基础知识

1. 输入身份证信息

订座记录中，必须包含旅客的身份信息，如果缺少该项，旅客将不能办理值机。目前国内航班旅客多采用身份证订座。

指令格式>SSR FOID 承运人 HK/NI 证件号/P#

【格式说明】

① FOID——身份信息。

② 承运人——承运航空公司两字代码，输入 YY，系统会根据 PNR 中航段自动套用代码。

③ HK——状态代码，固定格式。

④ NI——身份证。

⑤ P#——身份信息对应旅客的编号。

示例：李磊的身份证信息为 180100199910210010，请输入。
操作如下：

```
►SSR FOID HU HK/NI180100201308160010
1. 李磊 JFKTKZ
2. HU7472 Y    FR29MAR   KWETYN HK1    1205 1435              E T2T1
3. TAO/T TAO/T 0532-83835555/QINGDAO PENGFEI AIRLINES SERVICE LTD.,CO/LI TAO
   ABCDEFG
4. TL/1800/21JAN/TAO220
5. SSR FOID HU HK1 NI180100201308160010/P1
6. OSI HU CTCT19088004518
7. OSI HU CTCM19088004518/P1
8. RMK CA/MKX016
9. TAO220
```

【说明】
系统显示的第 5 行即为刚输入的旅客身份证信息。

2. 输入运价组

为了简化代理人运价查询和计算流程，减少出票过程中的人为操作失误，提高工作效率，中国航信完善了订座系统中国内销售运价自动计算功能。通过使用 PAT:A 指令，系统将根据 PNR 中的航段、航班、舱位、日期、时刻等信息自动进行运价数据的比对，并返回符合条件的运价结果。

指令格式>PAT:A

示例：调取运价并输入。
操作如下：

```
►PAT:A
>PAT:A
01 Y FARE:CNY1480.00 TAX:CNY50.00 YQ:TEXEMPTYQ   TOTAL:1530.00
SFC:01    SFN:01
SFC:01
 1. 李磊 JFKTKZ
 2. HU7472 Y    FR29MAR   KWETYN HK1    1205 1435              E T2T1
 3. TAO/T TAO/T 0532-83835555/QINGDAO PENGFEI AIRLINES SERVICE LTD.,CO/LI TAO
    ABCDEFG
 4. TL/1800/21JAN/TAO220
 5. FC/A/KWE HU TYN 1480.00Y CNY1480.00END
 6. SSR FOID HU HK1 NI180100201308160010/P1
 7. OSI HU CTCT19088004518
 8. OSI HU CTCM19088004518/P1
```

```
 9. RMK CMS/A/**
10. RMK OT/A/0/84260/0-1HU4165P1TYN
11. RMK CA/MKX016
+
```

【说明】

代理人执行“PAT:A”指令之后，系统首先会返回“01 Y FARE:CNY1480.00 TAX:CNY50.00 YQ:TEXEMPTYQ　TOTAL:1530.00 SFC:01 SFN:01 SFC:01”。

① Y——表示调取 Y 舱的价格。

② CNY1480.00——机票价格为 1480 元人民币。

③ TAX:CNY50.00——民航建设基金为 50 元人民币。

④ YQ:TEXEMPTYQ——燃油附加费。

⑤ TOTAL:1530.00——总的票价。

“PAT:A”仅仅调出运价，营业员还需要在“SFC:01”后按 Enter 键串入。运价输入系统后，在 PNR 中增加了 FN、FC、FP、EI、TC 等信息。

知识补充

FN 是运价栏，显示的是运价总额和税金。

FC 是运价计算栏，显示的是 FN 中运价总额是怎样构成的，如第一段航段的价格，第二段的价格。

FP 是支付方式，一般是现金 CASH。

EI 是签注栏，显示的是该客票的限制使用条件。

TC 是旅行代号，显示的是该客票适用哪个运价文件或者产品文件。

3. 删除出票时限

系统要求出票时订座记录中不能有出票时限项，否则无法出票。

指令格式>XE:序号

【格式说明】

① XE——删除指令。

② 序号——出票时限在订座记录中的编号。

示例：删除 JFKTKZ 订座记录的出票时限项。

操作如下：

```
►RT   JFKTKZ
 1. 李磊  JFKTKZ
 2. HU7472 Y    FR29MAR   KWETYN HK1     1205 1435              E T2T1
 3. TAO/T TAO/T 0532-83835555/QINGDAO PENGFEI AIRLINES SERVICE LTD.,CO/LI TAO
    ABCDEFG
 4. TL/1800/21JAN/TAO220
```

```
 5. FC/A/KWE HU TYN 1480.00Y CNY1480.00END
 6. SSR FOID HU HK1 NI180100201308160010/P1
 7. OSI HU CTCT19088004518
 8. OSI HU CTCM19088004518/P1
 9. RMK CMS/A/**
10. RMK OT/A/0/84260/0-1HU4165P1TYN
11. RMK                                                    CA/MKX016
+
```

```
►XE4
 1. 李磊 JFKTKZ
 2. HU7472 Y   FR29MAR   KWETYN HK1   1205 1435          E T2T1
 3. TAO/T TAO/T 0532-83835555/QINGDAO PENGFEI AIRLINES SERVICE LTD.,CO/LI TAO
    ABCDEFG
 4. FC/A/KWE HU TYN 1480.00Y CNY1480.00END
 5. SSR FOID HU HK1 NI180100201308160010/P1
 6. OSI HU CTCT19088004518
 7. OSI HU CTCM19088004518/P1
 8. RMK CMS/A/**
 9. RMK OT/A/0/84260/0-1HU4165P1TYN
 10. RMK CA/MKX016
+
```

【说明】

订座记录中的第 4 行“4. TL/1800/21JAN/TAO220”已删除。

4. 更改客票状态

国内各航空公司要求在出票前，必须将客票的状态更改为再确认状态。

指令格式>航段序号 RR

【格式说明】

① 航段序号——需要更改客票状态的序号。

② RR——固定格式，为再确认状态。

示例：将该客票更改为再确认状态。

操作如下：

```
►RT JFKTKZ
 1. 李磊 JFKTKZ
 2. HU7472 Y   FR29MAR   KWETYN HK1   1205 1435          E T2T1
 3. TAO/T TAO/T 0532-83835555/QINGDAO PENGFEI AIRLINES SERVICE LTD.,CO/LI TAO
    ABCDEFG
 4. FC/A/KWE HU TYN 1480.00Y CNY1480.00END
 5. SSR FOID HU HK1 NI180100201308160010/P1
```

```
 6. OSI HU CTCT19088004518
 7. OSI HU CTCM19088004518/P1
 8. RMK CMS/A/**
 9. RMK OT/A/0/84260/0-1HU4165P1TYN
10. RMK CA/MKX016
11. RMK AUTOMATIC FARE QUOTE                                                    +
```

```
►2RR
 1. 李磊 JFKTKZ
 2. HU7472 Y   FR29MAR  KWETYN RR1   1205 1435          E T2T1
 3. TAO/T TAO/T 0532-83835555/QINGDAO PENGFEI AIRLINES SERVICE LTD.,CO/LI TAO
    ABCDEFG
 4. FC/A/KWE HU TYN 1480.00Y CNY1480.00END
 5. SSR FOID HU HK1 NI180100201308160010/P1
 6. OSI HU CTCT19088004518
 7. OSI HU CTCM19088004518/P1
 8. RMK CMS/A/**
 9. RMK OT/A/0/84260/0-1HU4165P1TYN
10. RMK CA/MKX016
11. RMK AUTOMATIC FARE QUOTE                                                    +
```

【说明】

客票状态已从 HK 更改为 RR 状态。

5. 出票

电子客票使用“ETDZ:”指令出票。指令格式与“DZ:”指令相同。

指令格式>ETDZ:打票机号

【格式说明】

打票机号——打票机的编号。

示例：请将该 JFKTKZ 记录出票。

```
►RT JFKTKZ
 1. 李磊 JFKTKZ
 2. HU7472 Y   FR29MAR  KWETYN RR1   1205 1435          E T2T1
 3. TAO/T TAO/T 0532-83835555/QINGDAO PENGFEI AIRLINES SERVICE LTD.,CO/LI TAO
    ABCDEFG
 4. FC/A/KWE HU TYN 1480.00Y CNY1480.00END
 5. SSR FOID HU HK1 NI180100201308160010/P1
 6. OSI HU CTCT19088004518
 7. OSI HU CTCM19088004518/P1
 8. RMK CMS/A/**
 9. RMK OT/A/0/84260/0-1HU4165P1TYN
```

```
10. RMK CA/MKX016
11. RMK AUTOMATIC FARE QUOTE
+
```

操作如下：

```
►ETDZ:3
CNY1680.00   JFKTKZ
ET PROCESSING... PLEASE WAIT!
ELECTRONIC TICKET ISSUED
```

【说明】

代理人执行 ETDZ 指令之后，系统首先会返回金额和 CRS PNR 记录编号，然后出现“ET PROCESSING...PLEASE WAIT!”的提示，最终出票成功后系统返回信息提示“ELECTRONIC TICKET ISSUED”。

知识补充

如果一个订座记录里有多名旅客，但仅为其中一名旅客出票可以使用如下格式：

指令格式>ETDZ: 打票机号/旅客编号或编号范围

如 ETDZ:3/P1，表示为记录中的第一名旅客出票。

6. 航空运输电子客票行程单

《航空运输电子客票行程单》（即行程单）由国家税务总局监制并按照《中华人民共和国发票管理办法》纳入税务机关发票管理，是旅客购买国内航空运输电子客票的付款及报销凭证。对于行程单来讲，它既是专用发票，又是运输凭证，还是航空运输合同成立的初步证据和记名式有价证券（票证）。根据国家税务总局、民航总局规定（国税发[2006]39号），2006 年 6 月 1 日起使用《航空运输电子客票行程单》（以下简称《行程单》）作为旅客购买电子客票的报销凭证，如图 3-1 所示。

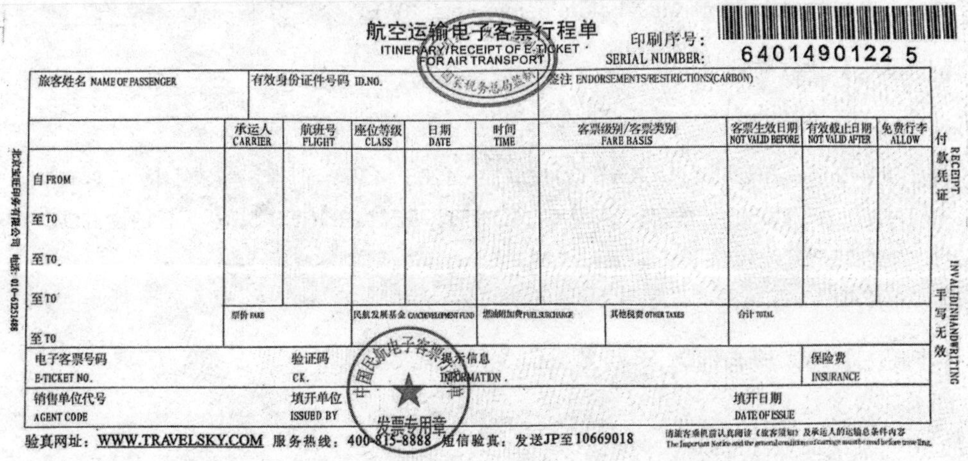

航空运输电子客票行程单
ITINERARY/RECEIPT OF E-TICKET FOR AIR TRANSPORT
印刷序号：SERIAL NUMBER: 6401490122 5

旅客姓名 NAME OF PASSENGER	有效身份证件号码 ID.NO.	签注 ENDORSEMENTS/RESTRICTIONS(CARBON)

	承运人 CARRIER	航班号 FLIGHT	座位等级 CLASS	日期 DATE	时间 TIME	客票级别/客票类别 FARE BASIS	客票生效日期 NOT VALID BEFORE	有效截止日期 NOT VALID AFTER	免费行李 ALLOW
自 FROM									
至 TO									
至 TO									
至 TO									
至 TO	票价 FARE		民航发展基金 CAACDEVELOPMENT FUND		燃油附加费 FUEL SURCHARGE	其他税费 OTHER TAXES	合计 TOTAL		

电子客票号码 E-TICKET NO.	验证码 CK.	提示信息 INFORMATION.	保险费 INSURANCE
销售单位代号 AGENT CODE	填开单位 ISSUED BY		填开日期 DATE OF ISSUE

付款凭证 RECEIPT
手写无效 INVALID IN HANDWRITING
北京宝旺印务有限公司 电话：010-61251486
验真网址：WWW.TRAVELSKY.COM 服务热线：400-815-8888 短信验真：发送JP至10669018
请旅客乘机前认真阅读《旅客须知》及承运人的运输总条件内容
The Important Notice and the general conditions of carriage must be read before traveling.

图 3-1　《航空运输电子客票行程单》票样

任务导入

请为旅客李磊预订 3 月 29 日贵阳到太原的航班，身份证号码为 180100201308160010，电话号码为 19088004518，建立 PNR、出票并打印行程单。

任务实施

【步骤一】查询航班。

```
►AVH/KWETYN/29MAR
 29MAR(FRI) KWETYN
1-  HU7472  DS# C8 D8 Z6 I4 R2 J2 YA BA HA KA   KWETYN 1205   1435   738 0^L  E
>               LA MA XA VA NA QA PA AA UQ TQ S6 OQ               T2 T1  2:30
                  ** BAZ BCZ BES BLZ BNZ BOS BZZ HAZ HCZ HES HLZ HNZ AV:C/1
2   SC4961  DS# F8 A5 P2 O1 YA BA MA HA KA LA   KWETYN 1250   1525   738 0 L  E
>               QA GA VA UA ZA TS ES S2                            T2 --  2:35
3  *CA4961  DS# F8 O1 YA BA MA UA HA QA VA WA   KWETYN 1250   1525   738 0 L  E
>   SC4961        SA T2                                            T2 T1  2:35
4  *3U1047  DS# YA TA HA GA LA EA               KWETYN 1250   1525   738 0 L  E
>   SC4961                                                         T2 T2  2:35
5   MU9606  DS# UQ FA P4 JC CQ DQ QQ IQ WC YA   KWETYN 1550   1810   73B 0^D  E
>               BA MA EA HA KA LA NA RA SQ VQ TQ GQ ZA             T2 T2  2:20
6+  FM9460  DS# UQ F5 P1 J6 C6 D5 Q4 I3 WQ YA   KWEPVG 0715   0940   73H 0^B  E
>               BA MA EA HA KA LA NA RA SA VQ TQ GQ ZQ             T2 T1  2:25
    FM9163  DS# UQ F6 P2 J1 CS D1 QS IS WQ YA   SHATYN 0645+1 0910+1 738 0^B  E
>               BA MA EA HA KA LA NA RA SA VA TS GQ ZA             T2 T2 25:55
 **  CZ FARE KWETYN/TYNKWE   YI:CZ/TZ251
 **  please check in 45 minutes before departure at KWE
```

【步骤二】建立航段。

```
►SD1Y1
 1. HU7472 Y   FR29MAR   KWETYN DK1   1205 1435         738 L 0   R E T2T1
 2. TAO/T TAO/T 0532-83835555/QINGDAO PENGFEI AIRLINES SERVICE LTD.,CO/LI TAO
    ABCDEFG
 3. TAO220
```

【步骤三】输入旅客姓名。

```
►NM1 李磊
 1. 李磊
```

```
2. HU7472 Y    FR29MAR   KWETYN DK1     1205 1435              738 L 0   R E T2T1
3. TAO/T TAO/T 0532-83835555/QINGDAO PENGFEI AIRLINES SERVICE LTD.,CO/LI TAO
   ABCDEFG
4. TAO220
```

【步骤四】输入旅客联系方式。

```
►OSI HU CTCT19088004518
1. 李磊
2. HU7472 Y    FR29MAR   KWETYN DK1     1205 1435              738 L 0   R E T2T1
3. TAO/T TAO/T 0532-83835555/QINGDAO PENGFEI AIRLINES SERVICE LTD.,CO/LI TAO
   ABCDEFG
4. OSI HU CTCT19088004518
5. TAO220
►OSI HU CTCM19088004518/P1
1. 李磊
2. HU7472 Y    FR29MAR   KWETYN DK1     1205 1435              738 L 0   R E T2T1
3. TAO/T TAO/T 0532-83835555/QINGDAO PENGFEI AIRLINES SERVICE LTD.,CO/LI TAO
   ABCDEFG
4. OSI HU CTCT19088004518
5. OSI HU CTCM19088004518/P1
6. TAO220
```

【步骤五】输入出票时限。

```
►TKTL/1800/./TAO220
1. 李磊
2. HU7472 Y    FR29MAR   KWETYN DK1     1205 1435              738 L 0   R E T2T1
3. TAO/T TAO/T 0532-83835555/QINGDAO PENGFEI AIRLINES SERVICE LTD.,CO/LI TAO
   ABCDEFG
4. TL/1800/21JAN/TAO220
5. OSI HU CTCT19088004518
6. OSI HU CTCM19088004518/P1
7. TAO220
```

【步骤六】封口。

```
►@
 JFKTKZ -EOT SUCCESSFUL, BUT ASR UNUSED FOR 1 OR MORE SEGMENTS
 JFKTKZ   Y FR29MAR   KWETYN DK1     1205 1435
 航空公司使用自动出票时限，请检查 PNR
 *** 预订酒店指令 HC，详情   _x0010_HC:HELP    ***
```

【步骤七】提取 PNR。

```
▶RT: JFKTKZ
 1. 李磊 JFKTKZ
 2. HU7472 Y    FR29MAR    KWETYN HK1     1205 1435              E T2T1
 3. TAO/T TAO/T 0532-83835555/QINGDAO PENGFEI AIRLINES SERVICE LTD.,CO/LI TAO
     ABCDEFG
 4. TL/1800/21JAN/TAO220
 5. OSI HU CTCT19088004518
 6. OSI HU CTCM19088004518/P1
 7. RMK CA/MKX016
 8. TAO220
```

【步骤八】输入旅客证件号码。

```
▶SSR FOID HU HK/NI180100201308160010
 1. 李磊 JFKTKZ
 2. HU7472 Y    FR29MAR    KWETYN HK1     1205 1435              E T2T1
 3. TAO/T TAO/T 0532-83835555/QINGDAO PENGFEI AIRLINES SERVICE LTD.,CO/LI TAO
     ABCDEFG
 4. TL/1800/21JAN/TAO220
 5. SSR FOID HU HK1 NI180100201308160010/P1
 6. OSI HU CTCT19088004518
 7. OSI HU CTCM19088004518/P1
 8. RMK CA/MKX016
 9. TAO220
```

【步骤九】调取运价并输入。

```
▶PAT:A
>PAT:A
01 Y FARE:CNY1480.00 TAX:CNY50.00 YQ:TEXEMPTYQ   TOTAL:1530.00
SFC:01    SFN:01
SFC:01
 1. 李磊 JFKTKZ
 2. HU7472 Y    FR29MAR    KWETYN HK1     1205 1435              E T2T1
 3. TAO/T TAO/T 0532-83835555/QINGDAO PENGFEI AIRLINES SERVICE LTD.,CO/LI TAO
     ABCDEFG
 4. TL/1800/21JAN/TAO220
 5. FC/A/KWE HU TYN 1480.00Y CNY1480.00END
 6. SSR FOID HU HK1 NI180100201308160010/P1
 7. OSI HU CTCT19088004518
 8. OSI HU CTCM19088004518/P1
```

```
9. RMK CMS/A/**
10. RMK OT/A/0/84260/0-1HU4165P1TYN
11. RMK CA/MKX016                                                    +
```

【步骤十】删除出票时限。

```
►XE4
 1. 李磊 JFKTKZ
 2. HU7472 Y    FR29MAR  KWETYN HK1    1205 1435          E T2T1
 3. TAO/T TAO/T 0532-83835555/QINGDAO PENGFEI AIRLINES SERVICE LTD.,CO/LI TAO
    ABCDEFG
 4. FC/A/KWE HU TYN 1480.00Y CNY1480.00END
 5. SSR FOID HU HK1 NI180100201308160010/P1
 6. OSI HU CTCT19088004518
 7. OSI HU CTCM19088004518/P1
 8. RMK CMS/A/**
 9. RMK OT/A/0/84260/0-1HU4165P1TYN
10. RMK CA/MKX016
11. RMK AUTOMATIC FARE QUOTE                                         +
```

【步骤十一】变更客票状态为 RR 状态。

```
►2RR
 1. 李磊 JFKTKZ
 2. HU7472 Y    FR29MAR  KWETYN RR1    1205 1435          E T2T1
 3. TAO/T TAO/T 0532-83835555/QINGDAO PENGFEI AIRLINES SERVICE LTD.,CO/LI TAO
    ABCDEFG
 4. FC/A/KWE HU TYN 1480.00Y CNY1480.00END
 5. SSR FOID HU HK1 NI180100201308160010/P1
 6. OSI HU CTCT19088004518
 7. OSI HU CTCM19088004518/P1
 8. RMK CMS/A/**
 9. RMK OT/A/0/84260/0-1HU4165P1TYN
10. RMK CA/MKX016
11. RMK AUTOMATIC FARE QUOTE                                         +
```

【步骤十二】出票。

```
►ETDZ:3
CNY1530.00   JFKTKZ
ET PROCESSING... PLEASE WAIT!
ELECTRONIC TICKET ISSUED
```

【步骤十三】打印行程单。

航空运输电子客票行程单

ITINERARY/RECEIPT OF E-TICKET　　印刷序号：

FOR AIR TRANSPORT

SERIAL NUMBER:　　**64014901225**

旅客姓名 NAME OF PASSENGER 李磊			有效身份证件号码 ID.NO. 180100201308160010			签注 ENDORSEMENTS/RESTRICTIONS(CARBON)			
	承运人 CARRIER	航班号 FLIGHT	座位等级 CLASS	日期 DATE	时间 TIME	客票级别/ 客票类别 FARE BASIS	客票生效日期 NOT VALID BEFORE	客票截止日期 NOT VALID AFTER	免费 行李 ALLOW
自 FROM 贵阳 KWE	HU	7472	Y	29MAR	1205	Y			20kg
至 TO 太原 TYN 至 TO	票价 FARE CNY1480.00		民航发展基金 CAACDEVELOPMENT FUND CNY50.00CN		燃油附加费 FUEL SURCHARGE		其他税费 OTHER TAXES	合计 TOTAL CNY1530.00	
电子客票号码 E-TICKET NO. 880-2480130313			验证码 CK.　9709		提示信息 INFORMATION.			保险费 INSURANCE	
销售单位代号 AGENT CODE		填开单位 ISSUED BY					填开日期 DATE OF ISSUE		

付款凭证 RECEIPT

手写无效 INVALIDINHANDWRITING

北京宝旺印务有限公司 电话：010-61251488

请旅客乘机前认真阅读《旅客须知》及承运人的运输总条件内容

验真网址：WWW.TRAVELSKY.COM　服务热线：400-815-8888　短信验真：发送 JP 至 10669018

The Important Notice and the general conditions of carriage must be read before travelling

练习操作

1．请为本人预订 10 月 18 日上海到西安的航班，并出票。电话号码用本人电话号码，身份证号码用本人的身份证号码。

2．请为本人预订 11 月 17 日沈阳到青岛的航班，并出票。电话号码用本人电话号码，身份证号码用本人的身份证号码。

3．请为本人预订 10 月 20 日北京到广州的航班，并出票。电话号码用本人电话号码，身份证号码用本人的身份证号码。

4．请为本人预订 11 月 20 日济南到杭州的航班，并出票。电话号码用本人电话号码，身份证号码用本人的身份证号码。

5．请为本人预订 11 月 5 日哈尔滨到天津的航班，并出票。电话号码用本人电话号码，身份证号码用本人的身份证号码。

6．请为本人预订 12 月 25 日南京到天津的航班，并出票。电话号码用本人电话号码，身份证号码用本人的身份证号码。

项目四　各种航程客票的预订

本项目主要介绍联程、来回程、缺口程的基本知识，使学生掌握联程、来回程、缺口程客票预订的基本技能，能够为旅客办理联程、来回程、缺口程客票的预订及出票。

知识目标

1．了解联程、来回程、缺口程的基本概念。

2．掌握联程、来回程、缺口程客票预订的基本操作。

3．熟练联程、来回程、缺口程客票出票的基本操作。

能力目标

1．能够识别航程的种类及各种航程客票预订的注意事项。

2．能够为旅客办理联程、来回程、缺口程客票的预订及出票。

考证标准

民用航空运输销售代理岗位技能培训合格证。

任务1　联程客票的预订

知识目标

1．掌握联程的基本概念。

2．掌握联程客票预订的注意事项。

能力目标

能够完成联程客票预订的基本操作。

基础知识

1. 联程的基本概念

联程是指两个或两个以上航段。

示例：HRB-SHA-CAN，PEK-MOW-LON-SFO

2. 联程客票预订的注意事项

（1）联程航班的转机时间：国内转国内一般要求间隔2小时以上，国内转国际、国际转国际一般要求3小时以上。

（2）如果建立在同一个PNR中，联程客票必须预订同一个航空公司的航班。

（3）联程航班因为有两个或两个以上航段，要根据航段序号把所有航段状态都变更为RR状态。

任务导入

请为旅客李磊预订4月10日天津到上海，4月15日上海到广州的航班，身份证号码为180100199910210010，电话号码为19088004518。

任务实施

【步骤一】查询第一航段航班。

```
►AVH/TSNPVG/10APR
 10APR(WED) TSNPVG
1-  FM9070  DS# UQ F4 P2 J4 C3 DQ QQ IQ WQ YA TSNPVG 0740   0950   738 0^    E
>               BA MA EA HA KA LA NA RA SA VQ TQ GQ ZA        T2 T1   2:10
2   GS7881  DS# YA BQ HQ KQ LQ MQ XQ VQ NQ QQ   TSNPVG 0805   1010   32F 0^  E
>               PQ AQ UQ TQ EQ WQ SQ GQ OQ                    T2 T2   2:05
3   FM9132  DS# UQ F5 P2 J3 C2 DQ QQ IQ WQ YA   TSNPVG 1230   1425   738 0^  E
>               BA MA EA HA KA LQ NQ RQ SQ VQ TQ GQ ZQ        T2 T1   1:55
4   MU2370  DS# UQ F4 P1 J3 CQ DQ QQ IQ WQ YA   TSNPVG 1900   2105   320 0^  E
>               BA MQ EQ HQ KQ LQ NQ RQ SQ VQ TQ GQ ZQ        T2 T1   2:05
5   CA1655  DS# J4 CS DS ZS RS YA BS MS US HS   TSNPVG 2015   2215   73L 0^  E
>               QS VS WS SS T5 LS N3 KS                       T2 T2   2:00
             ** M1S S1S
6+  MU6010B DS# XQ                              TSNPEK 0500   0730   BUS 0   E
>                                                     T2 T2   2:30
    MU271   DS# UQ FC PC JA CQ DQ QQ IQ WC YA   PVG 1255      1520   321 0^  E
>               BA MQ EQ HQ KQ LQ NQ RQ SQ VQ TQ GQ ZQ        T2 T1 10:20
 **  FLIGHT OF DR PLEASE CHECK IN 40 MINUTES BEFORE DEPARTURE AT TSN
 **  All scheduled MU or FM flights operated by MU or FM
```

【步骤二】建立第一航段航班。

```
►SD5Y1
 1. CA1655 Y    WE10APR   TSNPVG DK1     2015 2215             73L    0   R E T2T2
 2. TAO/T TAO/T 0532-83835555/QINGDAO PENGFEI AIRLINES SERVICE LTD.,CO/LI TAO
     ABCDEFG
 3. TAO220
```

【步骤三】查询第二航段航班。

```
►AVH/PVGCAN/15APR
 15APR(MON) PVGCAN
1-   CZ3549   DS# J4 CQ DQ IQ OC WA SQ YA PA BQ   PVGCAN 0655    0930    32G 0^C   E
>                 MQ HQ KA UQ AQ LQ QS EQ VQ ZQ TQ NQ RQ GA XC          T2 T2   2:35
2    HU7142   DS# C8 DQ ZQ IQ RQ JQ YA BQ HQ KQ   PVGCAN 0815    1040    738 0^    E
>                 LQ MQ XQ VQ NQ QQ PQ AQ UQ TQ SQ OQ                   T2 T1   2:25
3   *MU9303   DS# UQ F3 PQ J2 CQ DQ QQ IQ WQ YA   PVGCAN 0900    1135    738 0^    E
>    FM9303        BA MQ EQ HQ KQ LQ NQ RQ SQ VQ TQ GQ ZQ               T1 T1   2:35
4    FM9303   DS# UQ F3 PQ J2 CQ DQ QQ IQ WQ YA   PVGCAN 0900    1135    738 0^    E
>                 BA MQ EQ HQ KQ LQ NQ RQ SQ VQ TQ GQ ZQ                T1 T1   2:35
5    CZ380    DS# J4 CQ DQ IQ OC YA PQ BQ MQ HQ   PVGCAN 1245    1515    32M 0^L   E
>                 KQ UQ AQ LQ QQ EQ VQ ZQ TQ NQ RQ GS XC                T2 T2   2:30
6    FM9527   DS# UQ F3 PQ J5 CQ DQ QQ IQ WQ YA   PVGCAN 1620    1840    738 0^    E
>                 BA MQ EQ HQ KQ LQ NQ RQ SQ VQ TQ GQ ZQ                T1 T1   2:20
7    CA1865   DS# J4 CS DS ZS RS YA BS MS US HS   PVGCAN 1705    1940    332 0^    E
>                 QS VS WS SS T5 LS N3 KS                               T2 T1   2:35
8+   CZ3585   DS# J4 CQ DQ IQ OC WA SQ YA PA BQ   PVGCAN 1905    2140    32G 0^C   E
>                 MQ HQ KA UQ AQ LQ QS EQ VQ ZQ TQ NQ RQ G5 XC          T2 T2   2:35
 **   JD5100-JD5800 PLEASE CHECK IN 45 MINUTES BEFORE DEPARTURE AT PVG
 **   All scheduled MU or FM flights operated by MU or FM
```

【步骤四】建立第二航段航班。

```
►SD7Y1
 1. CA1655 Y    WE10APR   TSNPVG DK1     2015 2215             73L    0   R E T2T2
 2. CA1865 Y    MO15APR   PVGCAN DK1     1705 1940             332    0   R E T2T1
 3. TAO/T TAO/T 0532-83835555/QINGDAO PENGFEI AIRLINES SERVICE LTD.,CO/LI TAO
     ABCDEFG
 4. TAO220
```

【步骤五】输入旅客姓名。

```
►NM1 李磊
 1. 李磊
 2. CA1655 Y    WE10APR   TSNPVG DK1     2015 2215             73L    0   R E T2T2
 3. CA1865 Y    MO15APR   PVGCAN DK1     1705 1940             332    0   R E T2T1
```

```
4. TAO/T TAO/T 0532-83835555/QINGDAO PENGFEI AIRLINES SERVICE LTD.,CO/LI TAO
   ABCDEFG
5. TAO220
```

【步骤六】输入旅客联系方式。

```
►OSI CA CTCT19088004518
1. 李磊
2. CA1655 Y   WE10APR  TSNPVG DK1   2015 2215        73L   0  R E T2T2
3. CA1865 Y   MO15APR  PVGCAN DK1   1705 1940        332   0  R E T2T1
4. TAO/T TAO/T 0532-83835555/QINGDAO PENGFEI AIRLINES SERVICE LTD.,CO/LI TAO
   ABCDEFG
5. OSI CA CTCT19088004518
6. TAO220
►OSI CA CTCM19088004518/P1
1. 李磊
2. CA1655 Y   WE10APR  TSNPVG DK1   2015 2215        73L   0  R E T2T2
3. CA1865 Y   MO15APR  PVGCAN DK1   1705 1940        332   0  R E T2T1
4. TAO/T TAO/T 0532-83835555/QINGDAO PENGFEI AIRLINES SERVICE LTD.,CO/LI TAO
   ABCDEFG
5. OSI CA CTCT19088004518
6. OSI CA CTCM19088004518/P1
7. TAO220
```

【步骤七】输入出票时限。

```
►TKTL/1800/./TAO220
1. 李磊
2. CA1655 Y   WE10APR  TSNPVG DK1   2015 2215        73L   0  R E T2T2
3. CA1865 Y   MO15APR  PVGCAN DK1   1705 1940        332   0  R E T2T1
4. TAO/T TAO/T 0532-83835555/QINGDAO PENGFEI AIRLINES SERVICE LTD.,CO/LI TAO
   ABCDEFG
5. TL/1800/21JAN/TAO220
6. OSI CA CTCT19088004518
7. OSI CA CTCM19088004518/P1
8. TAO220
```

【步骤八】封口。

```
►@
 JGKS28 -EOT SUCCESSFUL, BUT ASR UNUSED FOR 1 OR MORE SEGMENTS
 CA1655   Y WE10APR   TSNPVG DK1    2015 2215
 CA1865   Y MO15APR   PVGCAN DK1    1705 1940
 航空公司使用自动出票时限，请检查 PNR
 ***  预订酒店指令 HC，详情   HC:HELP     ***
```

【步骤九】提取 PNR。

```
▶RT:JGKS28
 1. 李磊 JGKS28
 2. CA1655 Y    WE10APR   TSNPVG HK1     2015 2215              E T2T2
 3. CA1865 Y    MO15APR   PVGCAN HK1     1705 1940              E T2T1
 4. TAO/T TAO/T 0532-83835555/QINGDAO PENGFEI AIRLINES SERVICE LTD.,CO/LI TAO
    ABCDEFG
 5. TL/1800/21JAN/TAO220
 6. SSR FOID CA HK1 NI180100201308160010/P1
 7. SSR FQTV CA HK1 TSNPVG 1655 Y10APR CA111562506901/P1
 8. SSR FQTV CA HK1 PVGCAN 1865 Y15APR CA111562506901/P1
 9. OSI CA CTCT19088004518
10. OSI CA CTCM19088004518/P1
11. RMK                                                          CA/MHTP7M
+
```

【步骤十】输入旅客证件号码。

```
▶SSR FOID CA HK/NI180100201308160010
 1. 李磊
 2. CA1655 Y    WE10APR   TSNPVG DK1     2015 2215              73L   0   R E T2T2
 3. CA1865 Y    MO15APR   PVGCAN DK1     1705 1940              332   0   R E T2T1
 4. TAO/T TAO/T 0532-83835555/QINGDAO PENGFEI AIRLINES SERVICE LTD.,CO/LI TAO
    ABCDEFG
 5. TL/1800/21JAN/TAO220
 6. SSR FOID CA HK1 NI180100201308160010/P1
 7. SSR FQTV CA HK1 TSNPVG 1655 Y10APR CA111562506901/P1
 8. SSR FQTV CA HK1 PVGCAN 1865 Y15APR CA111562506901/P1
 9. OSI CA CTCT19088004518
10. OSI CA CTCM19088004518/P1
11. TAO220
```

【步骤十一】调取运价并输入。

```
▶PAT:A
>PAT:A
01 Y+Y FARE:CNY3380.00 TAX:CNY100.00 YQ:TEXEMPTYQ   TOTAL:3480.00
SFC:01    SFN:01/01    SFN:01/02
SFC:01
 1. 李磊 JGKS28
 2. CA1655 Y    WE10APR   TSNPVG HK1     2015 2215              E T2T2
 3. CA1865 Y    MO15APR   PVGCAN HK1     1705 1940              E T2T1
 4. TAO/T TAO/T 0532-83835555/QINGDAO PENGFEI AIRLINES SERVICE LTD.,CO/LI TAO
```

```
   ABCDEFG
 5. TL/1800/21JAN/TAO220
 6. FC/A/TSN A-21JAN20 CA PVG 1760.00Y A-21JAN20 CA CAN 1620.00Y CNY3380.00END
 7. SSR FOID CA HK1 NI180100201308160010/P1
 8. SSR FQTV CA HK1 TSNPVG 1655 Y10APR CA111562506901/P1
 9. SSR FQTV CA HK1 PVGCAN 1865 Y15APR CA111562506901/P1
10. OSI CA CTCT19088004518
11. OSI CA CTCM19088004518/P1
12. RMK CMS/A/**
13. RMK OT/A/0/97399/0-1CA3968P1SHA.1CA3968P1CAN
14. RMK CA/MHTP7M
15. RMK AUTOMATIC FARE QUOTE
16. FN/A/FCNY3380.00/SCNY3380.00/C0.00/XCNY100.00/TCNY100.00CN/TEXEMPTYQ/
    ACNY3480.00
17. EI/GAIQITUIPIAOSHOUFEI 改期退票收费                                  +
```

【步骤十二】删除出票时限。

```
►XE5
 1. 李磊 JGKS28
 2. CA1655 Y   WE10APR   TSNPVG HK1    2015 2215          E T2T2
 3. CA1865 Y   MO15APR   PVGCAN HK1    1705 1940          E T2T1
 4. TAO/T TAO/T 0532-83835555/QINGDAO PENGFEI AIRLINES SERVICE LTD.,CO/LI TAO
   ABCDEFG
 5. FC/A/TSN A-21JAN20 CA PVG 1760.00Y A-21JAN20 CA CAN 1620.00Y CNY3380.00END
 6. SSR FOID CA HK1 NI180100201308160010/P1
 7. SSR FQTV CA HK1 TSNPVG 1655 Y10APR CA111562506901/P1
 8. SSR FQTV CA HK1 PVGCAN 1865 Y15APR CA111562506901/P1
 9. OSI CA CTCT19088004518
10. OSI CA CTCM19088004518/P1
11. RMK CMS/A/**                                                           +
```

【步骤十三】变更第一航段客票状态为 RR 状态。

```
►2RR
 1. 李磊 JGKS28
 2. CA1655 Y   WE10APR   TSNPVG RR1    2015 2215          E T2T2
 3. CA1865 Y   MO15APR   PVGCAN HK1    1705 1940          E T2T1
 4. TAO/T TAO/T 0532-83835555/QINGDAO PENGFEI AIRLINES SERVICE LTD.,CO/LI TAO
   ABCDEFG
 5. FC/A/TSN A-21JAN20 CA PVG 1760.00Y A-21JAN20 CA CAN 1620.00Y CNY3380.00END
 6. SSR FOID CA HK1 NI180100201308160010/P1
 7. SSR FQTV CA HK1 TSNPVG 1655 Y10APR CA111562506901/P1
```

```
 8. SSR FQTV CA HK1 PVGCAN 1865 Y15APR CA111562506901/P1
 9. OSI CA CTCT19088004518
10. OSI CA CTCM19088004518/P1
11. RMK CMS/A/**                                                    +
```

【步骤十四】变更第二航段客票状态为RR状态。

```
►3RR
 1. 李磊 JGKS28
 2. CA1655 Y    WE10APR   TSNPVG RR1    2015 2215          E T2T2
 3. CA1865 Y    MO15APR   PVGCAN RR1    1705 1940          E T2T1
 4. TAO/T TAO/T 0532-83835555/QINGDAO PENGFEI AIRLINES SERVICE LTD.,CO/LI TAO
    ABCDEFG
 5. FC/A/TSN A-21JAN20 CA PVG 1760.00Y A-21JAN20 CA CAN 1620.00Y CNY3380.00END
 6. SSR FOID CA HK1 NI180100201308160010/P1
 7. SSR FQTV CA HK1 TSNPVG 1655 Y10APR CA111562506901/P1
 8. SSR FQTV CA HK1 PVGCAN 1865 Y15APR CA111562506901/P1
 9. OSI CA CTCT19088004518
10. OSI CA CTCM19088004518/P1
11. RMK CMS/A/**
12. RMK OT/A/0/97399/0-1CA3968P1SHA.1CA3968P1CAN
13. RMK CA/MHTP7M
14. RMK AUTOMATIC FARE QUOTE
15. FN/A/FCNY3380.00/SCNY3380.00/C0.00/XCNY100.00/TCNY100.00CN/TEXEMPTYQ/
    ACNY3480.00
16. EI/GAIQITUIPIAOSHOUFEI 改期退票收费
17. FP/CASH,CNY                                                      +
```

【步骤十五】出票。

```
►ETDZ:3
CNY3480.00   JGKS28
ET PROCESSING... PLEASE WAIT!
ELECTRONIC TICKET ISSUED
```

练习操作

1．请为本人预订11月2日青岛到深圳、11月3日深圳到南京的航班。电话号码用本人电话号码，身份证号码用本人的身份证号码。

2．请为本人预订11月8日青岛到福州、11月9日福州到青岛的航班。电话号码用本人电话号码，身份证号码用本人的身份证号码。

3．请为本人预订10月30日济南到长沙、11月2日长沙到上海的航班。电话号码用本人电话号码，身份证号码用本人的身份证号码。

4．请为本人预订 10 月 31 日北京到西安、11 月 5 日西安到成都的航班。电话号码用本人电话号码，身份证号码用本人的身份证号码。

5．请为本人预订 10 月 15 日青岛到西安、10 月 20 日西安到乌鲁木齐的航班。电话号码用本人电话号码，身份证号码用本人的身份证号码。

6．请为本人预订 11 月 12 日北京到杭州、11 月 20 日杭州到成都的航班。电话号码用本人电话号码，身份证号码用本人的身份证号码。

任务 2　来回程客票的预订

知识目标

1．掌握来回程的基本概念。

2．掌握来回程客票预订的注意事项。

能力目标

能够完成来回程客票预订的基本操作。

基础知识

1. 来回程的基本概念

来回程是指去程和回程两个航段。

示例：TAO-XIY-TAO，YVR-CHI-YVR

2. 来回程客票预订的注意事项

（1）来回程航班的次序：去程和回程次序不能颠倒，如果是电话预订不能想当然地认为旅客就在营业员所在的城市。

（2）如果建立在同一个 PNR 中，来回程客票必须预订同一个航空公司的航班。

（3）来回程航班因为有两个或两个以上航段，要根据航段序号把所有航段状态都变更为 RR 状态。

（4）回程航班在查询时，可以使用 RA 指令。

任务导入

请为旅客李磊预订 4 月 20 日南京到西安和 4 月 28 日西安到南京的航班，身份证号码为 180100199910210010，电话号码为 19088004518。

任务实施

【步骤一】查询第一航段航班。

```
►AVH/NKGSIA/20APR
 20APR(SAT) NKGSIA
1-  MU2875  DS# UC FA PQ JC CQ DQ QQ IQ WC YA  NKGXIY 0820  1020  320 0^  E
>                BA MQ EQ HQ KQ LQ NQ RQ SQ VQ TQ GQ ZQ         T2 T3  2:00
2   MU2388  DS# UQ F8 PS J2 CQ DQ QQ IQ WQ YA  NKGXIY 1050  1245  325 0^  E
>                B8 MS ES HS KS LS NS RS SQ VQ TQ GQ ZQ         T2 T3  1:55
3   MU2769  DS# UC FA PQ JC CQ DQ QQ IQ WC YA  NKGXIY 1200  1355  320 0^  E
>                BA MQ EQ HQ KQ LQ NQ RQ SQ VQ TQ GQ ZQ         T2 T3  1:55
4   MU2895  DS# UC FA PQ JC CQ DQ QQ IQ WA YA  NKGXIY 1600  1805  32L 0^  E
>                BA MQ EQ HQ KQ LQ NQ RQ SQ VQ TQ GQ ZQ         T2 T3  2:05
5   MU2885  DS# UC FA PQ JC CQ DQ QQ IQ WC YA  NKGXIY 1730  1935  320 0^  E
>                BA MQ EQ HQ KQ LQ NQ RQ SQ VQ TQ GQ ZQ         T2 T3  2:05
6   HU7504  DS# C8 DQ ZQ IQ RQ JQ YA BQ HQ KQ  NKGXIY 2105  2305  738 0^  E
>                LQ MQ XQ VQ NQ QQ PQ AQ UQ TQ SQ OQ            T2 T2  2:00
              ** BCZ BEQ BNZ BOQ BZZ HCZ HEQ HNZ HOQ HZZ KCZ KEQ AV:C/6
7+  GS7658  DS# YA BQ HQ KQ LQ MQ XQ VQ NQ QQ  NKGXIY 2255  0105+1 32F 0^ E
>                PQ AQ UQ TQ EQ WQ SQ GQ OQ                     T2 T2  2:10
 **  JD5100-JD5800 PLEASE CHECK IN 40 MINUTES BEFORE DEPARTURE AT NKG
```

【步骤二】建立第一航段航班。

```
►SD1Y1
 1. MU2875 Y   SA20APR  NKGXIY DK1   0820 1020      320   0  R E T2T3
 2. TAO/T TAO/T 0532-83835555/QINGDAO PENGFEI AIRLINES SERVICE LTD.,CO/LI TAO
    ABCDEFG
 3. TAO220
```

【步骤三】查询第二航段航班。

```
►AVH/RA/28APR
 28APR(SUN) SIANKG
1-  MU2387  DS# UQ F7 P1 J5 CQ DQ QQ IQ WQ YA  XIYNKG 0755  0950  325 0^  E
>                B7 MA EA HS KA LQ NQ RQ SQ VQ TQ GQ ZQ         T3 T2  1:55
2   MU2876  DS# UC FA PQ JC CQ DQ QQ IQ WC YA  XIYNKG 1120  1305  320 0^  E
>                BA MQ EQ HQ KQ LQ NQ RQ SQ VQ TQ GQ ZQ         T3 T2  1:45
3   GS7657  DS# YA BQ HQ KQ LQ MQ XQ VQ NQ QQ  XIYNKG 1250  1500  32F 0^  E
>                PQ AQ UQ TQ EQ WQ SQ GQ OQ                     T2 T2  2:10
4   HU7503  DS# C8 DQ ZQ IQ RQ JQ YA BQ HQ KQ  XIYNKG 1810  2000  738 0^D E
>                LQ MQ XQ VQ NQ QQ PQ AQ UQ TQ SQ OQ            T2 T2  1:50
5   MU2896  DS# UC FA PQ JC CQ DQ QQ IQ WA YA  XIYNKG 1910  2110  32L 0^  E
>                BA MQ EQ HQ KQ LQ NQ RQ SQ VQ TQ GQ ZQ         T3 T2  2:00
```

```
6    MU2886   DS# UC FA PQ JC CQ DQ QQ IQ WC YA   XIYNKG 2035    2235    320 0^   E
>                BA MQ EQ HQ KQ LQ NQ RQ SQ VQ TQ GQ ZQ                  T3 T2   2:00
7    MU2770   DS# UC FA PQ JC CQ DQ QQ IQ WC YA   XIYNKG 2355    0150+1 320 0^   E
>                BA MQ EQ HQ KQ LQ NQ RQ SQ VQ TQ GQ ZQ                  T3 T2   1:55
8+   MU2943   DS# UC FA PQ JC CQ DQ QQ IQ WC YA   XIYPEK 0605    0755    320 0^   E
>                BA MQ EQ HQ KQ LQ NQ RQ SQ VQ TQ GQ ZQ                  T3 T2   1:50
     MU2802   DS# UC FA PQ JC CQ DQ QQ IQ WC YA      NKG 1050    1250    320 0^   E
>                BA MQ EQ HQ KQ LQ NQ RQ SQ VQ TQ GQ ZQ                  T2 T2   6:45
 **   JD5100-JD5800 PLEASE CHECK IN 40 MINUTES BEFORE DEPARTURE AT SIA
```

【步骤四】建立第二航段航班。

```
►SD1Y1
 1. MU2875 Y    SA20APR   NKGXIY DK1    0820 1020          320    0   R E T2T3
 2. MU2387 Y    SU28APR   XIYNKG DK1    0755 0950          325    0   R E T3T2
 3. TAO/T TAO/T 0532-83835555/QINGDAO PENGFEI AIRLINES SERVICE LTD.,CO/LI TAO
    ABCDEFG
 4. TAO220
```

【步骤五】输入旅客姓名。

```
►NM1 李磊
 1. 李磊
 2. MU2875 Y    SA20APR   NKGXIY DK1    0820 1020          320    0   R E T2T3
 3. MU2387 Y    SU28APR   XIYNKG DK1    0755 0950          325    0   R E T3T2
 4. TAO/T TAO/T 0532-83835555/QINGDAO PENGFEI AIRLINES SERVICE LTD.,CO/LI TAO
    ABCDEFG
 5. TAO220
```

【步骤六】输入旅客联系方式。

```
►OSI MU CTCT19088004518
 1. 李磊
 2. MU2875 Y    SA20APR   NKGXIY DK1    0820 1020          320    0   R E T2T3
 3. MU2387 Y    SU28APR   XIYNKG DK1    0755 0950          325    0   R E T3T2
 4. TAO/T TAO/T 0532-83835555/QINGDAO PENGFEI AIRLINES SERVICE LTD.,CO/LI TAO
    ABCDEFG
 5. OSI MU CTCT19088004518
 6. TAO220
►OSI MU CTCM19088004518/P1
 1. 李磊
 2. MU2875 Y    SA20APR   NKGXIY DK1    0820 1020          320    0   R E T2T3
 3. MU2387 Y    SU28APR   XIYNKG DK1    0755 0950          325    0   R E T3T2
 4. TAO/T TAO/T 0532-83835555/QINGDAO PENGFEI AIRLINES SERVICE LTD.,CO/LI TAO
```

```
   ABCDEFG
5. OSI MU CTCT19088004518
6. OSI MU CTCM19088004518/P1
7. TAO220
```

【步骤七】输入出票时限。

```
►TKTL/1800/./TAO220
1. 李磊
2. MU2875 Y   SA20APR   NKGXIY DK1   0820 1020       320   0   R E T2T3
3. MU2387 Y   SU28APR   XIYNKG DK1   0755 0950       325   0   R E T3T2
4. TAO/T TAO/T 0532-83835555/QINGDAO PENGFEI AIRLINES SERVICE LTD.,CO/LI TAO
   ABCDEFG
5. TL/1800/21JAN/TAO220
6. OSI MU CTCT19088004518
7. OSI MU CTCM19088004518/P1
8. TAO220
```

【步骤八】输入旅客证件号码。

```
►SSR FOID MU HK/NI180100199910210010
1. 李磊
2. MU2875 Y   SA20APR   NKGXIY DK1   0820 1020       320   0   R E T2T3
3. MU2387 Y   SU28APR   XIYNKG DK1   0755 0950       325   0   R E T3T2
4. TAO/T TAO/T 0532-83835555/QINGDAO PENGFEI AIRLINES SERVICE LTD.,CO/LI TAO
   ABCDEFG
5. TL/1800/21JAN/TAO220
6. SSR FOID MU HK1 NI180100199910210010/P1
7. OSI MU CTCT19088004518
8. OSI MU CTCM19088004518/P1
9. TAO220
```

【步骤九】封口。

```
►@
  HF2FS6 -EOT SUCCESSFUL, BUT ASR UNUSED FOR 1 OR MORE SEGMENTS
  MU2875   Y SA20APR   NKGXIY DK1   0820 1020
  MU2387   Y SU28APR   XIYNKG DK1   0755 0950
  航空公司使用自动出票时限，请检查 PNR
  ***  预订酒店指令 HC，详情   HC:HELP    ***
```

【步骤十】提取 PNR。

```
►RT: HF2FS6
1. 李磊  HF2FS6
```

```
 2. MU2875 Y    SA20APR   NKGXIY HK1     0820 1020              E T2T3
 3. MU2387 Y    SU28APR   XIYNKG HK1     0755 0950              E T3T2
 4. TAO/T TAO/T 0532-83835555/QINGDAO PENGFEI AIRLINES SERVICE LTD.,CO/LI TAO
    ABCDEFG
 5. TL/1800/21JAN/TAO220
 6. SSR FOID MU HK1 NI180100199910210010/P1
 7. OSI MU CTCT19088004518
 8. OSI MU CTCM19088004518/P1
 9. RMK CA/NFSGEQ
10. TAO220
```

【步骤十一】调取运价并输入。

```
►PAT:A
01 RT/Y+RT/Y FARE:CNY2420.00 TAX:CNY100.00 YQ:TEXEMPTYQ   TOTAL:2520.00
SFC:01    SFN:01/01    SFN:01/02
02 Y+Y FARE:CNY2580.00 TAX:CNY100.00 YQ:TEXEMPTYQ   TOTAL:2680.00
SFC:02    SFN:02/01    SFN:02/02
SFC:01
 1. 李磊 HF2FS6
 2. MU2875 Y    SA20APR   NKGXIY HK1     0820 1020              E T2T3
 3. MU2387 Y    SU28APR   XIYNKG HK1     0755 0950              E T3T2
 4. TAO/T TAO/T 0532-83835555/QINGDAO PENGFEI AIRLINES SERVICE LTD.,CO/LI TAO
    ABCDEFG
 5. TL/1800/21JAN/TAO220
 6. FC/A/NKG MU XIY 1210．00RT/Y MU NKG 1210．00RT/Y CNY2420.00END
 7. SSR FOID MU HK1 NI180100199910210010/P1
 8. OSI MU CTCT19088004518
 9. OSI MU CTCM19088004518/P1
10. RMK CMS/A/**
11. RMK OT/A/0/97399/2-1MU4126P1SIA.1MU4126P1NKG
12. RMK CA/NFSGEQ
13. RMK AUTOMATIC FARE QUOTE
14. FN/A/FCNY2420.00/SCNY2420.00/C0.00/XCNY100.00/TCNY100.00CN/TEXEMPTYQ/
    ACNY2520.00
15. EI/Q/NONEND RTOJ DISCT
16. FP/CASH,CNY
17. TAO220
```

【步骤十二】删除出票时限。

```
►XE5
 1. 李磊 HF2FS6
```

```
 2. MU2875 Y    SA20APR   NKGXIY HK1    0820 1020            E T2T3
 3. MU2387 Y    SU28APR   XIYNKG HK1    0755 0950            E T3T2
 4. TAO/T TAO/T 0532-83835555/QINGDAO PENGFEI AIRLINES SERVICE LTD.,CO/LI TAO
    ABCDEFG
 5. FC/A/NKG MU XIY 1210. 00RT/Y MU NKG 1210. 00RT/Y CNY2420.00END
 6. SSR FOID MU HK1 NI180100199910210010/P1
 7. OSI MU CTCT19088004518
 8. OSI MU CTCM19088004518/P1
 9. RMK CMS/A/**
10. RMK OT/A/0/97399/2-1MU4126P1SIA.1MU4126P1NKG
11. RMK CA/NFSGEQ
12. RMK AUTOMATIC FARE QUOTE
13. FN/A/FCNY2420.00/SCNY2420.00/C0.00/XCNY100.00/TCNY100.00CN/TEXEMPTYQ/
    ACNY2520.00
14. EI/Q/NONEND RTOJ DISCT
15. FP/CASH,CNY
16. TAO220
```

【步骤十三】变更第一航段客票状态为 RR 状态。

```
▶2RR
 1. 李磊 HF2FS6
 2. MU2875 Y    SA20APR   NKGXIY RR1    0820 1020            E T2T3
 3. MU2387 Y    SU28APR   XIYNKG HK1    0755 0950            E T3T2
 4. TAO/T TAO/T 0532-83835555/QINGDAO PENGFEI AIRLINES SERVICE LTD.,CO/LI TAO
    ABCDEFG
 5. FC/A/NKG MU XIY 1210. 00RT/Y MU NKG 1210. 00RT/Y CNY2420.00END
 6. SSR FOID MU HK1 NI180100199910210010/P1
 7. OSI MU CTCT19088004518
 8. OSI MU CTCM19088004518/P1
 9. RMK CMS/A/**
10. RMK OT/A/0/97399/2-1MU4126P1SIA.1MU4126P1NKG
11. RMK CA/NFSGEQ                                                        +
```

【步骤十四】变更第二航段客票状态为 RR 状态。

```
▶3RR
 1. 李磊 HF2FS6
 2. MU2875 Y    SA20APR   NKGXIY RR1    0820 1020            E T2T3
 3. MU2387 Y    SU28APR   XIYNKG RR1    0755 0950            E T3T2
 4. TAO/T TAO/T 0532-83835555/QINGDAO PENGFEI AIRLINES SERVICE LTD.,CO/LI TAO
    ABCDEFG
 5. FC/A/NKG MU XIY 1210. 00RT/Y MU NKG 1210. 00RT/Y CNY2420.00END
 6. SSR FOID MU HK1 NI180100199910210010/P1
```

```
7. OSI MU CTCT19088004518
8. OSI MU CTCM19088004518/P1
9. RMK CMS/A/**
10. RMK OT/A/0/97399/2-1MU4126P1SIA.1MU4126P1NKG
11. RMK CA/NFSGEQ
12. RMK AUTOMATIC FARE QUOTE
13. FN/A/FCNY2420.00/SCNY2420.00/C0.00/XCNY100.00/TCNY100.00CN/TEXEMPTYQ/
    ACNY2520.00
14. EI/Q/NONEND RTOJ DISCT
15. FP/CASH,CNY
16. TAO220
```

【步骤十五】出票。

```
►ETDZ:3
CNY2520.00    HF2FS6
ET PROCESSING... PLEASE WAIT!
ELECTRONIC TICKET ISSUED
```

练习操作

1．请为本人预订 11 月 10 日青岛到天津、11 月 15 日天津到青岛的航班。电话号码用本人电话号码，身份证号码用本人的身份证号码。

2．请为本人预订 11 月 21 日西安到深圳、11 月 28 日深圳到西安的航班。电话号码用本人电话号码，身份证号码用本人的身份证号码。

3．请为本人预订 11 月 8 日青岛到福州、11 月 9 日福州到青岛的航班。电话号码用本人电话号码，身份证号码用本人的身份证号码。

4．请为本人预订 10 月 18 日青岛到西安、10 月 28 日西安到青岛的航班。电话号码用本人电话号码，身份证号码用本人的身份证号码。

5．请为本人预订 10 月 22 日济南到福州、10 月 26 日福州到济南的航班。电话号码用本人电话号码，身份证号码用本人的身份证号码。

6．请为本人预订 11 月 18 日济南到长沙、11 月 21 日长沙到济南的航班。电话号码用本人电话号码，身份证号码用本人的身份证号码。

任务 3　缺口程客票的预订

知识目标

1．掌握缺口程的基本概念。

2．掌握缺口程客票预订的注意事项。

能力目标

能够完成缺口程客票预订的基本操作。

基础知识

1. 缺口程的基本概念

缺口程是指飞行旅程中，在到达目的地之前中间有一段地面运输的情况。

示例：

（1）始发地缺口 PEK-FOC-TSN，始发地缺口实际上就是联程。

（2）目的地缺口 SHE-NKG-地面运输-HGH-SHE。

（3）双缺口 TYO-HKG-地面运输-SZX-SIN。

2. 缺口程客票预订的注意事项

（1）缺口程需要使用 SA 指令连接中间地面运输段。

示例：SA：NKGHGH；SA：HKGSZX。

（2）如果建立在同一个 PNR 中，缺口程客票必须预订同一个航空公司的航班。

（3）缺口程航班因为有两个或两个以上航段，要根据航段序号把所有航段状态都变更为 RR 状态。

任务导入

请为旅客李磊预订 4 月 22 日沈阳到南京、4 月 26 日杭州到沈阳的航班，身份证号码为 180100199910210010，电话号码为 19088004518。

任务实施

【步骤一】查询第一航段航班。

```
►AVH/SHENKG/22APR
 22APR(MON) SHENKG
1-  CZ6451   DS# J8 CQ DQ IQ OC WA SQ YA PA BQ   SHENKG 0805   1025   319 0^C   E
>                 MQ HQ KA UQ AQ LQ QA EQ VQ ZQ TQ NQ RQ G6 XC                 2:20
2   MU2828   DS# UC FA PQ JC CQ DQ QQ IQ WC YA   SHENKG 1210   1430   320 0^    E
>                 BA MQ EQ HQ KQ LQ NQ RQ SQ VQ TQ GQ ZQ               T3 T2   2:20
3   CZ6581   DS# J4 CQ DQ IQ OC WA SQ YA PA BQ   SHENKG 1240   1500   32E 0^L   E
>                 MQ HQ KA UQ AQ LQ QA EQ VQ ZQ TQ NQ RQ G5 XC                 2:20
4   CZ3656   DS# J4 CQ DQ IQ OC WA SQ YA PA BQ   SHENKG 1435   1655   73N 0^C   E
>                 MQ HQ KA UQ AQ LQ QA EQ VQ ZQ TQ NQ RQ G6 XC                 2:20
5   ZH9705   DS# FA PQ AQ OQ CA DQ GQ YA BQ RQ   SHENKG 1520   1730   320 0^S   E
>                 MQ UQ HQ QQ VQ WQ SQ EQ TQ LQ X2 NQ KQ                       2:10
```

```
6    MU2764   DS# UC FA PQ JC CQ DQ QQ IQ WA YA   SHENKG 1840    2105    32L 0^    E
>               BA MQ EQ HQ KQ LQ NQ RQ SQ VQ TQ GQ ZQ                  T3 T2   2:25
7+   MU5602   DS# UQ F6 P2 J1 CQ DQ QQ IQ WQ YA   SHEPVG 0745    1025    320 0^    E
>               BA MA EA HA KA LA NA RA SQ VQ TQ GQ ZQ               T3 T1   2:40
     MU2882   DS# UC FA PQ JC CQ DQ QQ IQ WC YA      NKG 2300    0005+1 321 0^    E
>               BA MA EA HA KA LA NA RA SA VA TA GQ ZA            T1 T2 16:20
 **  CZ   PLEASE CHECK IN 45 MINUTES BEFORE DEPARTURE AT SHE
 **  JD5100-JD5800 PLEASE CHECK IN 45 MINUTES BEFORE DEPARTURE AT SHE
 **  FLIGHT OF DR PLEASE CHECK IN 45 MINUTES BEFORE DEPARTURE AT SHE
```

【步骤二】建立第一航段航班。

```
►SD1Y1
 1. CZ6451 Y    MO22APR   SHENKG DK1    0805 1025              319 C 0   R E
 2. TAO/T TAO/T 0532-83835555/QINGDAO PENGFEI AIRLINES SERVICE LTD.,CO/LI TAO
     ABCDEFG
 3. TAO220
```

【步骤三】输入缺口程信息。

```
►SA:NKGHGH
 1. CZ6451 Y    MO22APR   SHENKG DK1    0805 1025              319 C 0   R E
 2.   ARNK                   NKGHGH
 3. TAO/T TAO/T 0532-83835555/QINGDAO PENGFEI AIRLINES SERVICE LTD.,CO/LI TAO
     ABCDEFG
 4. TAO220
```

【步骤四】查询第二航段航班。

```
►AVH/HGHSHE/26APR
 26APR(FRI) HGHSHE
1- CZ6230   DS# J4 CQ DQ IQ OC WA SQ YA PA BQ   HGHSHE 1155 1435 31G 0^L  E  >
MQ HQ KA UQ AQ LQ QA EQ VQ ZQ TQ NQ RQ G1 XC                  2:40
2  CZ6288   DS# J4 CQ DQ IQ OC WA SQ YA PA BQ   HGHSHE 1905  2145  32G 0^C  E  >
MQ HQ KA UQ AQ LQ QA EQ VQ ZQ TQ NQ RQ G1 XC                  2:40
3  CZ6484   DS# J4 CQ DQ IQ OC WA SQ YA PA BQ   HGHSHE 2205  0045+1 32L 0^C  E  >
MQ HQ KA UQ AQ LQ QA EQ VQ ZQ TQ NQ RQ G5 XC                  2:40
4  MU6114   DS# X5                           HZDSHA 0648    0803    TRN 0     E
>                                                 - T2   1:15
   MU5607   DS# UQ F4 P1 J4 CQ DQ QQ IQ WQ YA   PVGSHE 1445    1725    320 0^    E
>              BA MA EA HA KA LA NA RA SQ VQ TQ GQ ZQ              T1 T3 10:37
5+ MU6114   DS# X5                          HZDSHA 0648    0803    TRN 0     E
>                                                -- T2   1:15
    MU5609   DS# UQ F7 P4 JC CQ DQ QQ IQ WQ YA   PVGSHE 1730    2125    320 1^    E
>              BA MA EA HA KA LA NA RA SQ VQ TQ GQ ZQ       T1 T3 14:37
 **  JD5100-JD5800 PLEASE CHECK IN 40 MINUTES BEFORE DEPARTURE AT HGH
```

【步骤五】建立第二航段航班。

```
►SD1Y1
 1. CZ6451 Y   MO22APR   SHENKG DK1    0805 1025          319 C 0   R E
 2.      ARNK                NKGHGH
 3. CZ6230 Y   FR26APR   HGHSHE DK1    1155 1435          31G L 0   R E
 4. TAO/T TAO/T 0532-83835555/QINGDAO PENGFEI AIRLINES SERVICE LTD.,CO/LI TAO
    ABCDEFG
 5. TAO220
```

【步骤六】输入旅客姓名。

```
►NM1 李磊
 1. 李磊
 2. CZ6451 Y   MO22APR   SHENKG DK1    0805 1025          319 C 0   R E
 3.      ARNK                NKGHGH
 4. CZ6230 Y   FR26APR   HGHSHE DK1    1155 1435          31G L 0   R E
 5. TAO/T TAO/T 0532-83835555/QINGDAO PENGFEI AIRLINES SERVICE LTD.,CO/LI TAO
    ABCDEFG
 6. TAO220
```

【步骤七】输入旅客联系方式。

```
►OSI CZ CTCT19088004518
 1. 李磊
 2. CZ6451 Y   MO22APR   SHENKG DK1    0805 1025          319 C 0   R E
 3.      ARNK                NKGHGH
 4. CZ6230 Y   FR26APR   HGHSHE DK1    1155 1435          31G L 0   R E
 5. TAO/T TAO/T 0532-83835555/QINGDAO PENGFEI AIRLINES SERVICE LTD.,CO/LI TAO
    ABCDEFG
 6. OSI CZ CTCT19088004518
 7. TAO220
►OSI CZ CTCM19088004518/P1
 1. 李磊
 2. CZ6451 Y   MO22APR   SHENKG DK1    0805 1025          319 C 0   R E
 3.      ARNK                NKGHGH
 4. CZ6230 Y   FR26APR   HGHSHE DK1    1155 1435          31G L 0   R E
 5. TAO/T TAO/T 0532-83835555/QINGDAO PENGFEI AIRLINES SERVICE LTD.,CO/LI TAO
    ABCDEFG
 6. OSI CZ CTCT19088004518
 7. OSI CZ CTCM19088004518/P1
 8. TAO220
```

【步骤八】输入出票时限。

```
►TKTL/1800/./TAO220
 1. 李磊
 2. CZ6451 Y    MO22APR   SHENKG DK1     0805 1025              319 C 0    R E
 3.        ARNK                  NKGHGH
 4. CZ6230 Y    FR26APR   HGHSHE DK1     1155 1435              31G L 0    R E
 5. TAO/T TAO/T 0532-83835555/QINGDAO PENGFEI AIRLINES SERVICE LTD.,CO/LI TAO
      ABCDEFG
 6. TL/1800/21JAN/TAO220
 7. OSI CZ CTCT19088004518
 8. OSI CZ CTCM19088004518/P1
 9. TAO220
```

【步骤九】输入旅客证件号码。

```
►SSR FOID CZ HK/NI180100201308160010
 1. 李磊
 2. CZ6451 Y    MO22APR   SHENKG DK1     0805 1025              319 C 0    R E
 3.        ARNK                  NKGHGH
 4. CZ6230 Y    FR26APR   HGHSHE DK1     1155 1435              31G L 0    R E
 5. TAO/T TAO/T 0532-83835555/QINGDAO PENGFEI AIRLINES SERVICE LTD.,CO/LI TAO
      ABCDEFG
 6. TL/1800/21JAN/TAO220
 7. SSR FOID CZ HK1 NI180100201308160010/P1
 8. OSI CZ CTCT19088004518
 9. OSI CZ CTCM19088004518/P1
10. TAO220
```

【步骤十】封口。

```
►@
  KSWVS0 -EOT SUCCESSFUL, BUT ASR UNUSED FOR 1 OR MORE SEGMENTS
  CZ6451    Y MO22APR   SHENKG DK1     0805 1025
  CZ6230    Y FR26APR   HGHSHE DK1     1155 1435
  航空公司使用自动出票时限，请检查 PNR
  ***  预订酒店指令 HC，详情    HC:HELP     ***
```

【步骤十一】提取 PNR。

```
►RT:KSWVS0
 1. 李磊  KSWVS0
 2. CZ6451 Y    MO22APR   SHENKG HK1     0805 1025              E
 3.        ARNK                  NKGHGH
 4. CZ6230 Y    FR26APR   HGHSHE HK1     1155 1435              E
 5. TAO/T TAO/T 0532-83835555/QINGDAO PENGFEI AIRLINES SERVICE LTD.,CO/LI TAO
      ABCDEFG
```

```
 6. TL/1800/21JAN/TAO220
 7. SSR FOID CZ HK1 NI180100201308160010/P1
 8. OSI CZ CTCT19088004518
 9. OSI CZ CTCM19088004518/P1
10. RMK CA/PHYFGV
11. TAO220
```

【步骤十二】调取运价并输入。

```
►PAT:A
>PAT:A
01 Y+Y FARE:CNY3450.00 TAX:CNY100.00 YQ:TEXEMPTYQ   TOTAL:3550.00
SFC:01   SFN:01/01   SFN:01/02
SFC:01
 1. 李磊 KSWVS0
 2. CZ6451 Y   MO22APR   SHENKG HK1    0805 1025          E
 3.     ARNK             NKGHGH
 4. CZ6230 Y   FR26APR   HGHSHE HK1    1155 1435          E
 5. TAO/T TAO/T 0532-83835555/QINGDAO PENGFEI AIRLINES SERVICE LTD.,CO/LI TAO
    ABCDEFG
 6. TL/1800/21JAN/TAO220
 7. FC/A/SHE B-22APR19 A-22APR19 F-20KG CZ NKG 1640.00Y //HGH B-26APR19
    A-26APR19 F-20KG CZ SHE 1810．00Y CNY3450.00END
 8. SSR FOID CZ HK1 NI180100201308160010/P1
 9. OSI CZ CTCT19088004518
10. OSI CZ CTCM19088004518/P1
11. RMK CMS/A/**
12. RMK OT/A/0/97399/0-1CZ3857P1NKG.1CZ3857P1SHE
13. RMK CA/PHYFGV
14. RMK AUTOMATIC FARE QUOTE
15. FN/A/FCNY3450.00/SCNY3450.00/C0.00/XCNY100.00/TCNY100.00CN/TEXEMPTYQ/
    ACNY3550.00
16. EI/BIANGENGTUIPIAOSHOUFEI 变更退票收费
17. FP/CASH,CNY                                                          +
```

【步骤十三】删除出票时限。

```
►XE6
 1. 李磊 KSWVS0
 2. CZ6451 Y   MO22APR   SHENKG HK1    0805 1025          E
 3.     ARNK             NKGHGH
 4. CZ6230 Y   FR26APR   HGHSHE HK1    1155 1435          E
 5. TAO/T TAO/T 0532-83835555/QINGDAO PENGFEI AIRLINES SERVICE LTD.,CO/LI TAO
    ABCDEFG
```

6．FC/A/SHE B-22APR19 A-22APR19 F-20KG CZ NKG 1640.00Y //HGH B-26APR19
    A-26APR19 F-20KG CZ SHE 1810．00Y CNY3450.00END
7．SSR FOID CZ HK1 NI180100201308160010/P1
8．OSI CZ CTCT19088004518
9．OSI CZ CTCM19088004518/P1
10．RMK CMS/A/**
11．RMK OT/A/0/97399/0-1CZ3857P1NKG.1CZ3857P1SHE
12．RMK CA/PHYFGV
13．RMK AUTOMATIC FARE QUOTE
14．FN/A/FCNY3450.00/SCNY3450.00/C0.00/XCNY100.00/TCNY100.00CN/TEXEMPTYQ/
    ACNY3550.00
15．EI/BIANGENGTUIPIAOSHOUFEI 变更退票收费
16．FP/CASH,CNY
17．TAO220

【步骤十四】变更第一航段客票状态为RR状态。

►2RR
1．李磊 KSWVS0
2．CZ6451 Y　MO22APR　SHENKG RR1　0805 1025　E
3．　ARNK　NKGHGH
4．CZ6230 Y　FR26APR　HGHSHE HK1　1155 1435　E
5．TAO/T TAO/T 0532-83835555/QINGDAO PENGFEI AIRLINES SERVICE LTD.,CO/LI TAO
    ABCDEFG
6．FC/A/SHE B-22APR19 A-22APR19 F-20KG CZ NKG 1640.00Y //HGH B-26APR19
    A-26APR19 F-20KG CZ SHE 1810．00Y CNY3450.00END
7．SSR FOID CZ HK1 NI180100201308160010/P1
8．OSI CZ CTCT19088004518
9．OSI CZ CTCM19088004518/P1
10．RMK CMS/A/**　+

【步骤十五】变更第二航段客票状态为RR状态。

►4RR
1．李磊 KSWVS0
2．CZ6451 Y　MO22APR　SHENKG RR1　0805 1025　E
3．　ARNK　NKGHGH
4．CZ6230 Y　FR26APR　HGHSHE RR1　1155 1435　E
5．TAO/T TAO/T 0532-83835555/QINGDAO PENGFEI AIRLINES SERVICE LTD.,CO/LI TAO
    ABCDEFG
6．FC/A/SHE B-22APR19 A-22APR19 F-20KG CZ NKG 1640.00Y //HGH B-26APR19
    A-26APR19 F-20KG CZ SHE 1810．00Y CNY3450.00END
7．SSR FOID CZ HK1 NI180100201308160010/P1
8．OSI CZ CTCT19088004518

```
 9. OSI CZ CTCM19088004518/P1
10. RMK CMS/A/**
11. RMK OT/A/0/97399/0-1CZ3857P1NKG.1CZ3857P1SHE
12. RMK CA/PHYFGV
13. RMK AUTOMATIC FARE QUOTE
14. FN/A/FCNY3450.00/SCNY3450.00/C0.00/XCNY100.00/TCNY100.00CN/TEXEMPTYQ/
    ACNY3550.00
15. EI/BIANGENGTUIPIAOSHOUFEI 变更退票收费
16. FP/CASH,CNY
17. TAO220
```

【步骤十六】出票。

```
►ETDZ:3
CNY3550.00    KSWVS0
ET PROCESSING... PLEASE WAIT!
ELECTRONIC TICKET ISSUED
```

练习操作

1．请为本人预订 11 月 10 日青岛到天津、11 月 15 日北京到南京的航班。电话号码用本人电话号码，身份证号码用本人的身份证号码。

2．请为本人预订 11 月 21 日西安到深圳、11 月 28 日广州到厦门的航班。电话号码用本人电话号码，身份证号码用本人的身份证号码。

3．请为本人预订 11 月 8 日青岛到福州、11 月 9 日杭州到成都的航班。电话号码用本人电话号码，身份证号码用本人的身份证号码。

4．请为本人预订 10 月 18 日青岛到西安、10 月 28 日郑州到昆明的航班。电话号码用本人电话号码，身份证号码用本人的身份证号码。

5．请为本人预订 10 月 22 日济南到福州、10 月 26 日厦门到南宁的航班。电话号码用本人电话号码，身份证号码用本人的身份证号码。

6．请为本人预订 11 月 18 日济南到长沙、11 月 21 日重庆到济南的航班。电话号码用本人电话号码，身份证号码用本人的身份证号码。

项目五　特殊旅客客票的预订

本项目主要介绍多人客票、儿童客票、婴儿客票、团体客票、重要旅客客票、特殊服务客票的基本知识，使学生掌握多人客票、儿童客票、婴儿客票、团体客票、重要旅客客票、特殊服务客票预订的基本技能，能够为多人、儿童、婴儿、团体、重要旅客、特殊旅客预订客票及出票。

知识目标

1．了解多人客票、儿童客票、婴儿客票、团体客票、重要旅客、特殊服务的基本概念。

2．掌握多人客票、儿童客票、婴儿客票、团体客票、重要旅客客票、特殊旅客客票预订的基本操作。

3．熟练掌握多人客票、儿童客票、婴儿客票、团体客票、重要旅客客票、特殊旅客客票出票的基本操作。

能力目标

1．能够识别特殊旅客的种类及客票预订的注意事项。

2．能够为多人、儿童、婴儿、团体、重要旅客、特殊旅客预订客票及出票。

考证标准

民用航空运输销售代理岗位技能培训合格证。

任务1　多人客票的预订

知识目标

1．了解多人客票输入的基本指令。

2．掌握多人客票预订的注意事项。

能力目标

能够完成多人客票预订的基本操作。

基础知识

1. 多人的基本概念

多人是指两个或两个以上旅客，但散客一个 PNR 中最多只能订 9 名旅客。

2. 多人客票预订的注意事项

（1）每一个旅客在姓名前都要用“1”隔开。

示例：NM:1 李磊 1 韩梅梅，NM:1LI/lLEI1HANMEIMEI。

（2）身份证号码要按照旅客人数输入，第一个旅客后面要加“/PN”。

示例：SSR　FOID CA HK/NI180100199910210010/P1

SSR　FOID CA HK/NI180100199910210020/P2

（3）多人客票会出现多个票号，在打印行程时，每一个旅客打印一张行程单。

任务导入

请为旅客李磊、韩梅梅预订 5 月 5 日北京到重庆的客票。李磊的身份证号码为 180100199910210010，电话号码为 19088004518；韩梅梅的身份证号码为 180100199910210020，电话号码为 19088004519。

任务实施

【步骤一】查询航班。

```
►AVH/PEKCKG/5MAR
 05MAR(TUE) BJSCKG
1- *3U3013   DS# YA TQ HQ GQ SQ LQ EQ VQ             PEKCKG 0630   0940   33C 0^C  E
>    CZ3183                                                         T2 T3   3:10
2    CZ3183   DS# JA CQ DQ IQ OC YA PA BQ MQ HQ   PEKCKG 0630   0940   33C 0^C  E
>              KA UQ AQ LQ QA EQ VQ ZQ TQ NQ RQ GA XC              T2 T3   3:10
3   *MF1085   DS# YA BQ MQ LQ KQ NQ QQ VQ SQ          PEKCKG 0630   0940   33C 0^C  E
>    CZ3183                                                         T2 T3   3:10
4   *SC1437   DS# S5                               PEKCKG 0700   1000   738 0^B  E
>    CA1437                                                         T3 T3   3:00
5   *ZH1437   DS# BA MA UA QA VA WA T5 LA KS         PEKCKG 0700   1000   738 0^B  E
>    CA1437                                                         T3 T3   3:00
6    CA1437   DS# F5 A2 J3 C1 D1 Z1 R1 YA BA MA   PEKCKG 0700   1000   738 0^B  E
```

```
>                UA HA QA VA WA SA T5 LA NL KS                    T3 T3   3:00
               ** M1A V1A S1A
7   *CZ9368   DS# YA BA HA AA LA                  PEKCKG 0755    1050    32L 0^B   E
>    MU2865                                                      T2 T3   2:55
8+ *G56050   DS# YA HA MA GA SA                   PEKCKG 0755    1050    32L 0^B   E
>    MU2865                                                      T2 T3   2:55
 **   SC FLIGHT PLEASE CHECK IN 45 MINUTES BEFORE DEPARTURE AT PEK T3
 **   HU FLIGHT PLEASE CHECK IN 45 MINUTES BEFORE DEPARTURE AT PEK
 **   FREE ACCOMADATION IN CTU OR CKG IF CONNECT TIME OVER 6 HRS 3U
```

【步骤二】建立航段。

```
►SD6Y2
 1. CA1437 Y    TU05MAR   PEKCKG DK2    0700 1000          738    0   R E T3T3
 2. TAO/T TAO/T 0532-83835555/QINGDAO PENGFEI AIRLINES SERVICE LTD.,CO/LI TAO
     ABCDEFG
 3. TAO220
```

【步骤三】输入旅客姓名。

```
►NM1 李磊 1 韩梅梅
 1. 韩梅梅 2. 李磊
 3. CA1437 Y    TU05MAR   PEKCKG DK2    0700 1000          738    0   R E T3T3
 4. TAO/T TAO/T 0532-83835555/QINGDAO PENGFEI AIRLINES SERVICE LTD.,CO/LI TAO
     ABCDEFG
 5. TAO220
```

【步骤四】输入旅客联系方式。

```
►OSI CA CTCT19088004518
 1. 韩梅梅 2. 李磊
 3. CA1437 Y    TU05MAR   PEKCKG DK2    0700 1000          738    0   R E T3T3
 4. TAO/T TAO/T 0532-83835555/QINGDAO PENGFEI AIRLINES SERVICE LTD.,CO/LI TAO
     ABCDEFG
 5. OSI CA CTCT19088004518
 6. TAO220
►OSI CA CTCM19088004519/P1
 2. 韩梅梅 1. 李磊
 3. CA1437 Y    TU05MAR   PEKCKG DK2    0700 1000          738    0   R E T3T3
 4. TAO/T TAO/T 0532-83835555/QINGDAO PENGFEI AIRLINES SERVICE LTD.,CO/LI TAO
     ABCDEFG
 5. OSI CA CTCT19088004518
 6. OSI CA CTCM19088004519/P1
 7. TAO220
```

【步骤五】输入出票时限。

```
►TKTL/1800/./TAO220
 1. 韩梅梅 2. 李磊
 3. CA1437 Y   TU05MAR   PEKCKG DK2    0700 1000          738    0  R E T3T3
 4. TAO/T TAO/T 0532-83835555/QINGDAO PENGFEI AIRLINES SERVICE LTD.,CO/LI TAO
    ABCDEFG
 5. TL/1800/21JAN/TAO220
 6. OSI CA CTCT19088004518
 7. OSI CA CTCM19088004519/P1
 8. TAO220
```

【步骤六】输入第一名旅客的证件号码。

```
►SSR FOID CA HK/NI180100199910210010/P1
 1. 韩梅梅 2. 李磊
 3. CA1437 Y   TU05MAR   PEKCKG DK2    0700 1000          738    0  R E T3T3
 4. TAO/T TAO/T 0532-83835555/QINGDAO PENGFEI AIRLINES SERVICE LTD.,CO/LI TAO
    ABCDEFG
 5. TL/1800/21JAN/TAO220
 6. SSR FOID CA HK1 NI180100199910210010/P1
 7. SSR FQTV CA HK1 PEKCKG 1437 Y05MAR CA111562506901/P1
 8. OSI CA CTCT19088004518
 9. OSI CA CTCM19088004519/P1
10. TAO220
```

【步骤七】输入第二名旅客的证件号码。

```
►SSR FOID   CA HK/NI180100199910210020/P2
 1. 韩梅梅 2. 李磊
 3. CA1437 Y   TU05MAR   PEKCKG DK2    0700 1000          738    0  R E T3T3
 4. TAO/T TAO/T 0532-83835555/QINGDAO PENGFEI AIRLINES SERVICE LTD.,CO/LI TAO
    ABCDEFG
 5. TL/1800/21JAN/TAO220
 6. SSR FOID CA HK1 NI180100199910210020/P2
 7. SSR FOID CA HK1 NI180100199910210010/P1
 8. SSR FQTV CA HK1 PEKCKG 1437 Y05MAR CA058009191786/P2
 9. SSR FQTV CA HK1 PEKCKG 1437 Y05MAR CA111562506901/P1
10. OSI CA CTCT19088004518
11. OSI CA CTCM19088004519/P1
12. TAO220
```

【步骤八】封口。

```
►@
 KY191B -EOT SUCCESSFUL, BUT ASR UNUSED FOR 1 OR MORE SEGMENTS
```

```
CA1437   Y TU05MAR   PEKCKG DK2    0700 1000
航空公司使用自动出票时限，请检查 PNR
*** 预订酒店指令 HC，详情  HC:HELP    ***
```

【步骤九】提取 PNR。

```
►RT:KY191B
 1. 韩梅梅 2. 李磊 KY191B
 3. CA1437 Y    TU05MAR   PEKCKG HK2    0700 1000              E T3T3
 4. TAO/T TAO/T 0532-83835555/QINGDAO PENGFEI AIRLINES SERVICE LTD.,CO/LI TAO
    ABCDEFG
 5. TL/1800/21JAN/TAO220
 6. SSR FOID CA HK1 NI180100199910210020/P1
 7. SSR FOID CA HK1 NI180100199910210010/P2
 8. SSR FQTV CA HK1 PEKCKG 1437 Y05MAR CA058009191786/P1
 9. SSR FQTV CA HK1 PEKCKG 1437 Y05MAR CA111562506901/P2
10. OSI CA CTCT19088004518
11. OSI CA CTCM19088004519/P1
12. RMK CA/NLC2Z3
13. TAO220
```

【步骤十】调取运价并输入。

```
►PAT:A
01 Y FARE:CNY1980.00 TAX:CNY50.00 YQ:TEXEMPTYQ   TOTAL:2030.00
SFC:01    SFN:01
SFC:01
 1. 韩梅梅 2. 李磊 KY191B
 3. CA1437 Y    TU05MAR   PEKCKG HK2    0700 1000              E T3T3
 4. TAO/T TAO/T 0532-83835555/QINGDAO PENGFEI AIRLINES SERVICE LTD.,CO/LI TAO
    ABCDEFG
 5. TL/1800/21JAN/TAO220
 6. FC/A/PEK A-21JAN20 CA CKG 1980.00Y CNY1980.00END
 7. SSR FOID CA HK1 NI180100199910210020/P1
 8. SSR FOID CA HK1 NI180100199910210010/P2
 9. SSR FQTV CA HK1 PEKCKG 1437 Y05MAR CA058009191786/P1
10. SSR FQTV CA HK1 PEKCKG 1437 Y05MAR CA111562506901/P2
11. OSI CA CTCT19088004518
12. OSI CA CTCM19088004519/P1
13. RMK CMS/A/**
14. RMK OT/A/0/97399/0-1CA3968P1CKG
15. RMK CA/NLC2Z3
16. RMK AUTOMATIC FARE QUOTE
17. FN/A/FCNY1980.00/SCNY1980.00/C0.00/XCNY50.00/TCNY50.00CN/TEXEMPTYQ/ACNY2030.00
18. EI/GAIQITUIPIAOSHOUFEI 改期退票收费                                    +
```

【步骤十一】删除出票时限。

```
►XE5
 1. 韩梅梅 2. 李磊 KY191B
 3. CA1437 Y    TU05MAR   PEKCKG HK2    0700 1000              E T3T3
 4. TAO/T TAO/T 0532-83835555/QINGDAO PENGFEI AIRLINES SERVICE LTD.,CO/LI TAO
    ABCDEFG
 5. FC/A/PEK A-21JAN20 CA CKG 1980.00Y CNY1980.00END
 6. SSR FOID CA HK1 NI180100199910210020/P1
 7. SSR FOID CA HK1 NI180100199910210010/P2
 8. SSR FQTV CA HK1 PEKCKG 1437 Y05MAR CA058009191786/P1
 9. SSR FQTV CA HK1 PEKCKG 1437 Y05MAR CA111562506901/P2
10. OSI CA CTCT19088004518
11. OSI CA CTCM19088004519/P1
12. RMK CMS/A/**
13. RMK OT/A/0/97399/0-1CA3968P1CKG
14. RMK CA/NLC2Z3
15. RMK AUTOMATIC FARE QUOTE
16. FN/A/FCNY1980.00/SCNY1980.00/C0.00/XCNY50.00/TCNY50.00CN/TEXEMPTYQ/
    ACNY2030.00
17. EI/GAIQITUIPIAOSHOUFEI 改期退票收费
18. FP/CASH,CNY                                                        +
```

【步骤十二】变更客票状态为 RR 状态。

```
►3RR
 1. 韩梅梅 2. 李磊 KY191B
 3. CA1437 Y    TU05MAR   PEKCKG RR2    0700 1000              E T3T3
 4. TAO/T TAO/T 0532-83835555/QINGDAO PENGFEI AIRLINES SERVICE LTD.,CO/LI TAO
    ABCDEFG
 5. FC/A/PEK A-21JAN20 CA CKG 1980.00Y CNY1980.00END
 6. SSR FOID CA HK1 NI180100199910210020/P1
 7. SSR FOID CA HK1 NI180100199910210010/P2
 8. SSR FQTV CA HK1 PEKCKG 1437 Y05MAR CA058009191786/P1
 9. SSR FQTV CA HK1 PEKCKG 1437 Y05MAR CA111562506901/P2
10. OSI CA CTCT19088004518
11. OSI CA CTCM19088004519/P1
12. RMK CMS/A/**
13. RMK OT/A/0/97399/0-1CA3968P1CKG
14. RMK CA/NLC2Z3
15. RMK AUTOMATIC FARE QUOTE
16. FN/A/FCNY1980.00/SCNY1980.00/C0.00/XCNY50.00/TCNY50.00CN/TEXEMPTYQ/
    ACNY2030.00
17. EI/GAIQITUIPIAOSHOUFEI 改期退票收费
18. FP/CASH,CNY                                                        +
```

【步骤十三】出票。

```
►ETDZ:3
CNY2030.00    KY191B
ET PROCESSING... PLEASE WAIT!
ELECTRONIC TICKET ISSUED
```

练习操作

1．请为本人、李磊预订 10 月 18 日上海到西安的航班，并出票。电话号码用本人电话号码，身份证号码用本人的身份证号码。李磊的身份证号码为 180100199910210010，电话号码为 19088004518。

2．请为本人、李磊、韩梅梅预订 11 月 8 日青岛到南宁的航班，并出票。电话号码用本人电话号码，身份证号码用本人的身份证号码。李磊的身份证号码为 180100199910210010，电话号码为 19088004518；韩梅梅的身份证号码为 180100199910210020，电话号码为 19088004519。

3．请为本人、李磊、韩梅梅预订 11 月 8 日青岛到福州、11 月 9 日福州到青岛往返航班，并出票。电话号码用本人电话号码，身份证号码用本人的身份证号码。李磊的身份证号码为 180100199910210010，电话号码为 19088004518；韩梅梅的身份证号码为 180100199910210020，电话号码为 19088004519。

4．请为本人、李磊、韩梅梅预订 11 月 21 日西安到深圳、11 月 28 日深圳到西安的航班。电话号码用本人电话号码，身份证号码用本人的身份证号码。李磊的身份证号码为 180100199910210010，电话号码为 19088004518；韩梅梅的身份证号码为 180100199910210020，电话号码为 19088004519。

5．请为本人、李磊预订 11 月 21 日西安到深圳、11 月 28 日广州到厦门的航班。电话号码用本人电话号码，身份证号码用本人的身份证号码。李磊的身份证号码为 180100199910210010，电话号码为 19088004518。

6．请为本人、李磊、韩梅梅预订 11 月 21 日西安到深圳、11 月 28 日广州到厦门的航班。电话号码用本人电话号码，身份证号码用本人的身份证号码。李磊的身份证号码为 180100199910210010，电话号码为 19088004518；韩梅梅的身份证号码为 180100199910210020，电话号码为 19088004519。

任务 2　旅客订座记录的分离

知识目标

1．了解旅客订座记录分离的方法。

2．掌握旅客订座记录分离的指令。

能力目标

1．能够为旅客分离订座记录。

2．能够对分离后的订座记录分别处理。

基础知识

有时 PNR 中的部分旅客要更改航程，这时就要用到 SP 指令将这部分旅客分离出来生成一个新的 PNR 进行修改，而将其他旅客保留在原 PNR 中。

```
指令格式>SP:旅客序号/旅客序号
```

有一些系统中规定，某些航班只允许分离一次，因此，PNR 中存在这些航段时，该 PNR 只允许分离一次，若仍有旅客需要更改行程，只能为其建立新的记录。

任务导入

有 3 人的 PNR 如下，现在需要将 HAO/HAIDONG 和 XIE/FENG 分离出来。

```
►RT MS5RV
1．HAO/HAIDONG   2．LI/BING   3．XIE/FENG MS5RV
4．MU5118  Y  TU20OCT  PEKTNA  HK3  1050  1130
（PNR 其他项省略）
```

任务实施

【步骤一】输入分离指令。

```
►SP:1/3
1．HAO/HAIDONG  2．XIE/FENG
3．MU5118  Y  TU20OCT  PEKTNA  HK2  1050  1130
（PNR 其他项省略）
```

【步骤二】封口。

```
►@
MU5118  Y  TU20OCT  PEKTNA  HK2  1050  1130
MS6XS  SPLIT  FROM  MS5RV
```

【步骤三】提取 PNR 确认分离。

```
►RT MS6XS
1．HAO/HAIDONG   2．XIE/FENG  MS6XS
3．MU5118  Y  TU20OCT  PEKTNA  HK2  1050  1130
```

```
（PNR 其他项省略）
►RT  MS5RV
1. LI/BING  MS5RV
2. MU5118  Y  TU20OCT  PEKTNA  HK1  1050  1130
（PNR 其他项省略）
```

练习操作

1．请为本人、李磊预订 10 月 18 日上海到西安的航班，电话号码用本人电话号码，身份证号码用本人的身份证号码。李磊的身份证号码为 180100199910210010，电话号码为 19088004518，并将李磊的订座记录分离。

2．请为本人、李磊、韩梅梅预订 11 月 8 日青岛到南宁的航班，电话号码用本人电话号码，身份证号码用本人的身份证号码。李磊的身份证号码为 180100199910210010，电话号码为 19088004518；韩梅梅的身份证号码为 180100199910210020，电话号码为 19088004519，并将本人的订座记录分离。

3．请为本人、李磊、韩梅梅预订 11 月 8 日青岛到福州、11 月 9 日福州到青岛的往返航班，电话号码用本人电话号码，身份证号码用本人的身份证号码。李磊的身份证号码为 180100199910210010，电话号码为 19088004518；韩梅梅的身份证号码为 180100199910210020，电话号码为 19088004519，并将本人与李磊的订座记录分离。

4．请为本人、李磊、韩梅梅预订 11 月 21 日西安到深圳、11 月 28 日深圳到西安的航班，电话号码用本人电话号码，身份证号码用本人的身份证号码。李磊的身份证号码为 180100199910210010，电话号码为 19088004518；韩梅梅的身份证号码为 180100199910210020，电话号码为 19088004519，并将本人和韩梅梅的订座记录分离。

5．请为本人、李磊预订 11 月 21 日西安到深圳、11 月 28 日广州到厦门的航班，电话号码用本人电话号码，身份证号码用本人的身份证号码。李磊的身份证号码为 180100199910210010，电话号码为 19088004518，并将本人的订座记录分离。

6．请为本人、李磊、韩梅梅预订 11 月 21 日西安到深圳、11 月 28 日广州到厦门的航班，电话号码用本人电话号码，身份证号码用本人的身份证号码。李磊的身份证号码为 180100199910210010，电话号码为 19088004518；韩梅梅的身份证号码为 180100199910210020，电话号码为 19088004519，并将李磊和韩梅梅的订座记录分离。

任务 3　儿童客票的预订

知识目标

1．了解儿童客票的基本概念。

2．掌握儿童客票预订的注意事项。

能力目标

能够完成儿童客票预订的基本操作。

基础知识

1. 儿童的基本概念

儿童是指已满 2 周岁，未满 12 周岁的乘客。儿童占座，按成人全价的 50%购票，与成人具有相同的免费行李额。

2. 儿童客票预订的注意事项

（1）儿童应当单独建立 PNR，不可以和成人混订。
（2）儿童只能订 Y 舱。
（3）在儿童姓名后须加 CHD。
（4）须输入“SSR CHLD YY HK1”出生日月年/PN。
（5）儿童票价指令“PAT:A*CH”。

任务导入

请为旅客李明（2010 年 10 月 21 日生）预订 5 月 8 日青岛到武汉的航班，身份证号码为 180100201308160010，电话号码为 19088004518。

任务实施

【步骤一】查询第一航段航班。

```
►AVH/TAOWUH/8MAY
 08MAY(WED) TAOWUH
1-  MU2518  DS# UC FA PQ JC CQ DQ QQ IQ WC YA   TAOWUH 1520   1730   73E 0^   E
>               BA MQ EQ HQ KQ LQ NQ RQ SQ VQ TQ GQ ZQ                -- T3  2:10
2   CZ3632  DS# J8 CQ DQ IQ OC WA SQ YA PA BQ   TAOWUH 1700   1920   73K 0^C E
>               MQ HQ KA UQ AQ LQ QA EQ VQ ZQ TQ NQ RQ G6 XC          -- T3  2:20
3   CA8238  DS# JC CC DC ZC RC YA BS MS US HS   TAOWUH 1825   2030   320 0^   E
>               QS VS WS SS T5 LS N3 KS                               -- T3  2:05
              ** M1S S1S
4   CZ3670  DS# J8 CQ DQ IQ OC WA SQ YA PA BQ   TAOWUH 2105   2320   73K 0^C E
>               MQ HQ KA UQ AQ LQ QA EQ VQ ZQ TQ NQ RQ G6 XC          -- T3  2:15
5   MU5512  DS# UQ F4 P2 J4 CQ DQ QQ IQ WQ YA   TAOPVG 0710   0855   320 0^   E
>               BA MA EA HA KA LA NA RA SQ VQ TQ GQ ZQ                -- T1  1:45
    MU2534  DS# UQ FA P4 JC CQ DQ QQ IQ WC YA      WUH 1400   1610   73H 0^   E
>               BA MA EA HA KA LA NA RA SQ VQ TQ GQ ZQ                T1 T3  9:00
```

```
6+  MU5497   DS# UQ F4 P1 J4 CQ DQ QQ IQ WQ YA   TAOKMG 0710   1050   320 0^   E
>                BA MA EA HA KA LA NA RA SQ VQ TQ GQ ZQ                       3:40
    MU9739   DS# UQ F4 PS J4 CQ DQ QQ IQ WQ YA      WUH 1245   1640   737 1^   E
>                BA MA EA H8 K7 L6 N5 R4 SQ VQ TQ GQ ZQ               -- T3   9:30
```

【步骤二】建立第一航段航班。

```
►SD3Y1
 1. CA8238 Y   WE08MAY   TAOWUH DK1    1825 2030          320   0   R E --T3
 2. TAO/T TAO/T 0532-83835555/QINGDAO PENGFEI AIRLINES SERVICE LTD.,CO/LI TAO
    ABCDEFG
 3. TAO220
```

【步骤三】输入儿童的姓名。

```
►NM1 李明 CHD
 1. 李明 CHD
 2. CA8238 Y   WE08MAY   TAOWUH DK1    1825 2030          320   0   R E --T3
 3. TAO/T TAO/T 0532-83835555/QINGDAO PENGFEI AIRLINES SERVICE LTD.,CO/LI TAO
    ABCDEFG
 4. TAO220
```

【步骤四】输入儿童的联系方式。

```
►OSI CA CTCT19088004518
 1. 李明 CHD
 2. CA8238 Y   WE08MAY   TAOWUH DK1    1825 2030          320   0   R E --T3
 3. TAO/T TAO/T 0532-83835555/QINGDAO PENGFEI AIRLINES SERVICE LTD.,CO/LI TAO
    ABCDEFG
 4. OSI CA CTCT19088004518
 5. TAO220
►OSI CA CTCM19088004518/P1
 1. 李明 CHD
 2. CA8238 Y   WE08MAY   TAOWUH DK1    1825 2030          320   0   R E --T3
 3. TAO/T TAO/T 0532-83835555/QINGDAO PENGFEI AIRLINES SERVICE LTD.,CO/LI TAO
    ABCDEFG
 4. OSI CA CTCT19088004518
 5. OSI CA CTCM19088004518/P1
 6. TAO220
```

【步骤五】输入出票时限。

```
►TKTL/1800/./TAO220
 1. 李明 CHD
 2. CA8238 Y   WE08MAY   TAOWUH DK1    1825 2030          320   0   R E --T3
 3. TAO/T TAO/T 0532-83835555/QINGDAO PENGFEI AIRLINES SERVICE LTD.,CO/LI TAO
```

```
    ABCDEFG
 4. TL/1800/21JAN/TAO220
 5. OSI CA CTCT19088004518
 6. OSI CA CTCM19088004518/P1
 7. TAO220
```

【步骤六】输入儿童申请。

```
►SSR CHLD CA HK1 21OCT10/P1
 1. 李明 CHD
 2. CA8238 Y    WE08MAY   TAOWUH DK1    1825 2030          320    0   R E --T3
 3. TAO/T TAO/T 0532-83835555/QINGDAO PENGFEI AIRLINES SERVICE LTD.,CO/LI TAO
    ABCDEFG
 4. TL/1800/21JAN/TAO220
 5. SSR CHLD CA HK1 21OCT10/P1
 6. OSI CA CTCT19088004518
 7. OSI CA CTCM19088004518/P1
 8. TAO220
```

【步骤七】输入儿童的身份证号码。

```
►SSR FOID YY HK/NI180100201308160010/P1
 1. 李明 CHD
 2. CA8238 Y    WE08MAY   TAOWUH DK1    1825 2030          320    0   R E --T3
 3. TAO/T TAO/T 0532-83835555/QINGDAO PENGFEI AIRLINES SERVICE LTD.,CO/LI TAO
    ABCDEFG
 4. TL/1800/21JAN/TAO220
 5. SSR FOID YY HK1 NI180100201308160010/P1
 6. SSR CHLD CA HK1 21OCT10/P1
 7. OSI CA CTCT19088004518
 8. OSI CA CTCM19088004518/P1
 9. TAO220
```

【步骤八】封口。

```
►@
JZGVMB -EOT SUCCESSFUL, BUT ASR UNUSED FOR 1 OR MORE SEGMENTS
  CA8238   Y WE08MAY   TAOWUH DK1    1825 2030
  航空公司使用自动出票时限，请检查 PNR
  *** 预订酒店指令 HC，详情   HC:HELP    ***
```

【步骤九】提取 PNR。

```
►RT: JZGVMB
 1. 李明 CHD JZGVMB
 2. CA8238 Y    WE08MAY   TAOWUH HK1    1825 2030          E --T3
```

```
 3. TAO/T TAO/T 0532-83835555/QINGDAO PENGFEI AIRLINES SERVICE LTD.,CO/LI TAO
    ABCDEFG
 4. TL/1800/21JAN/TAO220
 5. SSR FOID CA HK1 NI180100201308160010/P1
 6. SSR CHLD CA HK1 21OCT10/P1
 7. OSI CA CTCT19088004518
 8. OSI CA CTCM19088004518/P1
 9. RMK CA/PEQ2V4
10. TAO220
```

【步骤十】调取儿童运价并输入。

```
►PAT:A*CH
01 Y FARE:CNY545.00 TAX:CNY0.00 YQ:TEXEMPTYQ   TOTAL:545.00
SFC:01    SFN:01
SFC:01
 1. 李明 CHD JZGVMB
 2. CA8238 Y    WE08MAY   TAOWUH HK1    1825 2030          E --T3
 3. TAO/T TAO/T 0532-83835555/QINGDAO PENGFEI AIRLINES SERVICE LTD.,CO/LI TAO
    ABCDEFG
 4. TL/1800/21JAN/TAO220
 5. FC/A/TAO A-21JAN20 CA WUH 1090.00Y CNY1090.00END
 6. SSR FOID CA HK1 NI180100201308160010/P1
 7. SSR CHLD CA HK1 21OCT10/P1
 8. OSI CA CTCT19088004518
 9. OSI CA CTCM19088004518/P1
10. RMK CMS/A/**
11. RMK OT/A/0/97399/0-1CA3968P1WUH
12. RMK CA/PEQ2V4
13. RMK AUTOMATIC FARE QUOTE
14. FN/A/FCNY545.00/SCNY545.00/C0.00/XCNY0.00/TCNY0.00CN/TEXEMPTYQ/
    ACNY545.00
15. EI/GAIQITUIPIAOSHOUFEI 改期退票收费
16. FP/CASH,CNY
17. TAO220
```

【步骤十一】删除出票时限。

```
►XE4
 1. 李明 CHD JZGVMB
 2. CA8238 Y    WE08MAY   TAOWUH HK1    1825 2030          E --T3
 3. TAO/T TAO/T 0532-83835555/QINGDAO PENGFEI AIRLINES SERVICE LTD.,CO/LI TAO
    ABCDEFG
 4. FC/A/TAO A-21JAN20 CA WUH 1090.00Y CNY1090.00END
```

```
5. SSR FOID CA HK1 NI180100201308160010/P1
6. SSR CHLD CA HK1 21OCT10/P1
7. OSI CA CTCT19088004518
8. OSI CA CTCM19088004518/P1
9. RMK CMS/A/**
10. RMK OT/A/0/97399/0-1CA3968P1WUH
11. RMK CA/PEQ2V4
12. RMK AUTOMATIC FARE QUOTE
13. FN/A/FCNY1090.00/SCNY1090.00/C0.00/XCNY50.00/TCNY50.00CN/TEXEMPTYQ/
    ACNY1140.00
14. EI/GAIQITUIPIAOSHOUFEI 改期退票收费
15. FP/CASH,CNY
16. TAO220
```

【步骤十二】变更客票状态为 RR 状态。

```
►2RR
 1. 李明 CHD JZGVMB
 2. CA8238 Y   WE08MAY   TAOWUH RR1    1825 2030          E --T3
 3. TAO/T TAO/T 0532-83835555/QINGDAO PENGFEI AIRLINES SERVICE LTD.,CO/LI TAO
    ABCDEFG
 4. FC/A/TAO A-21JAN20 CA WUH 1090.00Y CNY1090.00END
 5. SSR FOID CA HK1 NI180100201308160010/P1
 6. SSR CHLD CA HK1 21OCT10/P1
 7. OSI CA CTCT19088004518
 8. OSI CA CTCM19088004518/P1
 9. RMK CMS/A/**
10. RMK OT/A/0/97399/0-1CA3968P1WUH
11. RMK CA/PEQ2V4
12. RMK AUTOMATIC FARE QUOTE
13. FN/A/FCNY1090.00/SCNY1090.00/C0.00/XCNY50.00/TCNY50.00CN/TEXEMPTYQ/
    ACNY1140.00
14. EI/GAIQITUIPIAOSHOUFEI 改期退票收费
15. FP/CASH,CNY
16. TAO220
```

【步骤十三】出票。

```
►ETDZ:3
CNY545.00   JZGVMB
ET PROCESSING... PLEASE WAIT!
ELECTRONIC TICKET ISSUED
```

练习操作

1．请为旅客李明（2013 年 8 月 16 日生）预订 5 月 10 日北京到上海的航班，并出票。李明的身份证号码为 180100201308160010，电话号码为 19088004518。

2．请为旅客李明（2013 年 8 月 16 日生）预订 5 月 18 日济南到深圳、5 月 28 日深圳到济南的航班，并出票。李明的身份证号码为 180100201308160010，电话号码为 19088004518。

3．请为旅客李明（2013 年 8 月 16 日生）预订 6 月 12 日北京到上海、6 月 20 日上海到广州的航班，并出票。李明的身份证号码为 180100201308160010，电话号码为 19088004518。

4．请为旅客李明（2013 年 8 月 16 日生）预订 7 月 15 日青岛到上海、7 月 18 日杭州到重庆的航班，并出票。李明的身份证号码为 180100201308160010，电话号码为 19088004518。

5．请为本人、旅客李明（2013 年 8 月 16 日生）预订 6 月 12 日青岛到上海的航班，并出票。电话号码用本人电话号码，身份证号码用本人的身份证号码。李明的身份证号码为 180100201308160010，电话号码为 19088004518。

6．请为本人、旅客李明（2013 年 8 月 16 日生）预订 8 月 5 日青岛到上海、8 月 20 日上海到青岛的航班，并出票。电话号码用本人电话号码，身份证号码用本人的身份证号码。李明的身份证号码为 180100201308160010，电话号码为 19088004518。

任务 4　婴儿客票的预订

知识目标

1．掌握婴儿客票的基本概念。
2．掌握婴儿客票预订的注意事项。

能力目标

能够完成婴儿客票预订的基本操作。

基础知识

1. 婴儿客票的基本概念

婴儿是指已满 14 天、未满 2 周岁的乘客。婴儿不占座，按成人全价的 10%购票，大部分航空公司给婴儿票 10 公斤的免费行李额，少部分航空公司对婴儿票没有免费行李额。

2. 婴儿客票预订的注意事项

（1）婴儿须跟成人订在同一个 PNR 中。
（2）先做好成人编码的工作。

（3）输入“XN:IN/婴儿名 INF(出生月年)/PN”。

（4）SSR INFT 航空公司代码；NN1 婴儿姓/婴儿名；出生日月年/Pn/Sn（航段）。

示例：SSR INFT CA NN1 LI/LEI 15DEC18/P1/S2。

（5）票价指令：PAT:*IN 或 PAT:A*IN。

任务导入

请为旅客李磊、韩梅梅、李明（2018 年 8 月 13 日生）预订 5 月 16 日天津到福州、5 月 26 日厦门到北京的航班。李磊的身份证号码为 180100199010210010，电话号码为 19088004518；韩梅梅的身份证号码为 180100199010210020，电话号码为 19088004519。

任务实施

【步骤一】查询第一航段航班。

```
►AVH/TSNFOC/16MAY
 16MAY(THU) TSNFOC
1-   CA1641   DS# JC CC DC ZC RC YA BS MS US HS   TSNFOC 0655   0935   73L 0^    E
>                 QS VS WS SS T5 LS N3 KS                       T2 --   2:40
                ** M1S S1S
2    MF8331   DS# FC AC JA CS DS IS OS YA HA BS   TSNFOC 0905   1145   738 0^L   E
>                 MS LS KS NS QS VS TS RS US GS S5 ZS ES          T2 --   2:40
3    MF8278   DS# FC AC J8 CS DS IS OS YA HA BS   TSNFOC 1235   1515   738 0^L   E
>                 MS LS KS NS QS VS TS RS US GS S3 ZS ES          T2 --   2:40
4    HX363    DS#                                TSNHKG 0725   1055   332 0^B   E
>                                                              1   1    3:30
     HX145    DS#                                   FOC 2120   2325   32S 0^S   E
>                                                              1   -- 16:00
5+   CA1427   DS# J4 CS DS ZS RS YA BS MS US HS   TSNCTU 0730   1030   73N 0^    E
>                 QS VS WS SS T5 LS N3 KS                       T2 T2   3:00
                ** M1S S1S
     CA4229   DS# JC CC DC ZC RC YA BS MS US HS      FOC 1610   1845   319 0^S   E
>                 QS VS WS SS TA LS N3 KS                       T2 -- 11:15
**   FLIGHT OF DR PLEASE CHECK IN 40 MINUTES BEFORE DEPARTURE AT TSN
**   FREE ACCOMADATION IN CTU OR CKG IF CONNECT TIME OVER 6 HRS 3U
```

【步骤二】建立第一航段。

```
►SD1Y2
1. CA1641 Y   TH16MAY   TSNFOC DK2   0655 0935          73L   0   R E T2--
2. TAO/T TAO/T 0532-83835555/QINGDAO PENGFEI AIRLINES SERVICE LTD.,CO/LI TAO
   ABCDEFG
3. TAO220
```

【步骤三】建立缺口程航段。

```
►SA:FOCXMN
 1. CA1641 Y    TH16MAY   TSNFOC DK2    0655 0935           73L    0   R E T2--
 2.       ARNK                   FOCXMN
 3. TAO/T TAO/T 0532-83835555/QINGDAO PENGFEI AIRLINES SERVICE LTD.,CO/LI TAO
      ABCDEFG
 4. TAO220
```

【步骤四】查询第二航段航班。

```
►AVH/XMNPEK/26MAY
 26MAY(SUN) XMNBJS
1-  MF8117   DS# FA AS JA CS DS IS OS YA HA BS   XMNPEK 0700    0945    788 0^S   E
>                MS LS KS NS QS VS TS RS US GS S5 ZS ES             T3 T2   2:45
2   CA1802   DS# J2 C2 DC ZC RC YA BS MS US HS   XMNPEK 0750    1035    32A 0^    E
>                QS VS WS SS T5 LS N3 KS                            T4 T3   2:45
               ** M1S S1S
3  *AC6623   DS! J4 C4 D4 Z0 P0 Y4 B4 M4 U4 H4   XMNPEK 0750    1035    321 0     E
>   CA1802       QC VC WC SC TC LC KC                               T4 T3   2:45
4   MF8127   DS# FC AC J8 CS DS IS OS YA HA BS   XMNPEK 0900    1150    738 0^L   E
>                MS LS KS NS QS VS TS RS US GS S5 ZS ES             T3 T2   2:50
5   MF8101   DS# FC AC JA CS DS IS OS YA H8 BS   XMNPEK 1100    1350    789 0^S   E
>                MS LS KS NS QS VS TS RS US GS SS ZS ES             T3 T2   2:50
6   CA1810   DS# J2 C2 DC ZC RC YA BS MS US HS   XMNPEK 1225    1525    32A 0^    E
>                QS VS WS SS T5 LS N3 KS                            T4 T3   3:00
               ** M1S S1S
7  *AC6633   DS! J4 C4 D4 Z0 P0 Y4 B4 M4 U4 H4   XMNPEK 1225    1525    321 0     E
>   CA1810       QC VC WC SC TC LC KC                               T4 T3   3:00
8+  HU7192   DS# C8 DQ ZQ IQ RQ JQ YA BQ HQ KQ   XMNPEK 1300    1545    738 0^    E
>                LQ MQ XQ VQ NQ QQ PQ AQ UQ TQ SQ OQ                T4 T1   2:45
```

【步骤五】建立第二航段。

```
►SD2Y2
 1. CA1641 Y    TH16MAY   TSNFOC DK2    0655 0935           73L    0   R E T2--
 2.       ARNK                   FOCXMN
 3. CA1802 Y    SU26MAY   XMNPEK DK2    0750 1035           32A    0   R E T4T3
 4. TAO/T TAO/T 0532-83835555/QINGDAO PENGFEI AIRLINES SERVICE LTD.,CO/LI TAO
      ABCDEFG
 5. TAO220
```

【步骤六】输入旅客姓名。

```
►NM1李磊 1韩梅梅
 2. 韩梅梅 1. 李磊
```

```
 3. CA1641 Y    TH16MAY   TSNFOC DK2    0655 0935            73L    0   R E T2--
 4.      ARNK                 FOCXMN
 5. CA1802 Y    SU26MAY   XMNPEK DK2    0750 1035            32A    0   R E T4T3
 6. TAO/T TAO/T 0532-83835555/QINGDAO PENGFEI AIRLINES SERVICE LTD.,CO/LI TAO
    ABCDEFG
 7. TAO220
```

【步骤七】输入旅客联系方式。

```
►OSI CA CTCT19088004518
 2. 韩梅梅 1. 李磊
 3. CA1641 Y    TH16MAY   TSNFOC DK2    0655 0935            73L    0   R E T2--
 4.      ARNK                 FOCXMN
 5. CA1802 Y    SU26MAY   XMNPEK DK2    0750 1035            32A    0   R E T4T3
 6. TAO/T TAO/T 0532-83835555/QINGDAO PENGFEI AIRLINES SERVICE LTD.,CO/LI TAO
    ABCDEFG
 7. OSI CA CTCT19088004518
 8. TAO220
►OSI CA CTCM19088004519/P2
 2. 韩梅梅 1. 李磊
 3. CA1641 Y    TH16MAY   TSNFOC DK2    0655 0935            73L    0   R E T2--
 4.      ARNK                 FOCXMN
 5. CA1802 Y    SU26MAY   XMNPEK DK2    0750 1035            32A    0   R E T4T3
 6. TAO/T TAO/T 0532-83835555/QINGDAO PENGFEI AIRLINES SERVICE LTD.,CO/LI TAO
    ABCDEFG
 7. OSI CA CTCT19088004518
 8. OSI CA CTCM19088004519/P2
 9. TAO220
```

【步骤八】输入第一名旅客证件号码。

```
►SSR FOID CA HK/NI180100199910210010/P1
 2. 韩梅梅 1. 李磊
 3. CA1641 Y    TH16MAY   TSNFOC DK2    0655 0935            73L    0   R E T2--
 4.      ARNK                 FOCXMN
 5. CA1802 Y    SU26MAY   XMNPEK DK2    0750 1035            32A    0   R E T4T3
 6. TAO/T TAO/T 0532-83835555/QINGDAO PENGFEI AIRLINES SERVICE LTD.,CO/LI TAO
    ABCDEFG
 7. SSR FOID CA HK1 NI180100199910210010/P1
 8. SSR FQTV CA HK1 TSNFOC 1641 Y16MAY CA111562506901/P1
 9. SSR FQTV CA HK1 XMNPEK 1802 Y26MAY CA111562506901/P1
10. OSI CA CTCT19088004518
11. OSI CA CTCM19088004519/P2
12. TAO220
```

【步骤九】输入第二名旅客的证件号码。

```
►SSR FOID CA HK/NI180100199910210020/P2
 2. 韩梅梅 1. 李磊
 3. CA1641 Y   TH16MAY  TSNFOC DK2   0655 0935          73L  0  R E T2--
 4.     ARNK             FOCXMN
 5. CA1802 Y   SU26MAY  XMNPEK DK2   0750 1035          32A  0  R E T4T3
 6. TAO/T TAO/T 0532-83835555/QINGDAO PENGFEI AIRLINES SERVICE LTD.,CO/LI TAO
    ABCDEFG
 7. SSR FOID CA HK1 NI180100199910210020/P2
 8. SSR FOID CA HK1 NI180100199910210010/P1
 9. SSR FQTV CA HK1 TSNFOC 1641 Y16MAY CA111562506901/P1
10. SSR FQTV CA HK1 XMNPEK 1802 Y26MAY CA111562506901/P1
11. OSI CA CTCT19088004518
12. OSI CA CTCM19088004519/P2
 +
```

【步骤十】输入出票时限。

```
►TKTL/1800/./TAO220
 2. 韩梅梅 1. 李磊
 3. CA1641 Y   TH16MAY  TSNFOC DK2   0655 0935          73L  0  R E T2--
 4.     ARNK             FOCXMN
 5. CA1802 Y   SU26MAY  XMNPEK DK2   0750 1035          32A  0  R E T4T3
 6. TAO/T TAO/T 0532-83835555/QINGDAO PENGFEI AIRLINES SERVICE LTD.,CO/LI TAO
    ABCDEFG
 7. TL/1800/21JAN/TAO220
 8. SSR FOID CA HK1 NI180100199910210020/P2
 9. SSR FOID CA HK1 NI180100199910210010/P1
10. SSR FQTV CA HK1 TSNFOC 1641 Y16MAY CA111562506901/P1
11. SSR FQTV CA HK1 XMNPEK 1802 Y26MAY CA111562506901/P1
12. OSI CA CTCT19088004518
+
```

【步骤十一】封口。

```
►@
KMQSET -EOT SUCCESSFUL, BUT ASR UNUSED FOR 1 OR MORE SEGMENTS
  CA1641  Y TH16MAY  TSNFOC DK2   0655 0935
  CA1802  Y SU26MAY  XMNPEK DK2   0750 1035
  航空公司使用自动出票时限，请检查 PNR
  *** 预订酒店指令 HC，详情  HC:HELP   ***
```

【步骤十二】提取 PNR。

```
▶RT KMQSET
 1. 韩梅梅 2. 李磊 KMQSET
 3. CA1641 Y   TH16MAY   TSNFOC HK2    0655 0935            E T2--
 4.     ARNK                 FOCXMN
 5. CA1802 Y   SU26MAY   XMNPEK HK2    0750 1035            E T4T3
 6. TAO/T TAO/T 0532-83835555/QINGDAO PENGFEI AIRLINES SERVICE LTD.,CO/LI TAO
    ABCDEFG
 7. TL/1800/21JAN/TAO220
 8. SSR FOID CA HK1 NI180100199910210020/P1
 9. SSR FOID CA HK1 NI180100199910210010/P2
10. SSR FQTV CA HK1 TSNFOC 1641 Y16MAY CA111562506901/P2
11. SSR FQTV CA HK1 XMNPEK 1802 Y26MAY CA111562506901/P2
12. OSI CA CTCT19088004518
13. OSI CA CTCM19088004519/P1
14. RMK CA/PXLBR3
15. TAO220
```

【步骤十三】输入婴儿姓名。

```
▶XN:IN/李明 INF(AUG18)/P1
 1. 韩梅梅 2. 李磊 KMQSET
 3. CA1641 Y   TH16MAY   TSNFOC HK2    0655 0935            E T2--
 4.     ARNK                 FOCXMN
 5. CA1802 Y   SU26MAY   XMNPEK HK2    0750 1035            E T4T3
 6. TAO/T TAO/T 0532-83835555/QINGDAO PENGFEI AIRLINES SERVICE LTD.,CO/LI TAO
    ABCDEFG
 7. TL/1800/21JAN/TAO220
 8. SSR FOID CA HK1 NI180100199910210020/P1
 9. SSR FOID CA HK1 NI180100199910210010/P2
10. SSR FQTV CA HK1 TSNFOC 1641 Y16MAY CA111562506901/P2
11. SSR FQTV CA HK1 XMNPEK 1802 Y26MAY CA111562506901/P2
12. SSR INFT CA NN1 TSNFOC 1641 Y16MAY LI/MING 13AUG18/P1
13. SSR INFT CA NN1 XMNPEK 1802 Y26MAY LI/MING 13AUG18/P1
14. OSI CA CTCT19088004518
15. OSI CA CTCM19088004519/P1
16. RMK CA/PXLBR3
17. XN/IN/李明 INF(AUG18)/P1                                     +
```

【步骤十四】输入婴儿申请。

```
▶SSR INFT CA NN1/LI/MING 13AUG18/P1/S3/S5
 1. 韩梅梅 2. 李磊 KMQSET
 3. CA1641 Y   TH16MAY   TSNFOC HK2    0655 0935            E T2--
```

```
 4.        ARNK                   FOCXMN
 5. CA1802 Y    SU26MAY   XMNPEK HK2    0750 1035              E T4T3
 6. TAO/T TAO/T 0532-83835555/QINGDAO PENGFEI AIRLINES SERVICE LTD.,CO/LI TAO
     ABCDEFG
 7. TL/1800/21JAN/TAO220
 8. SSR FOID CA HK1 NI180100199910210020/P1
 9. SSR FOID CA HK1 NI180100199910210010/P2
10. SSR FQTV CA HK1 TSNFOC 1641 Y16MAY CA111562506901/P2
11. SSR FQTV CA HK1 XMNPEK 1802 Y26MAY CA111562506901/P2
12. SSR INFT CA NN1 TSNFOC 1641 Y16MAY LI/MING 13AUG18/P1
13. SSR INFT CA NN1 XMNPEK 1802 Y26MAY LI/MING 13AUG18/P1
14. OSI CA CTCT19088004518
15. OSI CA CTCM19088004519/P1
16. OSI YY 1INF LIMING INF/P1
17. RMK CA/PXLBR3
18. XN/IN/李明 INF(AUG18)/P1                                        +
```

【步骤十五】调取成人运价并输入。

```
►PAT:A
>PAT:A
01 Y+Y FARE:CNY3750.00 TAX:CNY100.00 YQ:TEXEMPTYQ   TOTAL:3850.00
SFC:01    SFN:01/01    SFN:01/02
SFC:01
 1. 韩梅梅 2. 李磊 KMQSET
 3. CA1641 Y    TH16MAY   TSNFOC HK2    0655 0935              E T2--
 4.        ARNK                   FOCXMN
 5. CA1802 Y    SU26MAY   XMNPEK HK2    0750 1035              E T4T3
 6. TAO/T TAO/T 0532-83835555/QINGDAO PENGFEI AIRLINES SERVICE LTD.,CO/LI TAO
     ABCDEFG
 7. TL/1800/21JAN/TAO220
 8. FC/A/TSN A-21JAN20 CA FOC 1630.00Y //XMN A-21JAN20 CA PEK 2120.00Y
     CNY3750.00END
 9. SSR FOID CA HK1 NI180100199910210020/P1
10. SSR FOID CA HK1 NI180100199910210010/P2
11. SSR FQTV CA HK1 TSNFOC 1641 Y16MAY CA111562506901/P2
12. SSR FQTV CA HK1 XMNPEK 1802 Y26MAY CA111562506901/P2
13. SSR INFT CA NN1 TSNFOC 1641 Y16MAY LI/MING 13AUG18/P1
14. SSR INFT CA NN1 XMNPEK 1802 Y26MAY LI/MING 13AUG18/P1
15. OSI CA CTCT19088004518
16. OSI CA CTCM19088004519/P1
17. OSI YY 1INF LIMING INF/P1
18. RMK CMS/A/**                                                    +
```

【步骤十六】调取婴儿运价并输入。

```
►PAT:A*IN
>PAT:A*IN
01 Y+Y FARE:CNY375.00 TAX:CNY0.00 YQ:TEXEMPTYQ   TOTAL:375.00
SFC:01    SFN:01/01    SFN:01/02
SFC:01
 1. 韩梅梅 2. 李磊 KMQSET
 3. CA1641 Y    TH16MAY   TSNFOC HK2    0655 0935              E T2--
 4.     ARNK                  FOCXMN
 5. CA1802 Y    SU26MAY   XMNPEK HK2    0750 1035              E T4T3
 6. TAO/T TAO/T 0532-83835555/QINGDAO PENGFEI AIRLINES SERVICE LTD.,CO/LI TAO
    ABCDEFG
 7. TL/1800/21JAN/TAO220
 8. FC/A/TSN A-21JAN20 CA FOC 1630.00Y //XMN A-21JAN20 CA PEK 2120.00Y
    CNY3750.00END
 9. SSR FOID CA HK1 NI180100199910210020/P1
10. SSR FOID CA HK1 NI180100199910210010/P2
11. SSR FQTV CA HK1 TSNFOC 1641 Y16MAY CA111562506901/P2
12. SSR FQTV CA HK1 XMNPEK 1802 Y26MAY CA111562506901/P2
13. SSR INFT CA NN1 TSNFOC 1641 Y16MAY LI/MING 13AUG18/P1
14. SSR INFT CA NN1 XMNPEK 1802 Y26MAY LI/MING 13AUG18/P1
15. OSI CA CTCT19088004518
16. OSI CA CTCM19088004519/P1
17. OSI YY 1INF LIMING INF/P1
18. RMK CMS/A/**                                                   +
```

【步骤十七】删除出票时限。

```
►XE7
 1. 韩梅梅 2. 李磊 KMQSET
 3. CA1641 Y    TH16MAY   TSNFOC HK2    0655 0935              E T2--
 4.     ARNK                  FOCXMN
 5. CA1802 Y    SU26MAY   XMNPEK HK2    0750 1035              E T4T3
 6. TAO/T TAO/T 0532-83835555/QINGDAO PENGFEI AIRLINES SERVICE LTD.,CO/LI TAO
    ABCDEFG
 7. FC/A/TSN A-21JAN20 CA FOC 1630.00Y //XMN A-21JAN20 CA PEK 2120.00Y
    CNY3750.00END
 8. SSR FOID CA HK1 NI180100199910210020/P1
 9. SSR FOID CA HK1 NI180100199910210010/P2
10. SSR FQTV CA HK1 TSNFOC 1641 Y16MAY CA111562506901/P2
11. SSR FQTV CA HK1 XMNPEK 1802 Y26MAY CA111562506901/P2
12. SSR INFT CA NN1 TSNFOC 1641 Y16MAY LI/MING 13AUG18/P1
13. SSR INFT CA NN1 XMNPEK 1802 Y26MAY LI/MING 13AUG18/P1
```

```
14. OSI CA CTCT19088004518
15. OSI CA CTCM19088004519/P1
16. OSI YY 1INF LIMING INF/P1
17. RMK CMS/A/**
+
```

【步骤十八】更改客票第一航段为 RR 状态。

```
►3RR
 1. 韩梅梅 2. 李磊 KMQSET
 3. CA1641 Y    TH16MAY   TSNFOC RR2     0655 0935             E T2--
 4.      ARNK                      FOCXMN
 5. CA1802 Y    SU26MAY   XMNPEK HK2     0750 1035             E T4T3
 6. TAO/T TAO/T 0532-83835555/QINGDAO PENGFEI AIRLINES SERVICE LTD.,CO/LI TAO
    ABCDEFG
 7. FC/A/TSN A-21JAN20 CA FOC 1630.00Y //XMN A-21JAN20 CA PEK 2120.00Y
    CNY3750.00END
 8. SSR FOID CA HK1 NI180100199910210020/P1
 9. SSR FOID CA HK1 NI180100199910210010/P2
10. SSR FQTV CA HK1 TSNFOC 1641 Y16MAY CA111562506901/P2
11. SSR FQTV CA HK1 XMNPEK 1802 Y26MAY CA111562506901/P2
12. SSR INFT CA NN1 TSNFOC 1641 Y16MAY LI/MING 13AUG18/P1
13. SSR INFT CA NN1 XMNPEK 1802 Y26MAY LI/MING 13AUG18/P1
14. OSI CA CTCT19088004518
15. OSI CA CTCM19088004519/P1
16. OSI YY 1INF LIMING INF/P1
17. RMK CMS/A/**                                                              +
```

【步骤十九】更改客票第二航段为 RR 状态。

```
►5RR
 1. 韩梅梅 2. 李磊 KMQSET
 3. CA1641 Y    TH16MAY   TSNFOC RR2     0655 0935             E T2--
 4.      ARNK                      FOCXMN
 5. CA1802 Y    SU26MAY   XMNPEK RR2     0750 1035             E T4T3
 6. TAO/T TAO/T 0532-83835555/QINGDAO PENGFEI AIRLINES SERVICE LTD.,CO/LI TAO
    ABCDEFG
 7. FC/A/TSN A-21JAN20 CA FOC 1630.00Y //XMN A-21JAN20 CA PEK 2120.00Y
    CNY3750.00END
 8. SSR FOID CA HK1 NI180100199910210020/P1
 9. SSR FOID CA HK1 NI180100199910210010/P2
10. SSR FQTV CA HK1 TSNFOC 1641 Y16MAY CA111562506901/P2
11. SSR FQTV CA HK1 XMNPEK 1802 Y26MAY CA111562506901/P2
12. SSR INFT CA NN1 TSNFOC 1641 Y16MAY LI/MING 13AUG18/P1
```

```
13. SSR INFT CA NN1 XMNPEK 1802 Y26MAY LI/MING 13AUG18/P1
14. OSI CA CTCT19088004518
15. OSI CA CTCM19088004519/P1
16. OSI YY 1INF LIMING INF/P1
17. RMK CMS/A/**
+
```

【步骤二十】出票。

```
►ETDZ:3
CNY4225.00    KMQSET
ET PROCESSING... PLEASE WAIT!
ELECTRONIC TICKET ISSUED
```

练习操作

1．请为旅客李磊、李明（2019 年 4 月 15 日生）预订 6 月 5 日天津到福州的航班，并出票。李磊的身份证号码为 180100199010210010，电话号码为 19088004518。

2．请为旅客李磊、李明（2019 年 4 月 15 日生）预订 7 月 10 日青岛到南京、7 月 15 日南京到青岛的航班，并出票。李磊的身份证号码为 180100199010210010，电话号码为 19088004518。

3．请为旅客李磊、李明（2019 年 4 月 15 日生）预订 8 月 1 日济南到厦门、8 月 12 日厦门到广州的航班，并出票。李磊的身份证号码为 180100199010210010，电话号码为 19088004518。

4．请为旅客李磊、李明（2019 年 4 月 15 日生）预订 8 月 18 日重庆到南京、8 月 22 日杭州到青岛的航班，并出票。李磊的身份证号码为 180100199010210010，电话号码为 19088004518。

5．请为旅客李磊、韩梅梅、李明（2019 年 4 月 15 日生）预订 5 月 16 日天津到南昌的航班，并出票。李磊的身份证号码为 180100199010210010，电话号码为 19088004518；韩梅梅的身份证号码为 180100199010210020，电话号码为 19088004519。

6．请为旅客李磊、韩梅梅、李明（2019 年 4 月 15 日生）预订 6 月 12 日天津到南昌、6 月 18 日南昌到天津的航班，并出票。李磊的身份证号码为 180100199010210010，电话号码为 19088004518；韩梅梅的身份证号码为 180100199010210020，电话号码为 19088004519。

任务 5　团体客票的预订

知识目标

1．掌握团体客票的基本概念。

2. 掌握团体客票预订的注意事项。

能力目标

能够完成团体客票预订的基本操作。

基础知识

1. 团体的基本概念

团体是指 10 人（含 10 人）以上，购买相同的航程、乘机日期、航班、舱位等级并按相同票价支付票款的旅客，购买儿童、婴儿票和享受特种票价的旅客计入团体旅客人数内。

2. 团体客票的指令

指令格式>GN:团体订座人数团名

3. 团体客票预订的注意事项

（1）团体 PNR 必须输入团体姓名组 GN。

（2）团名只可由英文字母和斜线（/）组成，不可用中文做团名。

（3）团名最长为 50 个字符，最短为 2 个字符。

（4）团名建立后不可更改。

（5）在代理人系统，10（含 10 人）人以上的 PNR 必须成团，9 人以下不能成团。

（6）一个团体最多可有 511 名旅客。

（7）旅客姓名可以在建立团体 PNR 时输入，也可在以后分步输入。

（8）代理人可以按团名或团体中任一旅客的姓名提取该 PNR。

（9）在建立团体 PNR 后，代理人可根据实际需要取消或分离部分旅客，分离出的新 PNR 仍为原团名。

任务导入

请为 12 名旅客预订团体名为 MINHANGAIHAOZHE，5 月 11 日济南到长沙、5 月 12 日长沙到深圳的航班。身份证号码自拟，电话号码自拟。

任务实施

【步骤一】建立团体名。

```
►GN12MINHANGAIHAOZHE
0.12MINHANGAIHAOZHE NM0
1. TAO/T TAO/T 0532-83835555/QINGDAO PENGFEI AIRLINES SERVICE LTD.,CO/LI TAO
```

```
   ABCDEFG
2. TAO220
```

【步骤二】查询第一航段航班。

```
►AVH/TNACSX/11MAY
 11MAY(SAT) TNACSX
1-  HU7228  DS# CA DQ ZQ IQ RQ JQ YA BQ HQ KQ   TNACSX 1350   1605   738 0^   E
>               LQ MQ XQ VQ NQ QQ PQ AQ UQ TQ SQ OQ           -- T2  2:15
             ** BAZ BBZ BCZ BDZ BES BIZ BKZ HAZ HBZ HCZ HDZ HES AV:C/1
2   CZ3926  DS# JA CQ DQ IQ OC WA SQ YA PA BQ   TNACSX 1655   1855   320 0^D  E
>               MQ HQ KA UQ AQ LQ QA EQ VQ ZQ TQ NQ RQ G5 XC   -- T2  2:00
3   MU2429  DS# UQ F3 PS J5 CQ DQ QQ IQ WQ YA   TNAXIY 0705   0850   320 0^   E
>               BA MS ES HS KS LS NS RS SQ VQ TQ GQ ZQ         -- T3  1:45
    MU2265  DS# UQ FA PQ JQ CQ DQ QQ IQ WQ YA      CSX 1605   1750   325 0^   E
>               BA MQ EQ HQ KQ LQ NQ RQ SQ VQ TQ GQ ZQ         T3 T2 10:45
4   MU2429  DS# UQ F3 PS J5 CQ DQ QQ IQ WQ YA   TNAXIY 0705   0850   320 0^   E
>               BA MS ES HS KS LS NS RS SQ VQ TQ GQ ZQ         -- T3  1:45
    MU2383  DS# UQ F4 PQ JQ CQ DQ QQ IQ WQ YA      CSX 1725   1920   320 0^   E
>               BA MQ EQ HQ KQ LQ NQ RQ SQ VQ TQ GQ ZQ         T3 T2 12:15
5+  MU5534  DS# UQ F6 P4 J2 CQ DQ QQ IQ WQ YA   TNAPVG 0730   0915   320 0^   E
>               BA MA EA HA KA LA NA RA SQ VQ TQ GQ ZQ         -- T1  1:45
    MU5271  DS# UQ F4 P1 J4 CQ DQ QQ IQ WQ YA   SHACSX 1405   1555   320 0^   E
>               BA MS ES HS KS LS NS RS SQ VQ TQ GQ ZQ         T2 T2  8:25
 **  FLIGHT OF DR PLEASE CHECK IN 40 MINUTES BEFORE DEPARTURE AT TNA
```

【步骤三】建立第一航段航班。

```
►SD2Y12
0.12MINHANGAIHAOZHE NM0
1. CZ3926 Y   SA11MAY   TNACSX NN12   1655 1855        320 D    R E --T2
2. TAO/T TAO/T 0532-83835555/QINGDAO PENGFEI AIRLINES SERVICE LTD.,CO/LI TAO
   ABCDEFG
3. TAO220
```

【步骤四】查询第二航段航班。

```
►AVH/CSXCZX/12MAY
12MAY(SUN) CSXCZX
1-  CZ6408  DS# JA CQ DQ IQ OC WA SQ YA PA BQ   CSXCZX 1320   1450   320 0^C   E
>               MQ HQ KA UQ AQ LQ Q1 EQ VQ ZQ TQ NQ RQ G5 XC   T2 --  1:30
2   MU5368  DS# UQ F4 P1 J4 CQ DQ QQ IQ WQ YA   CSXPVG 0750   0955   319 0^    E
>               BA MA EA HA KA LA NA RA SQ VQ TQ GQ ZQ         T2 T1  2:05
    MU6051  DS# X5                              SHACZX 1407   1512   TRN 0     E
>                                                               T2 --  7:22
```

```
3    MU5368   DS# UQ F4 P1 J4 CQ DQ QQ IQ WQ YA   CSXPVG 0750    0955    319 0^   E
>                BA MA EA HA KA LA NA RA SQ VQ TQ GQ ZQ               T2 T1   2:05
     MU6023   DS# X5                           SHACZX 1718    1830    TRN 0    E
>                                                                 T2 -- 10:40
4    CZ332    DS# JA CQ DQ IQ OC YA PQ BQ MQ HQ   CSXCAN 0815    0940    33H 0^   E
>                KQ UQ AQ LQ QQ EQ VQ ZQ TQ NQ RQ G2 XC              T2 T2   1:25
     CZ3637   DS# J6 CQ DQ IQ OC WA SQ YA PA BQ      CZX 1355    1735    E90 1^C  E
>                MQ HQ KA UQ AQ LQ Q5 EQ VQ ZQ TQ NQ RQ G1 XC        T2 --   9:20
5+   CZ3387   DS# J4 CQ DQ IQ OC WA SQ YA PA BQ   CSXCAN 0910    1035    32G 0^   E
>                MQ HQ KA UQ AQ LQ QA EQ VQ ZQ TQ NQ RQ G5 XC        T2 T2   1:25
     CZ3637   DS# J6 CQ DQ IQ OC WA SQ YA PA BQ      CZX 1355    1735    E90 1^C  E
>                MQ HQ KA UQ AQ LQ Q5 EQ VQ ZQ TQ NQ RQ G1 XC        T2 --   8:25
 **  FLIGHT OF DR PLEASE CHECK IN 40 MINUTES BEFORE DEPARTURE AT CSX
 **  MF please check in 45 minutes before departure at CAN T2
```

【步骤五】建立第二航段航班。

```
►SD1Y12
 0.12MINHANGAIHAOZHE NM0
 1. CZ3926 Y   SA11MAY   TNACSX NN12   1655 1855          320 D     R E --T2
 2. CZ6408 Y   SU12MAY   CSXCZX NN12   1320 1450          320 C     R E T2--
 3. TAO/T TAO/T 0532-83835555/QINGDAO PENGFEI AIRLINES SERVICE LTD.,CO/LI TAO
    ABCDEFG
 4. TAO220
```

【说明】

团队票须订完 PNR 编码后，把 PNR 编码告知航空公司工作人员，把客票状态变更为 KK 状态后方可出票，出票步骤同普通旅客，这里不再重复阐述。

练习操作

1．请为团体名为 MINHANGAIHAOZHE 的 10 名旅客预订 6 月 18 日青岛到上海的航班，并出票。身份证号码自拟，电话号码自拟。

2．请为团体名为 MINHANGAIHAOZHE 的 10 名旅客预订 6 月 22 日济南到成都、6 月 28 日成都到济南的航班，并出票。身份证号码自拟，电话号码自拟。

3．请为团体名为 MINHANGAIHAOZHE 的 10 名旅客预订 7 月 1 日北京到南昌、7 月 5 日南昌到广州的航班，并出票。身份证号码自拟，电话号码自拟。

4．请为团体名为 MINHANGAIHAOZHE 的 10 名旅客预订 8 月 6 日天津到武汉、8 月 11 日长沙到三亚的航班，并出票。身份证号码自拟，电话号码自拟。

5．请为团体名为 MINHANGAIHAOZHE 的 10 名旅客预订 9 月 6 日石家庄到厦门、9 月 12 日厦门到昆明、9 月 16 日昆明到石家庄的航班，并出票。身份证号码自拟，电话号码自拟。

6．请为团体名为 MINHANGAIHAOZHE 的 10 名旅客预订 10 月 1 日青岛到郑州、10 月 4 日郑州到重庆、10 月 12 日重庆到青岛的航班，并出票。身份证号码自拟，电话号码自拟。

任务 6　重要旅客客票的预订

知识目标

1．掌握重要旅客客票的基本概念。

2．掌握重要旅客客票预订的注意事项。

能力目标

能够完成重要旅客客票预订的基本操作。

基础知识

1. 重要旅客的基本概念

重要客人按照现行的服务标准分为两大类：一类是 VIP（Very Important Person）；一类是 CIP（Commercially Important Person）。一般来说，航空公司和机场本身的 VIP 原则上只有党和国家领导人、省部级高官、两院院士、政府机构相关重要人士等，也就是通常说的“要客”，其他的“贵宾”统统都是 CIP。

早在 1994 年，当时的中国民用航空总局就实施了修订后的《关于重要旅客乘坐民航班机运输服务工作的规定》。规定显示，要客乘坐航班，可享受到一系列高于普通旅客的优质服务。

其中包含为要客提供订票优先、行李交付优先等优质服务。在过去几十年时间里，这一规定成为各航空公司、机场为要客服务的重要准则。而如今，要客服务依然存在，这就是公众熟知的 VIP 服务。

航空公司、机场为相应的金卡、银卡和头等舱旅客等重要客人提供一些高于普通旅客的优质服务，对这类客人的服务就是 CIP 服务。

不论是 VIP 还是 CIP，航空公司和机场都给予高度的重视，从订票、值机、安检、行李托运或是航班的退改签服务中，重要客人都比普通旅客享受到更热情、更周到、更贴心、更便捷的服务，这样的服务一直以来也是中国民航服务引领其他服务所体现出的高端、引以自豪的所在。民航的重要客人服务是民航服务的重要组成部分，是航空公司和机场高度重视的服务内容。重要客人的满意度和忠诚度不仅关系民航行业形象，更是航空公司和机场可持续发展的支持和保障。因此，做好重要旅客的服务，不仅是提升民航服务品质的需要，更是航空公司、机场经营发展的动力。

2. 重要旅客客票预订的注意事项

（1）重要旅客姓名后应加上 VIP 标识。

示例：NM:李磊 VIP

（2）需要输入 OSI 项。

示例：OSI:CA VIP/P1

（3）销售代理人没有销售重要旅客客票的权限，仅限于航空公司售票处。

任务导入

请为旅客李磊（中国科学院院士）预订 5 月 18 日北京到西安、5 月 20 日西安到兰州、5 月 22 日兰州到乌鲁木齐的航班，身份证号码和电话号码自拟。

任务实施

【步骤一】查询第一航段航班。

```
►AVH/PEKSIA/18MAY
 18MAY(SAT) BJSSIA
1-  CZ3173   DS# JA CQ DQ IQ OC WA SQ YA PA BQ   PEKXIY 0655   0900   33G 0^C  E
>                MQ HQ KA UQ AQ LQ QA EQ VQ ZQ TQ NQ RQ GA XC        T2 T3   2:05
2   HU7137   DS# C8 DQ ZQ IQ RQ JQ YA BQ HQ KQ   PEKXIY 0705   0910   738 0^   E
>                LQ MQ XQ VQ NQ QQ PQ AQ UQ TQ SQ OQ                 T1 T2   2:05
               ** BBZ BCZ BEQ BLZ BNZ BOQ BZZ HBZ HCZ HEQ HLZ HNZ AV:C/2
3   *NZ3995  DS! C0 D0 Z0 J0 Y0 B0 M0 H0 Q0 V0   PEKXIY 0735   0945   738 0 B  E
>   CA1231       W0 T0 L0 S0 G0 K0                                   T3 T2   2:10
4   CA1231   DS# JC CC DC ZC RC YA BS MS US HS   PEKXIY 0735   0945   73U 0^   E
>                QS VS WS SS T5 LS N3 KS                             T3 T2   2:10
               ** M1S U1S H1S Q1S V1S S1S
5   MU2102   DS# UQ FA P2 J4 CQ DQ QQ IQ WQ YA   PEKXIY 0740   1000   321 0^   E
>                B1 M1 ES HS KS LS NS RS SQ VQ TQ GQ ZA              T2 T3   2:20
6   MU2104   DS# UQ F8 P2 J4 CQ DQ QQ IQ WQ YA   PEKXIY 0840   1055   325 0^   E
>                BA MA EA HA KA LA N8 R7 SQ VQ TQ GQ ZA              T2 T3   2:15
7   *NZ3999  DS! C0 D0 Z0 J0 Y0 B0 M0 H0 Q0 V0   PEKXIY 0900   1105   738 0 B  E
>   CA1289       W0 T0 L0 S0 G0 K0                                   T3 T2   2:05
8+  CA1289   DS# JC CC DC ZC RC YA BS MS US HS   PEKXIY 0900   1105   73N 0^   E
>                QS VS WS SS T5 LS N3 KS                             T3 T2   2:05
               ** M1S U1S H1S Q1S V1S S1S
 **  SC FLIGHT PLEASE CHECK IN 45 MINUTES BEFORE DEPARTURE AT PEK T3
 **  HU FLIGHT PLEASE CHECK IN 45 MINUTES BEFORE DEPARTURE AT PEK
```

【步骤二】建立第一航段。

```
►SD5Y1
 1. MU2102 Y   SA18MAY   PEKXIY DK1   0740 1000          321   0   R E T2T3
 2. TAO/T TAO/T 0532-83835555/QINGDAO PENGFEI AIRLINES SERVICE LTD.,CO/LI TAO
    ABCDEFG
 3. TAO220
```

【步骤三】查询第二航段航班。

```
►AVH/SIALHW/20MAY
 20MAY(MON) SIALHW
1-  MU2326  DS# UQ F8 P4 JC CQ DQ QQ IQ WQ YA  XIYLHW 1730  1855  320 0^  E
>               BA MA EA HS KS LS NS RS SQ VQ TQ GQ ZQ          T3 T2  1:25
2   MU2943  DS# UC FA PQ JC CQ DQ QQ IQ WC YA  XIYPEK 0605  0755  320 0^  E
>               BA MQ EQ HQ KQ LQ NQ RQ SQ VQ TQ GQ ZQ          T3 T2  1:50
    MU2412  DS# UQ F8 PS JC CQ DQ QQ IQ WQ YA     LHW 1115  1350  320 0^  E
>               BA MS ES HS KS LS NS RS SQ VQ TQ GQ ZQ          T2 T2  7:45
3   MU2125  DS# UQ F4 P1 J4 CQ DQ QQ IQ WQ YA  XIYWUH 0640  0815  319 0^  E
>               BA MA EA HS KA LA NA RA SQ VQ TQ GQ ZQ          T3 T3  1:35
    MU2474  DS# UC FA PQ JC CQ DQ QQ IQ WC YA     LHW 1820  2025  73E 0^  E
>               BA MA EA HA KA LA NA RA SQ VQ TQ GQ ZQ          T3 T2 13:45
4+  CA1206  DS# JC CC DC ZC RC YA BS MS US HS     XIYPEK 0830 1025  32A 0^  E
>               QS VS WS SS T5 LS N3 KS                          T2 T3  1:55
              ** M1S U1S H1S Q1S V1S S1S
    CA1271  DS# JC CC DC ZC RC YA BS MS US HS     LHW 1210  1445  738 0^  E
>               QS VS WS SS T5 LS N3 KS                          T3 T2  6:15
              ** M1S H1S S1S
 **  10   B AIRPORT CHARGE FOR LATERAL FLIGHT
 **  JD5100-JD5800 PLEASE CHECK IN 40 MINUTES BEFORE DEPARTURE AT SIA
 **  HKG-HX-PEK-*HX-LHW and v.v., NO STOPOVER AT PEK IS PERMITTED
```

【步骤四】建立第二航段。

```
►SD1Y1
 1. MU2102 Y   SA18MAY   PEKXIY DK1   0740 1000          321   0   R E T2T3
 2. MU2326 Y   MO20MAY   XIYLHW DK1   1730 1855          320   0   R E T3T2
 3. TAO/T TAO/T 0532-83835555/QINGDAO PENGFEI AIRLINES SERVICE LTD.,CO/LI TAO
    ABCDEFG
 4. TAO220
```

【步骤五】查询第三航段航班。

```
►AVH/LHWURC/22MAY
22MAY(WED) LHWURC
```

```
1-   CZ6929   DS# J4 CQ DQ IQ OC WA SQ YA PA BQ   LHWURC 1145    1430    32G 0^L   E
>                  MQ HQ KA UQ AQ LQ QA EQ VQ ZQ TQ NQ RQ G5 XC          T2 T3   2:45
2    CZ6491   DS# J8 CQ DQ IQ OC WA SQ YA PA BQ   LHWURC 1300    1545    319 0^L   E
>                  MQ HQ KA UQ AQ LQ QA EQ VQ ZQ TQ NQ RQ GS XC          T2 T3   2:45
3    3U8062   DS# C8 IS JS AS YA BA TA HA GA SA   LHWURC 1815    2100    320 0^D   E
>                  LA EA VA RA KA N5 XS U3 WS QS MS ZS                   T2 T2   2:45
                 ** W1S
4    MU2997   DS# UC FA PQ JC CQ DQ QQ IQ WC YA   LHWURC 2155    0045+1 320 0^    E
>                  BA MQ EQ HQ KQ LQ NQ RQ SQ VQ TQ GQ ZQ                T2 T2   2:50
5    FM9221   DS# UQ FA P4 JC CQ DQ QQ IQ WQ YA   LHWURC 2200    0050+1 738 0^    E
>                  BA MS ES HS KS LS NS RS SQ VQ TQ GQ ZQ                T2 T2   2:50
6+   MU2325   DS# UQ F8 PQ JQ CQ DQ QQ IQ WQ YA   LHWXIY 0730    0835    320 0^    E
>                  BQ MQ EQ HQ KQ LQ NQ RQ SQ VQ TQ GQ ZQ                T2 T3   1:05
     MU2461   DS# UC FA PQ JC CQ DQ QQ IQ WC YA      URC 1045    1420    73E 0^    E
>                  BA MA EQ HQ KQ LQ NQ RQ SQ VQ TQ GQ ZQ                T3 T2   6:50
 **  8L9815-8L9816 PLEASE CHECK IN 40 MINUTES BEFORE DEPARTURE AT LHW
 **  FLIGHT OF DR PLEASE CHECK IN 40 MINUTES BEFORE DEPARTURE AT LHW
 **  MORE INFO PLEASE SEE                         H3DP:C/LHWURC/O/LHW/D/URC/V/XIY
```

【步骤六】建立第三航段。

```
►SD4Y1
 1. MU2102 Y   SA18MAY   PEKXIY DK1    0740 1000          321    0   R E T2T3
 2. MU2326 Y   MO20MAY   XIYLHW DK1    1730 1855          320    0   R E T3T2
 3. MU2997 Y   WE22MAY   LHWURC DK1    2155 0045+1        320    0   R E T2T2
 4. TAO/T TAO/T 0532-83835555/QINGDAO PENGFEI AIRLINES SERVICE LTD.,CO/LI TAO
    ABCDEFG
 5. TAO220
```

【步骤七】输入旅客姓名。

```
►NM1 李磊 VIP
 1. 李磊 VIP
 2. MU2102 Y   SA18MAY   PEKXIY DK1    0740 1000          321    0   R E T2T3
 3. MU2326 Y   MO20MAY   XIYLHW DK1    1730 1855          320    0   R E T3T2
 4. MU2997 Y   WE22MAY   LHWURC DK1    2155 0045+1        320    0   R E T2T2
 5. TAO/T TAO/T 0532-83835555/QINGDAO PENGFEI AIRLINES SERVICE LTD.,CO/LI TAO
    ABCDEFG
 6. TAO220
```

【步骤八】输入旅客联系方式。

```
►OSI MU CTCT19953225699
 1. 李磊 VIP
 2. MU2102 Y   SA18MAY   PEKXIY DK1    0740 1000          321    0   R E T2T3
```

```
 3. MU2326 Y    MO20MAY   XIYLHW DK1    1730 1855          320    0   R E T3T2
 4. MU2997 Y    WE22MAY   LHWURC DK1    2155 0045+1        320    0   R E T2T2
 5. TAO/T TAO/T 0532-83835555/QINGDAO PENGFEI AIRLINES SERVICE LTD.,CO/LI TAO
    ABCDEFG
 6. OSI MU CTCT19953225699
 7. TAO220
►OSI MU CTCM19953225699/P1
 1. 李磊 VIP
 2. MU2102 Y    SA18MAY   PEKXIY DK1    0740 1000          321    0   R E T2T3
 3. MU2326 Y    MO20MAY   XIYLHW DK1    1730 1855          320    0   R E T3T2
 4. MU2997 Y    WE22MAY   LHWURC DK1    2155 0045+1        320    0   R E T2T2
 5. TAO/T TAO/T 0532-83835555/QINGDAO PENGFEI AIRLINES SERVICE LTD.,CO/LI TAO
    ABCDEFG
 6. OSI MU CTCT19953225699
 7. OSI MU CTCM19953225699/P1
 8. TAO220
```

【步骤九】输入出票时限。

```
►TKTL/1800/./TAO220
 1. 李磊 VIP
 2. MU2102 Y    SA18MAY   PEKXIY DK1    0740 1000          321    0   R E T2T3
 3. MU2326 Y    MO20MAY   XIYLHW DK1    1730 1855          320    0   R E T3T2
 4. MU2997 Y    WE22MAY   LHWURC DK1    2155 0045+1        320    0   R E T2T2
 5. TAO/T TAO/T 0532-83835555/QINGDAO PENGFEI AIRLINES SERVICE LTD.,CO/LI TAO
    ABCDEFG
 6. TL/1800/21JAN/TAO220
 7. OSI MU CTCT19953225699
 8. OSI MU CTCM19953225699/P1
 9. TAO220
```

【步骤十】输入旅客的证件号码。

```
►SSR FOID MU HK/NI393325196509074518
 1. 李磊 VIP
 2. MU2102 Y    SA18MAY   PEKXIY DK1    0740 1000          321    0   R E T2T3
 3. MU2326 Y    MO20MAY   XIYLHW DK1    1730 1855          320    0   R E T3T2
 4. MU2997 Y    WE22MAY   LHWURC DK1    2155 0045+1        320    0   R E T2T2
 5. TAO/T TAO/T 0532-83835555/QINGDAO PENGFEI AIRLINES SERVICE LTD.,CO/LI TAO
    ABCDEFG
 6. TL/1800/21JAN/TAO220
 7. SSR FOID MU HK1 NI393325196509074518/P1
 8. OSI MU CTCT19953225699
 9. OSI MU CTCM19953225699/P1
10. TAO220
```

【步骤十一】封口。

```
►@
HEQ97N -EOT SUCCESSFUL, BUT ASR UNUSED FOR 1 OR MORE SEGMENTS
MU2102  Y SA18MAY  PEKXIY DK1   0740 1000
MU2326  Y MO20MAY  XIYLHW DK1   1730 1855
MU2997  Y WE22MAY  LHWURC DK1   2155 0045+1
航空公司使用自动出票时限，请检查 PNR
*** 预订酒店指令 HC，详情  HC:HELP  ***
```

【步骤十二】提取 PNR。

```
►RT HEQ97N
 1. 李磊 VIP  HEQ97N
 2. MU2102 Y  SA18MAY  PEKXIY HK1  0740 1000        E T2T3
 3. MU2326 Y  MO20MAY  XIYLHW HK1  1730 1855        E T3T2
 4. MU2997 Y  WE22MAY  LHWURC HK1  2155 0045+1      E T2T2
 5. TAO/T TAO/T 0532-83835555/QINGDAO PENGFEI AIRLINES SERVICE LTD.,CO/LI TAO
    ABCDEFG
 6. TL/1800/21JAN/TAO220
 7. SSR FOID MU HK1 NI393325196509074518/P1
 8. OSI MU CTCT19953225699
 9. OSI MU CTCM19953225699/P1
10. RMK CA/MK4B4P
11. TAO220
```

【步骤十三】输入重要旅客信息。

```
►OSI:MU 中国科学院院士/P1
 1. 李磊 VIP  HEQ97N
 2. MU2102 Y  SA18MAY  PEKXIY HK1  0740 1000        E T2T3
 3. MU2326 Y  MO20MAY  XIYLHW HK1  1730 1855        E T3T2
 4. MU2997 Y  WE22MAY  LHWURC HK1  2155 0045+1      E T2T2
 5. TAO/T TAO/T 0532-83835555/QINGDAO PENGFEI AIRLINES SERVICE LTD.,CO/LI TAO
    ABCDEFG
 6. TL/1800/21JAN/TAO220
 7. SSR FOID MU HK1 NI393325196509074518/P1
 8. OSI MU CTCT19953225699
 9. OSI MU CTCM19953225699/P1
10. OSI MU VIP 中国科学院院士/p1
11. RMK CA/MK4B4P
12. TAO220
```

【步骤十四】调取运价并输入。

```
►PAT:A
>PAT:A
01 MT/Y+MT/Y+MT/Y FARE:CNY4560.00 TAX:CNY150.00 YQ:TEXEMPTYQ   TOTAL:4710．00
SFC:01    SFN:01/01    SFN:01/02    SFN:01/03
02 Y+Y+Y FARE:CNY5030.00 TAX:CNY150.00 YQ:TEXEMPTYQ   TOTAL:5180.00
SFC:02    SFN:02/01    SFN:02/02    SFN:02/03
SFC:01
 1．李磊 VIP HEQ97N
 2．MU2102 Y    SA18MAY   PEKXIY HK1    0740 1000              E T2T3
 3．MU2326 Y    MO20MAY   XIYLHW HK1    1730 1855              E T3T2
 4．MU2997 Y    WE22MAY   LHWURC HK1    2155 0045+1            E T2T2
 5．TAO/T TAO/T 0532-83835555/QINGDAO PENGFEI AIRLINES SERVICE LTD.,CO/LI TAO
    ABCDEFG
 6．TL/1800/21JAN/TAO220
 7．FC/A/PEK MU XIY 2120.00MT/Y MU LHW 950.00MT/Y MU URC 1490.00MT/Y
    CNY4560.00END
 8．SSR FOID MU HK1 NI393325196509074518/P1
 9．OSI MU CTCT19953225699
10．OSI MU CTCM19953225699/P1
11．OSI MU VIP 中国科学院院士/p1
12．RMK CMS/A/**
13．RMK OT/A/0/84260/2-1MU4126P1SIA.1MU4126P1LHW.1MU4126P1URC
14．RMK CA/MK4B4P
15．RMK AUTOMATIC FARE QUOTE
16．FN/A/FCNY4560.00/SCNY4560.00/C0.00/XCNY150.00/TCNY150.00CN/TEXEMPTYQ/
   ACNY4710．00
17．EI/Q/NONEND RMMT DISCT
18．FP/CASH,CNY                                                          +
```

【步骤十五】删除出票时限。

```
►XE6
 1．李磊 VIP HEQ97N
 2．MU2102 Y    SA18MAY   PEKXIY HK1    0740 1000              E T2T3
 3．MU2326 Y    MO20MAY   XIYLHW HK1    1730 1855              E T3T2
 4．MU2997 Y    WE22MAY   LHWURC HK1    2155 0045+1            E T2T2
 5．TAO/T TAO/T 0532-83835555/QINGDAO PENGFEI AIRLINES SERVICE LTD.,CO/LI TAO
    ABCDEFG
 6．FC/A/PEK MU XIY 2120.00MT/Y MU LHW 950.00MT/Y MU URC 1490.00MT/Y
    CNY4560.00END
 7．SSR FOID MU HK1 NI393325196509074518/P1
 8．OSI MU CTCT19953225699
 9．OSI MU CTCM19953225699/P1
10．OSI MU VIP 中国科学院院士/p1
```

```
11．RMK CMS/A/**
12．RMK OT/A/0/84260/2-1MU4126P1SIA.1MU4126P1LHW.1MU4126P1URC
13．RMK CA/MK4B4P
14．RMK AUTOMATIC FARE QUOTE
15．FN/A/FCNY4560.00/SCNY4560.00/C0.00/XCNY150.00/TCNY150.00CN/TEXEMPTYQ/
    ACNY4710．00
16．EI/Q/NONEND RMMT DISCT
17．FP/CASH,CNY
```

【步骤十六】变更第一航段客票状态为 RR 状态。

```
►2RR
 1．李磊  HEQ97N
 2．MU2102 Y    SA18MAY   PEKXIY RR1     0740 1000           E T2T3
 3．MU2326 Y    MO20MAY   XIYLHW HK1     1730 1855           E T3T2
 4．MU2997 Y    WE22MAY   LHWURC HK1     2155 0045+1         E T2T2
 5．TAO/T TAO/T 0532-83835555/QINGDAO PENGFEI AIRLINES SERVICE LTD.,CO/LI TAO
    ABCDEFG
 6．FC/A/PEK MU XIY 2120.00MT/Y MU LHW 950.00MT/Y MU URC 1490.00MT/Y
    CNY4560.00END
 7．SSR FOID MU HK1 NI393325196509074518/P1
 8．OSI MU CTCT19953225699
 9．OSI MU CTCM19953225699/P1
10．OSI MU VIP  中国科学院院士/p1
 CMS/A/**                                                         +
```

【步骤十七】变更第二航段客票状态为 RR 状态。

```
►3RR
 1．李磊  HEQ97N
 2．MU2102 Y    SA18MAY   PEKXIY RR1     0740 1000           E T2T3
 3．MU2326 Y    MO20MAY   XIYLHW RR1     1730 1855           E T3T2
 4．MU2997 Y    WE22MAY   LHWURC HK1     2155 0045+1         E T2T2
 5．TAO/T TAO/T 0532-83835555/QINGDAO PENGFEI AIRLINES SERVICE LTD.,CO/LI TAO
    ABCDEFG
 6．FC/A/PEK MU XIY 2120.00MT/Y MU LHW 950.00MT/Y MU URC 1490.00MT/Y
    CNY4560.00END
 7．SSR FOID MU HK1 NI393325196509074518/P1
 8．OSI MU CTCT19953225699
 9．OSI MU CTCM19953225699/P1
10．OSI MU VIP  中国科学院院士/p1
 CMS/A/**                                                         +
```

【步骤十八】变更第三航段客票状态为 RR 状态。

```
►4RR
```

```
 1. 李磊 HEQ97N
 2. MU2102 Y    SA18MAY   PEKXIY RR1      0740 1000           E T2T3
 3. MU2326 Y    MO20MAY   XIYLHW RR1     1730 1855           E T3T2
 4. MU2997 Y    WE22MAY   LHWURC RR1     2155 0045+1         E T2T2
 5. TAO/T TAO/T 0532-83835555/QINGDAO PENGFEI AIRLINES SERVICE LTD.,CO/LI TAO
    ABCDEFG
 6. FC/A/PEK MU XIY 2120.00MT/Y MU LHW 950.00MT/Y MU URC 1490.00MT/Y
    CNY4560.00END
 7. SSR FOID MU HK1 NI393325196509074518/P1
 8. OSI MU CTCT19953225699
 9. OSI MU CTCM19953225699/P1
10. OSI MU VIP 中国科学院院士/p1
11. RMK CMS/A/**
12. RMK OT/A/0/84260/2-1MU4126P1SIA.1MU4126P1LHW.1MU4126P1URC
13. RMK CA/MK4B4P
14. RMK AUTOMATIC FARE QUOTE
15. FN/A/FCNY4560.00/SCNY4560.00/C0.00/XCNY150.00/TCNY150.00CN/TEXEMPTYQ/
    ACNY4710．00
16. EI/Q/NONEND RMMT DISCT
17. FP/CASH,CNY
18. TAO220
```

【步骤十九】出票。

```
►ETDZ:3
CNY4710.00   HEQ97N
ET PROCESSING... PLEASE WAIT!
ELECTRONIC TICKET ISSUED
```

练习操作

1．请为旅客李磊（某省省长）预订 5 月 1 日北京到青岛的航班，身份证号码和电话号码自拟。

2．请为旅客李磊（某省省长）预订 6 月 5 日南京到西安、6 月 7 日西安到南京的航班，身份证号码和电话号码自拟。

3．请为旅客李磊（某省省长）预订 7 月 12 日济南到重庆、7 月 14 日重庆到兰州的航班，身份证号码和电话号码自拟。

4．请为旅客李磊（某省省长）预订 8 月 1 日天津到武汉、8 月 5 日长沙到兰州的航班，身份证号码和电话号码自拟。

5．请为旅客李磊（某省省长）预订 8 月 12 日上海到重庆、8 月 15 日重庆到西宁、8 月 22 日西宁到上海的航班，身份证号码和电话号码自拟。

6．请为旅客李磊（某省省长）预订 8 月 28 日南京到广州、9 月 1 日广州到昆明、9

月 3 日昆明到乌鲁木齐的航班，身份证号码和电话号码自拟。

任务 7　特殊服务客票的预订

知识目标

1．了解特殊服务的种类和代码。

2．掌握特殊服务客票预订的注意事项。

能力目标

能够为旅客进行特殊服务申请操作。

基础知识

1. 病残旅客

由于身体或精神方面的缺陷或病态，在航空旅行中，不能自行照料自己的旅途生活，需由他人帮助照料的旅客为病残旅客。病残旅客一般可以分为以下几种。

（1）身体患病旅客。

（2）盲人旅客。盲人旅客是指双目失明的旅客，不是指眼睛有疾病的旅客；对眼睛有疾病的旅客，应按伤病旅客办理。

（3）患有精神病的旅客。

（4）担架旅客。

（5）肢体伤残旅客。有先天性疾病，如先天性跛足等，不归入病残旅客的范围。

（6）轮椅旅客。轮椅旅客分为三种不同的情况，并用下列代号表示。

① WCHR 指旅客能够自行上、下飞机，并且在机舱内可以自己走到自己的座位上去。

② WCHS 指旅客不能够自行上、下飞机，但在机舱内可以自己走到自己的座位上去。

③ WCHC 指旅客完全不能自己行动，需要别人扶着或抬着才能进到机舱内的座位上去。

2. 无成人陪伴儿童

年龄在 5 周岁以上，12 周岁以下的儿童无成人陪伴乘机，必须申请无成人陪伴儿童服务；如果儿童年满 12 周岁但未满 18 周岁，可自愿申请无成人陪伴儿童服务。

指令格式>SSR UMNR YY NN1/城市对 航班号 舱位 航班起飞日期/文本/P#/S#

【格式说明】

UMNR：无人陪伴儿童申请。

YY：输入 YY，系统会根据 PNR 中航段自动套用代码。

NN1：申请代码与数量，固定格式。

城市对 航班号 舱位 航班起飞日期：可以省略。

文本：自由文本，字母输入。

P#：婴儿所跟成人序号。

S#：航段序号。

3. 特殊餐食

若旅客对餐食有特殊要求（要查询有关文件看该航空公司能否提供此类特殊餐食），为确保特殊餐食能及时装机，一般应在订票时或订票后航班离站前 24 小时提前预订特殊餐食。

航空公司一般能够提供的特殊餐食包括清真餐、素食餐、低糖餐、儿童餐、婴儿餐、水果餐、低胆固醇餐、低脂餐、新鲜蔬菜餐、海鲜餐、溃疡餐、高纤维餐、低蛋白质餐、低盐餐等。（特殊餐食代码请查看附录 E）

特殊餐食预订的注意事项如下。

（1）特殊餐食信息输入。

指令格式>SSR:餐食代码/公司两字代码/申请状态/城市对/航班号/舱位日期/ Pn

特殊情况：外航可以保障，航信不能提供的餐食，比如 VOML、VVML 等，如果用上述指令输入不成功，可以使用以下指令申请：

指令格式>SSR:SPML/公司两字代码/NN*(*为旅客预订数)/城市对/航班号/舱位日期/餐食代码/Pn

（2）航班起飞前 24 小时申请的特殊餐食，必须以“NN”的状态进行申请，以便经过特殊餐食处理系统的自动监控证实。具体操作指令如下。

示例：SSR/MOML/HU/NN2/HZGXIY/7524/Y15SEP/P1/P2

（3）航班起飞前 24 小时以内的订餐（特殊情况下），必须在通过电话或传真与配餐单位、地服部门确认可提供配餐保障的情况下，才可使用“KK”状态进行申请，否则禁止使用“HK”或“KK”进行人工预订申请。具体操作指令如下。

示例：SSR/MOML/HU/KK1/HAKPEK/7181/Y06MAY/P1

注意

24 小时内的特殊餐食申请原则上不予以保障。

任务导入

请为旅客李磊预订 5 月 23 日武汉到昆明、5 月 30 日昆明到南京的航班，并为其申请轮椅（WCHC）和无盐餐食（NOSALT）。身份证号码为 180100199910210010，电话号码为 19088004518。

任务实施

【步骤一】查询第一航段航班。

```
►AVH/WUHKMG/23MAY
 23MAY(THU) WUHKMG
1-  MU2497  DS# UC FA PQ JC CQ DQ QQ IQ WC YA  WUHKMG 0755  1010   73E 0^  E
>               BA MA EA HA KA LA NA RA SQ VQ TQ GQ ZQ            T3 --  2:15
2   CZ6425  DS# J8 CQ DQ IQ OC WA SQ YA PA BQ  WUHKMG 1040  1250   320 0^L E
>               MQ HQ KA UQ AQ LQ QA EQ VQ ZQ TQ NQ RQ G1 XC      T3 --  2:10
3   MU2485  DS# UC FA PQ JC CQ DQ QQ IQ WC YA  WUHKMG 1200  1425   73E 0^ E
>               BA MA EA HA KA LA NA RA SQ VQ TQ GQ ZQ            T3 --  2:25
4   MU5876  DS# UQ F4 P1 J4 CQ DQ QQ IQ WQ YA  WUHKMG 1225  1435   73E 0^  E
>               BA MA EA HA KA LA NA RA SQ VQ TQ GQ ZQ            T3 --  2:10
5   CZ3469  DS# J4 CQ DQ IQ OC WA SQ YA PA BQ  WUHKMG 1355  1615   73N 0^C E
>               MQ HQ KA UQ AQ LQ QA EQ VQ ZQ TQ NQ RQ G1 XC      T3 --  2:20
6   MU5479  DS# UQ FA P4 JC CQ DQ QQ IQ WQ YA  WUHKMG 1655  1910   320 0^  E
>               BA MA EA HA KA LA NA RA SQ VQ TQ GQ ZQ            T3 --  2:15
7   CZ6977  DS# J4 CQ DQ IQ OC WA SQ YA PA BQ  WUHKMG 1820  2035   73D 0^D E
>               MQ HQ KA UQ AQ LQ QA EQ VQ ZQ TQ NQ RQ G1 XC      T3 --  2:15
8   MU2493  DS# UC FA PQ JC CQ DQ QQ IQ WC YA  WUHKMG 1955  2215   73E 0^ E
>               BA MA EA HA KA LA NA RA SQ VQ TQ GQ ZQ            T3 --  2:20
9+  CZ3542  DS# J4 CQ DQ IQ OC WA SQ YA PA BQ  WUHKMG 2200  0015+1 73M 0^C E
>               MQ HQ KA UQ AQ LQ QA EQ VQ ZQ TQ NQ RQ GS XC      T3 --  2:15
```

【步骤二】建立第一航段。

```
►SD1Y1
 1. MU2497 Y   TH23MAY  WUHKMG DK1   0755 1010        73E  0  R E T3--
 2. TAO/T TAO/T 0532-83835555/QINGDAO PENGFEI AIRLINES SERVICE LTD.,CO/LI TAO
    ABCDEFG
 3. TAO220
```

【步骤三】查询第二航段航班。

```
►AVH/KMGNKG/30MAY
 30MAY(THU) KMGNKG
1-  MU2706  DS# UC FA PQ JC CQ DQ QQ IQ WC YA  KMGNKG 0800  1100   320 0^   E
>               BA MQ EQ HQ KQ LQ NQ RQ SQ VQ TQ GQ ZQ            -- T2  3:00
2   MU215   DS# UQ FC PC JA CS DS QS IS WC YA  KMGNKG 0840  1120   33H 0^   E
>               BS MS ES HS KS LS NS RS SS VS TS GS ZS            -- T2  2:40
3   MU2716  DS# UC FA PQ JC CQ DQ QQ IQ WC YA  KMGNKG 1000  1300   320 0^   E
>               BA MQ EQ HQ KQ LQ NQ RQ SQ VQ TQ GQ ZQ            -- T2  3:00
4   3U8117  DS# C8 IS JS AS YA BA TA HA GA SA  KMGNKG 1120  1410   320 0^   E
>               LA EA VA RA KQ NQ XS U5 WS QQ MQ ZS               -- T2  2:50
```

```
                  ** W1S
5    MU2726   DS# UC FA PQ JC CQ DQ QQ IQ WA YA   KMGNKG   1130 1420   32L 0^    E
>                BA MQ EQ HQ KQ LQ NQ RQ SQ VQ TQ GQ ZQ                  -- T2   2:50
6    MU2736   DS# UC FA PQ JC CQ DQ QQ IQ WC YA   KMGNKG 1415   1705    320 0^    E
>                BA MQ EQ HQ KQ LQ NQ RQ SQ VQ TQ GQ ZQ                  -- T2   2:50
7    MU2746   DS# UC FA PQ JC CQ DQ QQ IQ WC YA   KMGNKG 1500    1800   325 0^    E
>                BA MQ EQ HQ KQ LQ NQ RQ SQ VQ TQ GQ ZQ                  -- T2   3:00
8+   MU2756   DS# UC FA PQ JC CQ DQ QQ IQ WC YA   KMGNKG 1800    2055   320 0^    E
>                BA MQ EQ HQ KQ LQ NQ RQ SQ VQ TQ GQ ZQ                  -- T2   2:55
 **   All scheduled MU or FM flights operated by MU or FM are "Eastern Express"
 **   FLIGHT OF DR PLEASE CHECK IN 45 MINUTES BEFORE DEPARTURE AT KMG
```

【步骤四】建立第二航段航班。

```
►SD1Y1
 1. MU2497 Y    TH23MAY   WUHKMG DK1    0755 1010          73E    0   R E T3--
 2. MU2706 Y    TH30MAY   KMGNKG DK1    0800 1100          320    0   R E --T2
 3. TAO/T TAO/T 0532-83835555/QINGDAO PENGFEI AIRLINES SERVICE LTD.,CO/LI TAO
    ABCDEFG
 4. TAO220
```

【步骤五】输入旅客姓名。

```
►NM1 李磊
 1. 李磊
 2. MU2497 Y    TH23MAY   WUHKMG DK1    0755 1010          73E    0   R E T3--
 3. MU2706 Y    TH30MAY   KMGNKG DK1    0800 1100          320    0   R E --T2
 4. TAO/T TAO/T 0532-83835555/QINGDAO PENGFEI AIRLINES SERVICE LTD.,CO/LI TAO
    ABCDEFG
 5. TAO220
```

【步骤六】输入旅客的联系方式。

```
►OSI MU CTCT19088004518
 1. 李磊
 2. MU2497 Y    TH23MAY   WUHKMG DK1    0755 1010          73E    0   R E T3--
 3. MU2706 Y    TH30MAY   KMGNKG DK1    0800 1100          320    0   R E --T2
 4. TAO/T TAO/T 0532-83835555/QINGDAO PENGFEI AIRLINES SERVICE LTD.,CO/LI TAO
    ABCDEFG
 5. OSI MU CTCT19088004518
 6. TAO220
►OSI MU CTCM19088004518/P1
 1. 李磊
 2. MU2497 Y    TH23MAY   WUHKMG DK1    0755 1010          73E    0   R E T3--
 3. MU2706 Y    TH30MAY   KMGNKG DK1    0800 1100          320    0   R E --T2
```

```
4. TAO/T TAO/T 0532-83835555/QINGDAO PENGFEI AIRLINES SERVICE LTD.,CO/LI TAO
   ABCDEFG
5. OSI MU CTCT19088004518
6. OSI MU CTCM19088004518/P1
7. TAO220
```

【步骤七】输入出票时限。

```
►TKTL/1800/./TAO220
1. 李磊
2. MU2497 Y   TH23MAY   WUHKMG DK1   0755 1010        73E   0   R E T3--
3. MU2706 Y   TH30MAY   KMGNKG DK1   0800 1100        320   0   R E --T2
4. TAO/T TAO/T 0532-83835555/QINGDAO PENGFEI AIRLINES SERVICE LTD.,CO/LI TAO
   ABCDEFG
5. TL/1800/21JAN/TAO220
6. OSI MU CTCT19088004518
7. OSI MU CTCM19088004518/P1
8. TAO220
```

【步骤八】输入旅客的证件号码。

```
►SSR FOID MU HK/NI180100199910210010
1. 李磊
2. MU2497 Y   TH23MAY   WUHKMG DK1   0755 1010        73E   0   R E T3--
3. MU2706 Y   TH30MAY   KMGNKG DK1   0800 1100        320   0   R E --T2
4. TAO/T TAO/T 0532-83835555/QINGDAO PENGFEI AIRLINES SERVICE LTD.,CO/LI TAO
   ABCDEFG
5. TL/1800/21JAN/TAO220
6. SSR FOID MU HK1 NI180100199910210010/P1
7. SSR FQTV MU HK1 WUHKMG 2497 Y23MAY MU634012285334/P1
8. SSR FQTV MU HK1 KMGNKG 2706 Y30MAY MU634012285334/P1
9. OSI MU CTCT19088004518
10. OSI MU CTCM19088004518/P1
11. TAO220
```

【步骤九】封口。

```
►@
KSLP5Z -EOT SUCCESSFUL, BUT ASR UNUSED FOR 1 OR MORE SEGMENTS
MU2497   Y TH23MAY   WUHKMG DK1   0755 1010
MU2706   Y TH30MAY   KMGNKG DK1   0800 1100
航空公司使用自动出票时限，请检查 PNR
*** 预订酒店指令 HC，详情   HC:HELP   ***
```

【步骤十】提取 PNR。

```
►RT KSLP5Z
1. 李磊 KSLP5Z
2. MU2497 Y   TH23MAY   WUHKMG HK1    0755 1010          E T3--
3. MU2706 Y   TH30MAY   KMGNKG HK1    0800 1100          E --T2
4. TAO/T TAO/T 0532-83835555/QINGDAO PENGFEI AIRLINES SERVICE LTD.,CO/LI TAO
    ABCDEFG
5. TL/1800/21JAN/TAO220
6. SSR FOID MU HK1 NI180100199910210010/P1
7. SSR FQTV MU HK1 WUHKMG 2497 Y23MAY MU634012285334/P1
8. SSR FQTV MU HK1 KMGNKG 2706 Y30MAY MU634012285334/P1
9. OSI MU CTCT19088004518
10. OSI MU CTCM19088004518/P1
11. RMK CA/PX79F4
12. TAO220
```

【步骤十一】输入特殊服务项。

```
►SSR:SPML MU NN1 NOSALT/P1/S2/S3
1. 李磊 KSLP5Z
2. MU2497 Y   TH23MAY   WUHKMG HK1    0755 1010          E T3--
3. MU2706 Y   TH30MAY   KMGNKG HK1    0800 1100          E --T2
4. TAO/T TAO/T 0532-83835555/QINGDAO PENGFEI AIRLINES SERVICE LTD.,CO/LI TAO
    ABCDEFG
5. TL/1800/21JAN/TAO220
6. SSR FOID MU HK1 NI180100199910210010/P1
7.  SSR SPML MU NN1 WUHKMG 2497 23MAY NOSALT/P1
8.  SSR SPML MU NN1 MKGNKG 2706 30MAY NOSALT/P1
9. SSR FQTV MU HK1 WUHKMG 2497 Y23MAY MU634012285334/P1
10. SSR FQTV MU HK1 KMGNKG 2706 Y30MAY MU634012285334/P1
11. OSI MU CTCT19088004518
12. OSI MU CTCM19088004518/P1
13. RMK CA/PX79F4
14. TAO220
►SSR:WCHC MU NN1/P1/S2/S3
1. 李磊 KSLP5Z
2.   MU2497 Y   TH23MAY   WUHKMG HK1    0755 1010          E T3--
3.   MU2706 Y   TH30MAY   KMGNKG HK1    0800 1100          E --T2
4. TAO/T TAO/T 0532-83835555/QINGDAO PENGFEI AIRLINES SERVICE LTD.,CO/LI TAO
    ABCDEFG
5. TL/1800/21JAN/TAO220
6. SSR FOID MU HK1 NI180100199910210010/P1
7. SSR SPML MU NN1 WUHKMG 2497 23MAY NOSALT/P1
8. SSR SPML MU NN1 MKGNKG 2706 30MAY NOSALT/P1
9. SSR WCHC MU NN1 WUHKMG 2497 23MAY NOSALT/P1
```

```
10．SSR WCHC MU NN1 MKGNKG 2706 30MAY NOSALT/P1
11．SSR FQTV MU HK1 WUHKMG 2497 Y23MAY MU634012285334/P1
12．SSR FQTV MU HK1 KMGNKG 2706 Y30MAY MU634012285334/P1
13．OSI MU CTCT19088004518
14．OSI MU CTCM19088004518/P1
15．RMK CA/PX79F4
16．TAO220
```

【步骤十二】调取运价并输入。

```
►PAT:A
>PAT:A
01 MT/Y+MT/Y FARE:CNY3520.00 TAX:CNY100.00 YQ:TEXEMPTYQ    TOTAL:3620.00
SFC:01    SFN:01/01    SFN:01/02
02 Y+Y FARE:CNY3820.00 TAX:CNY100.00 YQ:TEXEMPTYQ    TOTAL:3920.00
SFC:02    SFN:02/01    SFN:02/02
SFC:01
1．李磊 KSLP5Z
2．MU2497 Y     TH23MAY    WUHKMG HK1     0755 1010              E T3--
3．MU2706 Y     TH30MAY    KMGNKG HK1     0800 1100              E --T2
4．TAO/T TAO/T 0532-83835555/QINGDAO PENGFEI AIRLINES SERVICE LTD.,CO/LI TAO
   ABCDEFG
5．TL/1800/21JAN/TAO220
6．FC/A/WUH MU KMG 1580.00MT/Y MU NKG 1940.00MT/Y CNY3520.00END
7．SSR FOID MU HK1 NI180100199910210010/P1
8．SSR SPML MU NN1 WUHKMG 2497 23MAY NOSALT/P1
9．SSR SPML MU NN1 MKGNKG 2706 30MAY NOSALT/P1
10．SSR WCHC MU NN1 WUHKMG 2497 23MAY NOSALT/P1
11．SSR WCHC MU NN1 MKGNKG 2706 30MAY NOSALT/P1
12．SSR FQTV MU HK1 WUHKMG 2497 Y23MAY MU634012285334/P1
13．SSR FQTV MU HK1 KMGNKG 2706 Y30MAY MU634012285334/P1
14．OSI MU CTCT19088004518
15．OSI MU CTCM19088004518/P1
16．RMK CMS/A/**
17．RMK OT/A/0/84260/2-1MU4126P1KMG.1MU4126P1NKG
18．RMK CA/PX79F4
19．RMK AUTOMATIC FARE QUOTE
20．FN/A/FCNY3520.00/SCNY3520.00/C0.00/XCNY100.00/TCNY100.00CN/TEXEMPTYQ/
    ACNY3620.00
21．EI/Q/NONEND RMMT DISCT
+
```

【步骤十三】删除出票时限。

```
►XE5
```

```
1. 李磊 KSLP5Z
2. MU2497 Y    TH23MAY   WUHKMG HK1     0755 1010            E T3--
3. MU2706 Y    TH30MAY   KMGNKG HK1     0800 1100            E --T2
4. TAO/T TAO/T 0532-83835555/QINGDAO PENGFEI AIRLINES SERVICE LTD.,CO/LI TAO
   ABCDEFG
5. FC/A/WUH MU KMG 1580.00MT/Y MU NKG 1940.00MT/Y CNY3520.00END
6. SSR FOID MU HK1 NI180100199910210010/P1
7. SSR SPML MU NN1 WUHKMG 2497 23MAY NOSALT/P1
8. SSR SPML MU NN1 MKGNKG 2706 30MAY NOSALT/P1
9. SSR WCHC MU NN1 WUHKMG 2497 23MAY NOSALT/P1
10. SSR WCHC MU NN1 MKGNKG 2706 30MAY NOSALT/P1
11. SSR FQTV MU HK1 WUHKMG 2497 Y23MAY MU634012285334/P1
12. SSR FQTV MU HK1 KMGNKG 2706 Y30MAY MU634012285334/P1
13. OSI MU CTCT19088004518
14. OSI MU CTCM19088004518/P1
15. RMK CMS/A/**
16. RMK OT/A/0/84260/2-1MU4126P1KMG.1MU4126P1NKG
17. RMK CA/PX79F4
18. RMK AUTOMATIC FARE QUOTE
19. FN/A/FCNY3520.00/SCNY3520.00/C0.00/XCNY100.00/TCNY100.00CN/TEXEMPTYQ/
    ACNY3620.00
20. EI/Q/NONEND RMMT DISCT
21. FP/CASH,CNY
+
```

【步骤十四】变更第一航段客票状态为 RR 状态。

```
►2RR
 1. 李磊 KSLP5Z
 2. MU2497 Y    TH23MAY   WUHKMG RR1     0755 1010            E T3--
 3. MU2706 Y    TH30MAY   KMGNKG HK1     0800 1100            E --T2
 4. TAO/T TAO/T 0532-83835555/QINGDAO PENGFEI AIRLINES SERVICE LTD.,CO/LI TAO
    ABCDEFG
 5. FC/A/WUH MU KMG 1580.00MT/Y MU NKG 1940.00MT/Y CNY3520.00END
 6. SSR FOID MU HK1 NI180100199910210010/P1
 7. SSR SPML MU NN1 WUHKMG 2497 23MAY NOSALT/P1
 8. SSR SPML MU NN1 MKGNKG 2706 30MAY NOSALT/P1
 9. SSR WCHC MU NN1 WUHKMG 2497 23MAY NOSALT/P1
10. SSR WCHC MU NN1 MKGNKG 2706 30MAY NOSALT/P1
CMS/A/**                                                          +
```

【步骤十五】变更第二航段客票状态为 RR 状态。

```
►3RR
 1. 李磊 KSLP5Z
 2. MU2497 Y    TH23MAY   WUHKMG RR1     0755 1010            E T3--
```

```
3. MU2706 Y    TH30MAY   KMGNKG RR1    0800 1100              E --T2
4. TAO/T TAO/T 0532-83835555/QINGDAO PENGFEI AIRLINES SERVICE LTD.,CO/LI TAO
   ABCDEFG
5. FC/A/WUH MU KMG 1580.00MT/Y MU NKG 1940.00MT/Y CNY3520.00END
6. SSR FOID MU HK1 NI180100199910210010/P1
7. SSR SPML MU NN1 WUHKMG 2497 23MAY NOSALT/P1
8. SSR SPML MU NN1 MKGNKG 2706 30MAY NOSALT/P1
9. SSR WCHC MU NN1 WUHKMG 2497 23MAY NOSALT/P1
10. SSR WCHC MU NN1 MKGNKG 2706 30MAY NOSALT/P1
CMS/A/**                                                  +
```

【步骤十六】出票。

```
►ETDZ:3
CNY3620.00   KSLP5Z
ET PROCESSING... PLEASE WAIT!
ELECTRONIC TICKET ISSUED
```

练习操作

1．请为旅客李磊预订 5 月 23 日武汉到昆明的航班，并为其申请轮椅（WCHC）和无盐餐食（NOSALT）。李磊的身份证号码为 180100199910210010，电话号码为 19088004518。

2．请为本人、李磊、韩梅梅预订 11 月 8 日青岛到福州、11 月 9 日福州到青岛的往返航班，并为三人申请无盐餐食（NOSALT）。电话号码用本人电话号码，身份证号码用本人的身份证号码。李磊的身份证号码为 180100199910210010，电话号码为 19088004518；韩梅梅的身份证号码为 180100199910210020，电话号码为 19088004519。

3．请为旅客李明（2013 年 8 月 16 日生）预订 5 月 18 日济南到深圳的航班，并为其申请轮椅（WCHC）和无盐餐食（NOSALT）。李明的身份证号码为 180100201308160010，电话号码为 19088004518。

4．请为团体名为 MINHANGAIHAOZHE 的 10 名旅客预订 6 月 18 日青岛到上海的航班，并为其申请无盐餐食（NOSALT）。身份证号码自拟，电话号码自拟。

5．请为旅客李磊（某省省长）预订 6 月 5 日南京到西安、6 月 7 日西安到南京的航班，并为其申请无盐餐食（NOSALT）。身份证号码和电话号码自拟。

6．请为本人、旅客李明（2013 年 8 月 16 日生）预订 8 月 5 日青岛到上海、8 月 20 日上海到青岛的航班，并为两人申请无盐餐食（NOSALT）。电话号码用本人电话号码，身份证号码用本人的身份证号码。李明的身份证号码为 180100201308160010，电话号码为 19088004518。

项目六　客票变更与退票

本项目主要介绍电子客票改期的一般规定、退票的一般规定、签转的一般规定、挂起与解挂、作废等基本知识，使学生掌握客票改期、退票、签转、挂起与解挂、作废等基本操作技能，能够为旅客办理客票的改期、退票、签转等。

知识目标

1. 了解挂起与解挂、作废的基本指令。
2. 掌握电子客票改期的一般规定、退票的一般规定、签转的一般规定。
3. 熟练掌握客票改期、退票、签转、挂起与解挂、作废的基本操作。

能力目标

1. 能够熟练运用电子客票改期的一般规定、退票的一般规定、签转的一般规定。
2. 能够为旅客办理客票的改期、退票、签转等。

考证标准

民用航空运输销售代理岗位技能培训合格证。

任务1　客 票 变 更

知识目标

1. 了解客票变更的定义。
2. 掌握客票变更的一般规定。

能力目标

能够为旅客办理客票变更。

基础知识

1. 客票变更的定义

旅客购票后，如要求改变航班、日期或舱位等级称为客票变更。

2. 一般规定

（1）变更包括改变航班、日期、舱位、承运人或航程等信息。

（2）变更手续费按对应航段的票面价格计算，以人民币元为单位，尾数四舍五入至个位。

（3）自愿变更需重新计算票价，票价差额按对应航段的票面价格计算；如有票价差额，任何时候均需补收。

（4）特殊产品及特殊运价的退改签规则按具体产品规定执行。

3. 自愿变更手续费收费标准

自愿变更手续费收费标准如表 6-1 所示。

表 6-1 自愿变更手续费收费标准

自愿变更手续费收费标准（按对应航段的票面价格收取）					
服务等级	舱位代码	航班起飞前 30 天（720 小时）（含）之前	航班起飞前 30 天（不含）至 14 天（336 小时）（含）	航班起飞前 14 天（336 小时）（不含）至 4 小时（含）	航班起飞前 4 小时（不含）至航班起飞后
头等舱	F	免费	免费	免费	10%
	A	免费	免费	5%	10%
公务舱	J	免费	免费	免费	10%
	C/D/Z/R	免费	免费	5%	10%
超级经济舱	G	免费	累计免费三次，第四次起每次收 5%		10%
	E	免费	5%	10%	20%
经济舱	Y	免费	累计免费三次，第四次起每次收 5%		10%
	B/M/U	免费	5%	10%	20%
	H/Q/V	免费	15%	20%	30%
	W/S	10%	25%	30%	40%
	T/L/P/N/K	20%	35%	40%	50%

【说明】

G 舱和 Y 舱在“航班起飞前 30 天（不含）至 14 天（336 小时）（含）”和“航班起飞前 14 天（336 小时）（不含）至 4 小时（含）”两个时间段内的自愿变更次数须合并计算，即两个时间段内累计“免费变更三次、第四次起每次收取 5%的手续费”。

示例：原客票为 2019 年 6 月 29 日北京至成都单程 Q 舱，实收票价 890 元，税费 170 元，总票款 1 060 元。假设在 2019 年 6 月 20 日，将起飞时间改至 2019 年 7 月 1 日 CA4112 U 舱，U 舱产品票价为 1 150 元。请分别计算改期费及差价。

解答：

改期费=原票 Q 舱实收票价×起飞前 Q 舱改期手续费=890×20%=178 元

差价=U 舱产品票价−原票 Q 舱实收票价=1 150−890= 260 元

应收变更费=改期费+差价=178+260=438 元

任务导入

请为旅客李磊、韩梅梅预订 5 月 5 日北京到重庆的航班。李磊的身份证号码为 180100199910210010，电话号码为 19088004518；韩梅梅的身份证号码为 180100199910210020，电话号码为 19088004519。后因个人原因，请将李磊和韩梅梅的航班变更到 5 月 15 日同航程航班。

任务实施

【步骤一】查询航班。

```
►AVH/PEKCKG/5MAY
 05MAY(SUN) BJSCKG
1-  3U8516  DS# C8 IS JS AS YA BA TA HA GA SQ   PEKCKG 0650   0950   319 0^C  E
>               L5 EQ VQ RQ KQ NQ XS U3 WS QS MS ZS                  T3 T2  3:00
               ** W1S
2   CZ3183  DS# JA CQ DQ IQ OC WA SQ YA PA BQ   PEKCKG 0650   0955   32L 0^C  E
>               MQ HQ KA UQ AQ LQ QA EQ VQ ZQ TQ NQ RQ GA XC         T2 T3  3:05
3   CA1437  DS# J4 CS DS ZS RS YA BS MS US HS   PEKCKG 0700   0955   738 0^   E
>               QS VS WS SS T5 LS N3 KS                              T3 T3  2:55
               ** M1S V1S S1S
4   MU2865  DS# UC FA PQ JC CQ DQ QQ IQ WC YA   PEKCKG 0750   1050   320 0^B E
>               BA MA EA HA KA LA NA RA SQ VQ TQ GQ ZQ               T2 T3  3:00
5   CA1431  DS# J4 CS DS ZS RS GA ES YA BS MS   PEKCKG 0800   1100   789 0^   E
>               US HS QS VS WS SS T5 LS N3 KS                        T3 T3  3:00
               ** M1S S1S
6   CA1429  DS# J4 CS DS ZS RS YA BS MS US HS   PEKCKG 0900   1155   738 0^   E
>               QS VS WS SS T5 LS N3 KS                              T3 T3  2:55
               ** M1S S1S
7+  CZ8102  DS# J8 CQ DQ IQ OC WA SQ YA PA BQ   PEKCKG 0905   1205   320 0^L  E
>               MQ HQ KA UQ AQ LQ QA EQ VQ ZQ TQ NQ RQ GA XC         T2 T3  3:00
**  SC FLIGHT PLEASE CHECK IN 45 MINUTES BEFORE DEPARTURE AT PEK T3
```

```
**   HU FLIGHT PLEASE CHECK IN 45 MINUTES BEFORE DEPARTURE AT PEK
**   FREE ACCOMADATION IN CTU OR CKG IF CONNECT TIME OVER 6 HRS 3U
```

【步骤二】建立航段。

```
►SD2Y2
 1. CZ3183 Y    SU05MAY   PEKCKG DK2    0650 0955          32L C 0   R E T2T3
 2. TAO/T TAO/T 0532-83835555/QINGDAO PENGFEI AIRLINES SERVICE LTD.,CO/LI TAO
    ABCDEFG
 3. TAO220
```

【步骤三】输入旅客姓名。

```
►NM1 李磊 1 韩梅梅
 2. 韩梅梅 1. 李磊
 3. CZ3183 Y    SU05MAY   PEKCKG DK2    0650 0955          32L C 0   R E T2T3
 4. TAO/T TAO/T 0532-83835555/QINGDAO PENGFEI AIRLINES SERVICE LTD.,CO/LI TAO
    ABCDEFG
 5. TAO220
```

【步骤四】输入旅客联系方式。

```
►OSI CZ CTCT19088004518
 2. 韩梅梅 1. 李磊
 3. CZ3183 Y    SU05MAY   PEKCKG DK2    0650 0955          32L C 0   R E T2T3
 4. TAO/T TAO/T 0532-83835555/QINGDAO PENGFEI AIRLINES SERVICE LTD.,CO/LI TAO
    ABCDEFG
 5. OSI CZ CTCT19088004518
 6. TAO220
►OSI CZ CTCM19088004519/P2
 2. 韩梅梅 1. 李磊
 3. CZ3183 Y    SU05MAY   PEKCKG DK2    0650 0955          32L C 0   R E T2T3
 4. TAO/T TAO/T 0532-83835555/QINGDAO PENGFEI AIRLINES SERVICE LTD.,CO/LI TAO
    ABCDEFG
 5. OSI CZ CTCT19088004518
 6. OSI CZ CTCM19088004519/P2
 7. TAO220
```

【步骤五】输入出票时限。

```
►TKTL/1800/./TAO220
 2. 韩梅梅 1. 李磊
 3. CZ3183 Y    SU05MAY   PEKCKG DK2    0650 0955          32L C 0   R E T2T3
 4. TAO/T TAO/T 0532-83835555/QINGDAO PENGFEI AIRLINES SERVICE LTD.,CO/LI TAO
    ABCDEFG
 5. TL/1800/21JAN/TAO220
```

```
6. OSI CZ CTCT19088004518
7. OSI CZ CTCM19088004519/P2
8. TAO220
```

【步骤六】输入第一名旅客的证件号码。

```
►SSR FOID CZ HK/NI180100199910210010/P1
2. 韩梅梅 1. 李磊
3. CZ3183 Y   SU05MAY   PEKCKG DK2    0650 0955              32L C 0   R E T2T3
4. TAO/T TAO/T 0532-83835555/QINGDAO PENGFEI AIRLINES SERVICE LTD.,CO/LI TAO
   ABCDEFG
5. TL/1800/21JAN/TAO220
6. SSR FOID CZ HK1 NI180100199910210010/P1
7. OSI CZ CTCT19088004518
8. OSI CZ CTCM19088004519/P2
9. TAO220
```

【步骤七】输入第二名旅客的证件号码。

```
►SSR FOID CZ HK/NI180100199910210020/P2
2. 韩梅梅 1. 李磊
3. CZ3183 Y   SU05MAY   PEKCKG DK2    0650 0955              32L C 0   R E T2T3
4. TAO/T TAO/T 0532-83835555/QINGDAO PENGFEI AIRLINES SERVICE LTD.,CO/LI TAO
   ABCDEFG
5. TL/1800/21JAN/TAO220
6. SSR FOID CZ HK1 NI180100199910210020/P2
7. SSR FOID CZ HK1 NI180100199910210010/P1
8. OSI CZ CTCT19088004518
9. OSI CZ CTCM19088004519/P2
10. TAO220
```

【步骤八】封口。

```
►@
HEQC7R -EOT SUCCESSFUL, BUT ASR UNUSED FOR 1 OR MORE SEGMENTS
CZ3183   Y SU05MAY   PEKCKG DK2    0650 0955
航空公司使用自动出票时限，请检查 PNR
*** 预订酒店指令 HC，详情   HC:HELP    ***
```

【步骤九】提取 PNR。

```
►RT HEQC7R
1. 韩梅梅 2. 李磊 HEQC7R
3. CZ3183 Y   SU05MAY   PEKCKG HK2    0650 0955              E T2T3
4. TAO/T TAO/T 0532-83835555/QINGDAO PENGFEI AIRLINES SERVICE LTD.,CO/LI TAO
   ABCDEFG
```

```
 5. TL/1800/21JAN/TAO220
 6. SSR FOID CZ HK1 NI180100199910210020/P1
 7. SSR FOID CZ HK1 NI180100199910210010/P2
 8. OSI CZ CTCT19088004518
 9. OSI CZ CTCM19088004519/P1
10. RMK CA/MKF0NF
11. TAO220
```

【步骤十】查询新的航班。

```
►AVH/PEKCKG/15MAY
 15MAY(WED) BJSCKG
1-  3U8516   DS# C8 IS JS AS YA BA TA HA GA SQ    PEKCKG 0650   0950   319 0^C   E
>                L5 EQ VQ RQ KQ NQ XS U3 WS QS MS ZS                T3 T2   3:00
               ** W1S
2   CZ3183   DS# JA CQ DQ IQ OC WA SQ YA PA BQ    PEKCKG 0650   0955   32L 0^C   E
>                MQ HQ KA UQ AQ LQ QA EQ VQ ZQ TQ NQ RQ GA XC       T2 T3   3:05
3   CA1437   DS# JC CC DC ZC RC YA BS MS US HS    PEKCKG 0700   0955   738 0^    E
>                QS VS WS SS T5 LS N3 KS                            T3 T3   2:55
               ** M1S V1S S1S
4   MU2865   DS# UC FA PQ JC CQ DQ QQ IQ WC YA    PEKCKG 0750   1050   320 0^B   E
>                BA MA EA HA KA LA NA RA SQ VQ TQ GQ ZQ             T2 T3   3:00
5   CA1431   DS# J4 CS DS ZS RS GA ES YA BS MS    PEKCKG 0800   1100   789 0^    E
>                US HS QS VS WS SS T5 LS N3 KS                      T3 T3   3:00
               ** M1S S1S
6   CA1429   DS# J4 CS DS ZS RS YA BS MS US HS    PEKCKG 0900   1155   32A 0^    E
>                QS VS WS SS T5 LS N3 KS                            T3 T3   2:55
               ** M1S S1S
7+  CZ8102   DS# JA CQ DQ IQ OC WA SQ YA PA BQ    PEKCKG 0905   1205   320 0^L   E
>                MQ HQ KA UQ AQ LQ QA EQ VQ ZQ TQ NQ RQ GA XC       T2 T3   3:00
**  SC FLIGHT PLEASE CHECK IN 45 MINUTES BEFORE DEPARTURE AT PEK T3
**  HU FLIGHT PLEASE CHECK IN 45 MINUTES BEFORE DEPARTURE AT PEK
**  FREE ACCOMADATION IN CTU OR CKG IF CONNECT TIME OVER 6 HRS 3U
```

【步骤十一】建立新的航班。

```
►SD2Y2
 1. 韩梅梅 2. 李磊 HEQC7R
 3. CZ3183 Y   SU05MAY  PEKCKG HK2   0650 0955          E T2T3
 4. CZ3183 Y   WE15MAY  PEKCKG DK2   0650 0955          32L C 0   R E T2T3
 5. TAO/T TAO/T 0532-83835555/QINGDAO PENGFEI AIRLINES SERVICE LTD.,CO/LI TAO
    ABCDEFG
 6. TL/1800/21JAN/TAO220
 7. FC/A/PEK B-05MAY19 A-05MAY19 F-20KG CZ CKG 1980.00Y CNY1980.00END
 8. SSR FOID CZ HK1 NI180100199910210020/P1
```

```
 9. SSR FOID CZ HK1 NI180100199910210010/P2
10. OSI CZ CTCT19088004518
11. OSI CZ CTCM19088004519/P1
12. RMK CMS/A/**
13. RMK OT/A/0/84260/0-1CZ3857P1CKG
14. RMK CA/MKF0NF
15. RMK AUTOMATIC FARE QUOTE
16. FN/A/FCNY1980.00/SCNY1980.00/C0.00/XCNY50.00/TCNY50.00CN/TEXEMPTYQ/
    ACNY2030.00
17. EI/BIANGENGTUIPIAOSHOUFEI 变更退票收费
18. FP/CASH,CNY
+
```

【步骤十二】删除原航班。

```
►XE3
 1. 韩梅梅 2. 李磊 HEQC7R
 3. CZ3183 Y   WE15MAY   PEKCKG DK2   0650 0955          32L C 0   R E T2T3
 4. TAO/T TAO/T 0532-83835555/QINGDAO PENGFEI AIRLINES SERVICE LTD.,CO/LI TAO
    ABCDEFG
 5. TL/1800/21JAN/TAO220
 6. SSR FOID CZ HK1 NI180100199910210020/P1
 7. SSR FOID CZ HK1 NI180100199910210010/P2
 8. OSI CZ CTCT19088004518
 9. OSI CZ CTCM19088004519/P1
10. RMK CA/MKF0NF
11. RMK AUTOMATIC FARE QUOTE
12. EI/BIANGENGTUIPIAOSHOUFEI 变更退票收费
13. FP/CASH,CNY
14. TAO220
```

【步骤十三】封口。

```
►@
 HEQC7R -EOT SUCCESSFUL, BUT ASR UNUSED FOR 1 OR MORE SEGMENTS
 CZ3183   Y WE15MAY   PEKCKG DK2   0650 0955
 航空公司使用自动出票时限，请检查 PNR
 *** 预订酒店指令 HC，详情  HC:HELP   ***
```

【步骤十四】提取 PNR。

```
►RT HEQC7R
1.韩梅梅 2.李磊 HEQC7R
3.CZ3183 Y   WE15MAY   PEKCKG HK2   0650 0955          E T2T3
4.TAO/T TAO/T 0532-83835555/QINGDAO PENGFEI AIRLINES SERVICE LTD.,CO/LI TAO
   ABCDEFG
5.TL/1800/21JAN/TAO220
```

```
 6.SSR FOID CZ HK1 NI180100199910210020/P1
 7.SSR FOID CZ HK1 NI180100199910210010/P2
 8.OSI CZ CTCT19088004518
 9.OSI CZ CTCM19088004519/P1
10.RMK CA/MKF0NF
11.TAO220
```

【步骤十五】调取运价并输入。

```
►PAT:A
01 Y FARE:CNY1980.00 TAX:CNY50.00 YQ:TEXEMPTYQ    TOTAL:2030.00
SFC:01    SFN:01
SFC:01
 1.韩梅梅 2.李磊 HEQC7R
 3.CZ3183 Y    WE15MAY   PEKCKG HK2    0650 0955              E T2T3
 4.TAO/T TAO/T 0532-83835555/QINGDAO PENGFEI AIRLINES SERVICE LTD.,CO/LI TAO
     ABCDEFG
 5.TL/1800/21JAN/TAO220
 6.FC/A/PEK A-21JAN20 CZ CKG 1980.00Y CNY1980.00END
 7.SSR FOID CZ HK1 NI180100199910210020/P1
 8.SSR FOID CZ HK1 NI180100199910210010/P2
 9.SSR FQTV CZ HK1 PEKCKG 1437 Y15MAR CA058009191786/P1
10.SSR FQTV CZ HK1 PEKCKG 1437 Y15MAR CA111562506901/P2
11.OSI CZ CTCT19088004518
12.OSI CZ CTCM19088004519/P1
13.RMK CMS/A/**
14.RMK OT/A/0/97399/0-1CZ3968P1CKG
15.RMK CZ/NLC2Z3
16.RMK AUTOMATIC FARE QUOTE
17.FN/A/FCNY1980.00/SCNY1980.00/C0.00/XCNY50.00/TCNY50.00CN/TEXEMPTYQ/ACNY20
30.00
18.EI/GAIQITUIPIAOSHOUFEI 改期退票收费
                                        +
```

【步骤十六】变更客票状态为 RR 状态。

```
►3RR
1.韩梅梅 2.李磊 HEQC7R
 3.CZ3183 Y    WE15MAY   PEKCKG RR2    0650 0955              E T2T3
 4.TAO/T TAO/T 0532-83835555/QINGDAO PENGFEI AIRLINES SERVICE LTD.,CO/LI TAO
     ABCDEFG
 5.TL/1800/21JAN/TAO220
 6.SSR FOID CZ HK1 NI180100199910210020/P1
 7.SSR FOID CZ HK1 NI180100199910210010/P2
 8.OSI CZ CTCT19088004518
 9.OSI CZ CTCM19088004519/P1
```

```
10.RMK CA/MKF0NF
11.TAO220
```

【步骤十七】出票。

```
◣ETDZ:3
CNY2030.00    HEQC7R
ET PROCESSING... PLEASE WAIT!
ELECTRONIC TICKET ISSUED
```

练习操作

1．请为旅客李磊预订 5 月 23 日武汉到昆明的航班，并为其申请轮椅（WCHC）和无盐餐食（NOSALT）。身份证号码为 180100199910210010，电话号码为 19088004518。预订完后，由于旅客原因，请将航班日期改为 5 月 25 日。

2．请为本人、李磊、韩梅梅预订 11 月 8 日青岛到福州、11 月 9 日福州到青岛的往返航班，并为三人预订无盐餐食（NOSALT）。电话号码用本人电话号码，身份证号码用本人的身份证号码。李磊的身份证号码为 180100199910210010，电话号码为 19088004518；韩梅梅的身份证号码为 180100199910210020，电话号码为 19088004519。预订完后，由于旅客原因，请将第二个航段的日期改为 11 月 12 日。

3．请为旅客李明（2013 年 8 月 16 日生）预订 5 月 18 日济南到深圳的航班，并为其申请轮椅（WCHC）和无盐餐食（NOSALT）。身份证号码为 180100201308160010，电话号码为 19088004518。预订完后，由于旅客原因，请为其办理升舱服务。

4．请为团体名为 MINHANGAIHAOZHE 的 10 名旅客预订 6 月 18 日青岛到上海的航班，并为其申请无盐餐食（NOSALT）。身份证号码自拟，电话号码自拟。预订完后，由于旅客原因，请将航班日期改为 6 月 25 日。

5．请为旅客李磊（某省省长）预订 6 月 5 日南京到西安、6 月 7 日西安到南京的航班，并为其申请无盐餐食（NOSALT）。身份证号码和电话号码自拟。预订完后，由于旅客原因，请将第一航段的日期改为 6 月 3 日。

6．请为本人、旅客李明（2013 年 8 月 16 日生）预订 8 月 5 日青岛到上海、8 月 20 日上海到青岛的航班，并为两人申请无盐餐食（NOSALT）。电话号码用本人电话号码，身份证号码用本人的身份证号码。李明的身份证号码为 180100201308160010，电话号码为 19088004518。预订完后，由于旅客原因，请将第一航段的日期改为 8 月 6 日。

任务 2　退　票

知识目标

1．了解退票的定义。

2．掌握退票的一般规定。

能力目标

能够为旅客办理退票。

基础知识

1. 客票退票的定义

退票分为自愿退票和非自愿退票。自愿退票是指旅客购票后自愿退票，非自愿退票是指由于承运人或其他不可抗力的原因不能按规定的时间、日期、舱位出行而退票。

2. 一般规定

（1）退票手续费按对应航段的票面价格计算，以人民币元为单位，尾数四舍五入至个位。

（2）按未使用航段的退座时间距离客票票面上列明的航班起飞时间，收取适用时间段的退票手续费。

例外：在航空公司官网、手机客户端及旗舰店办理自愿退票手续时，须按照提交退票申请的时间距离客票上列明的航班起飞时间，选择适用的时间段。

（3）客票部分使用退票规则：客票部分使用后退票，扣除已使用航段票面价格，按未使用航段的退座时间距离客票票面上列明的航班起飞时间，收取适用时间段的退票手续费，余额退还旅客。

例外：在航空公司官网、手机客户端及旗舰店办理自愿退票手续时，须按照提交退票申请的时间距离客票上列明的航班起飞时间，选择适用的时间段。

（4）换开客票退票规则：换开客票在 2019 年 3 月 31 日（含）以后申请退票，按换开客票的退座时间和原始客票的价格、舱位及收费标准收取退票手续费，如有补收的票价差额，则差额全部退还，已收取的变更手续费不退。即按照换开客票未使用航段的退座时间距离换开客票票面上列明的航班起飞时间，选择适用的时间段，按照原始客票（即第一张客票）对应航段和舱位的退票手续费标准和票面价格计算退票手续费；全部退还换开客票时补收的未使用航段的票价差额；已收取的变更手续费不退。

例外：在航空公司官网、手机客户端及旗舰店办理自愿退票手续时，需按照提交退票申请的时间距离客票上列明的航班起飞时间，选择适用的时间段。

（5）特殊产品及特殊运价的退改签规则按具体产品规定执行。

（6）依据《中国民航旅客、行李国内运输总条件》中的规定，退票须在客票有效期内办理。

（7）旅客在客票有效期内办理退票时，未使用的机场建设费和燃油附加费一并退还。

3. 自愿退票手续费收费标准

自愿退票手续费收费标准如表 6-2 所示。

表 6-2　自愿退票手续费收费标准

自愿退票手续费收费标准（按对应航段的票面价格收取）					
服务等级	舱位代码	航班起飞前 30 天（720 小时）（含）之前	航班起飞前 30 天（不含）至 14 天（336 小时）（含）	航班起飞前 14 天（336 小时）（不含）至 4 小时（含）	航班起飞前 4 小时（不含）至航班起飞后
头等舱	F	免费	5%	5%	10%
	A	5%	5%	10%	20%
公务舱	J	免费	5%	5%	10%
	C/D/Z/R	5%	5%	10%	20%
超级经济舱	G	免费	5%	10%	20%
	E	10%	15%	20%	30%
经济舱	Y	免费	5%	10%	20%
	B/M/U	10%	15%	20%	30%
	H/Q/V	10%	25%	30%	40%
	W/S	20%	45%	50%	100%
	T/L/P/N/K	30%	60%	90%	100%

示例：原客票为 2019 年 6 月 29 日北京至成都单程 M 舱，实收票价 890 元，税费 170 元，总票款 1 060 元。假设在起飞后退票。

退票费=原 Q 舱实收票价×起飞后 M 舱退票手续费=890×30%=267 元

应退款=实收票价+税费−退票费=890＋170−267=793 元

4. 非自愿退票

非自愿退票：免收退票手续费。

任务导入

请为旅客李磊预订 5 月 8 日哈尔滨到郑州、5 月 18 日西安到乌鲁木齐的航班。李磊的身份证号码为 180100199910210010，电话号码为 19088004518。后因个人原因，请为旅客李磊办理退票。

任务实施

【步骤一】查询第一航段航班。

```
►AVH/HRBCGO/8MAY
 08MAY(WED) HRBCGO
1-   ZH9753   DS# FA PQ AQ OQ CA DQ GQ YA BQ RQ   HRBCGO 0635   0950   738 0^B E
>                 MQ UQ HQ QQ VQ WQ SQ EQ TQ LQ X2 NQ KQ                T2 T2   3:15
```

```
2    3U8583  DS# C8 IS JS AS YA BA TA HA GA SQ   HRBCGO 0650   0955   320 0^C  E
>                LA EA VQ RA KA N5 XS U3 WS QS MS ZS               T2 T2   3:05
               ** W1S
3    CZ6255  DS# J4 CQ DQ IQ OC WA SQ YA P6 BQ   HRBCGO 1150   1455   32G 0^L  E
>                MQ HQ K4 UQ AQ LQ Q2 EQ VQ ZQ TQ NQ RQ GS XC      -- T2   3:05
4    3U8848  DS# C8 I2 J2 A2 YA BA T8 H8 G8 S8   HRBCGO 1515   1805   320 0^D  E
>                L8 E8 VQ RQ KQ NQ XS U3 WS QS MS ZS               T2 T2   2:50
               ** W1S
5    CZ6360  DS# J4 CQ DQ IQ OC WA SQ YA PA BQ   HRBCGO 1650   1950   32D 0^C E
>                MQ HQ KA UQ AQ LQ QA EQ VQ ZQ TQ NQ RQ G5 XC      -- T2   3:00
6+   CZ8144  DS# J4 CQ DQ IQ OC WA SQ YA PA BQ   HRBCGO 1815   2120   32D 0^D E
>                MQ HQ KA UQ AQ LQ QA EQ VQ ZQ TQ NQ RQ G1 XC      -- T2   3:05
 **  HKG-HX-PEK-*HX-HRB and v.v., NO STOPOVER AT PEK IS PERMITTED
 **  MF please check in 45 minutes before departure at HRB NEW Terminal
```

【步骤二】建立第一航段。

```
►SD3Y1
 1. CZ6255 Y   WE08MAY  HRBCGO DK1   1150 1455          32G L 0   R E --T2
 2. TAO/T TAO/T 0532-83835555/QINGDAO PENGFEI AIRLINES SERVICE LTD.,CO/LI TAO
    ABCDEFG
 3. TAO220
```

【步骤三】查询第二航段航班。

```
►AVH/XIYURC/18MAY
 18MAY(SAT) XIYURC
1-   MU2461  DS# UC FA PQ JC CQ DQ QQ IQ WC YA   XIYURC 1045   1420   73E 0^   E
>                BA MA EQ HQ KQ LQ NQ RQ SQ VQ TQ GQ ZQ            T3 T2   3:35
2    CZ6965  DS# J8 CQ DQ IQ OC WA SQ YA PA BQ   XIYURC 1235   1610   320 0^L  E
>                MQ HQ KA UQ AQ LQ QA EQ VQ ZQ TQ NQ RQ GS XC      T3 T3   3:35
3    MU2769  DS# UC FA PQ JC CQ DQ QQ IQ WC YA   XIYURC 1505   1840   320 0^   E
>                BA MQ EQ HQ KQ LQ NQ RQ SQ VQ TQ GQ ZQ            T3 T2   3:35
4    CZ6900  DS# JA CQ DQ IQ OC WA SQ YA PA BQ   XIYURC 1520   1845   E90 0^D  E
>                MQ HQ KA UQ AQ LQ QA EQ VQ ZQ TQ NQ RQ G1 XC      T3 T3   3:25
5    MU2299  DS# UQ F4 PQ JQ CQ DQ QQ IQ WQ YA   XIYURC 1645   2025   319 0^   E
>                BQ MQ EQ HQ KQ LQ NQ RQ SQ VQ TQ GQ ZQ            T3 T2   3:40
6    3U8587  DS# C8 IS JS AS YA BA TQ H5 G5 SQ   XIYURC 1815   2145   319 0^D  E
>                L5 E5 VQ R5 KQ NS XS U5 WS QS MS ZS               T3 T2   3:30
               ** W1S
7+   MU2398  DS# UQ FA PS JC CQ DQ QQ IQ WQ YA   XIYURC 1855   2300   325 0^   E
>                BS MS ES HS KS LS NS RS SQ VQ TQ GQ ZQ            T3 T2   4:05
 **  10 B AIRPORT CHARGE FOR LATERAL FLIGHT
 **  FLIGHT OF DR PLEASE CHECK IN 40 MINUTES BEFORE DEPARTURE AT XIY
 **  HKG-HX-PEK-*HX-URC and v.v., NO STOPOVER AT PEK IS PERMITTED
```

【步骤四】建立第二航段。

```
▶SD2Y1
1.   CZ6255 Y   WE08MAY   HRBCGO DK1    1150 1455          32G L 0   R E --T2
2.   CZ6965 Y   SA18MAY   XIYURC DK1    1235 1610          320 L 0   R E T3T3
3. TAO/T TAO/T 0532-83835555/QINGDAO PENGFEI AIRLINES SERVICE LTD.,CO/LI TAO
   ABCDEFG
4. TAO220
```

【步骤五】建立缺口程航段。

```
▶SA:CGOXIY
1.   CZ6255 Y   WE08MAY   HRBCGO DK1    1150 1455          32G L 0   R E --T2
2.     ARNK               CGOXIY
3.   CZ6965 Y   SA18MAY   XIYURC DK1    1235 1610          320 L 0   R E T3T3
4. TAO/T TAO/T 0532-83835555/QINGDAO PENGFEI AIRLINES SERVICE LTD.,CO/LI TAO
   ABCDEFG
5. TAO220
```

【步骤六】输入旅客姓名。

```
▶NM1 李磊
1. 李磊
2.   CZ6255 Y   WE08MAY   HRBCGO DK1    1150 1455          32G L 0   R E --T2
3.     ARNK               CGOXIY
4.   CZ6965 Y   SA18MAY   XIYURC DK1    1235 1610          320 L 0   R E T3T3
5. TAO/T TAO/T 0532-83835555/QINGDAO PENGFEI AIRLINES SERVICE LTD.,CO/LI TAO
   ABCDEFG
6. TAO220
```

【步骤七】输入旅客的联系方式。

```
▶OSI CZ CTCT19088004518
1. 李磊
2.   CZ6255 Y   WE08MAY   HRBCGO DK1    1150 1455          32G L 0   R E --T2
3.     ARNK               CGOXIY
4.   CZ6965 Y   SA18MAY   XIYURC DK1    1235 1610          320 L 0   R E T3T3
5. TAO/T TAO/T 0532-83835555/QINGDAO PENGFEI AIRLINES SERVICE LTD.,CO/LI TAO
   ABCDEFG
6. OSI CZ CTCT19088004518
7. TAO220
▶OSI CZ CTCM19088004518/P1
1. 李磊
2.   CZ6255 Y   WE08MAY   HRBCGO DK1    1150 1455          32G L 0   R E --T2
```

```
3.      ARNK                    CGOXIY
4.    CZ6965 Y    SA18MAY   XIYURC DK1     1235 1610               320 L 0    R E T3T3
5. TAO/T TAO/T 0532-83835555/QINGDAO PENGFEI AIRLINES SERVICE LTD.,CO/LI TAO
     ABCDEFG
6. OSI CZ CTCT19088004518
7. OSI CZ CTCM19088004518/P1
8. TAO220
```

【步骤八】输入出票时限。

```
►TKTL/1800/./TAO220
1. 李磊
2.    CZ6255 Y    WE08MAY   HRBCGO DK1     1150 1455               32G L 0    R E --T2
3.      ARNK                    CGOXIY
4.    CZ6965 Y    SA18MAY   XIYURC DK1     1235 1610               320 L 0    R E T3T3
5. TAO/T TAO/T 0532-83835555/QINGDAO PENGFEI AIRLINES SERVICE LTD.,CO/LI TAO
     ABCDEFG
6. TL/1800/21JAN/TAO220
7. OSI CZ CTCT19088004518
8. OSI CZ CTCM19088004518/P1
9. TAO220
```

【步骤九】输入旅客证件号码。

```
►SSR FOID CZ HK/NI180100199910210010
1. 李磊
2.    CZ6255 Y    WE08MAY   HRBCGO DK1     1150 1455               32G L 0    R E --T2
3.      ARNK                    CGOXIY
4.    CZ6965 Y    SA18MAY   XIYURC DK1     1235 1610               320 L 0    R E T3T3
5. TAO/T TAO/T 0532-83835555/QINGDAO PENGFEI AIRLINES SERVICE LTD.,CO/LI TAO
     ABCDEFG
6. TL/1800/21JAN/TAO220
7. SSR FOID CZ HK1 NI180100199910210010/P1
8. OSI CZ CTCT19088004518
9. OSI CZ CTCM19088004518/P1
10. TAO220
```

【步骤十】封口。

```
►@
  JSRMZW -EOT SUCCESSFUL, BUT ASR UNUSED FOR 1 OR MORE SEGMENTS
  CZ6255   Y WE08MAY   HRBCGO DK1     1150 1455
  CZ6965   Y SA18MAY   XIYURC DK1     1235 1610
  航空公司使用自动出票时限，请检查 PNR
  ***  预订酒店指令 HC，详情   HC:HELP    ***
```

【步骤十一】提取 PNR。

```
▶RT JSRMZW
 1. 李磊 JSRMZW
 2.   CZ6255 Y   WE08MAY  HRBCGO HK1   1150 1455          E --T2
 3.     ARNK                CGOXIY
 4.   CZ6965 Y   SA18MAY  XIYURC HK1   1235 1610          E T3T3
 5. TAO/T TAO/T 0532-83835555/QINGDAO PENGFEI AIRLINES SERVICE LTD.,CO/LI TAO
    ABCDEFG
 6. TL/1800/21JAN/TAO220
 7. SSR FOID CZ HK1 NI180100199910210010/P1
 8. OSI CZ CTCT19088004518
 9. OSI CZ CTCM19088004518/P1
10. RMK CA/MHXC16
11. TAO220
```

【步骤十二】调取运价并输入。

```
▶PAT:A
>PAT:A
01 Y+Y FARE:CNY3860.00 TAX:CNY100.00 YQ:TEXEMPTYQ   TOTAL:3960.00
SFC:01   SFN:01/01   SFN:01/02
SFC:01
 1. 李磊 JSRMZW
 2.   CZ6255 Y   WE08MAY  HRBCGO HK1   1150 1455          E --T2
 3.     ARNK                CGOXIY
 4.   CZ6965 Y   SA18MAY  XIYURC HK1   1235 1610          E T3T3
 5. TAO/T TAO/T 0532-83835555/QINGDAO PENGFEI AIRLINES SERVICE LTD.,CO/LI TAO
    ABCDEFG
 6. TL/1800/21JAN/TAO220
 7. FC/A/HRB B-08MAY19 A-08MAY19 F-20KG CZ CGO 1660.00Y //XIY B-18MAY19
    A-18MAY19 F-20KG CZ URC 2200.00Y CNY3860.00END
 8. SSR FOID CZ HK1 NI180100199910210010/P1
 9. OSI CZ CTCT19088004518
10. OSI CZ CTCM19088004518/P1
11. RMK CMS/A/**
12. RMK OT/A/0/84260/0-1CZ3857P1CGO.1CZ3857P1URC
13. RMK CA/MHXC16
14. RMK AUTOMATIC FARE QUOTE
15. FN/A/FCNY3860.00/SCNY3860.00/C0.00/XCNY100.00/TCNY100.00CN/TEXEMPTYQ/
    ACNY3960.00
16. EI/BIANGENGTUIPIAOSHOUFEI 变更退票收费
17. FP/CASH,CNY
+
```

【步骤十三】删除出票时限。

```
►XE6
 1. 李磊 JSRMZW
 2.    CZ6255 Y   WE08MAY   HRBCGO HK1    1150 1455            E --T2
 3.      ARNK                CGOXIY
 4.    CZ6965 Y   SA18MAY   XIYURC HK1    1235 1610            E T3T3
 5. TAO/T TAO/T 0532-83835555/QINGDAO PENGFEI AIRLINES SERVICE LTD.,CO/LI TAO
    ABCDEFG
 6. FC/A/HRB B-08MAY19 A-08MAY19 F-20KG CZ CGO 1660.00Y //XIY B-18MAY19
    A-18MAY19 F-20KG CZ URC 2200.00Y CNY3860.00END
 7. SSR FOID CZ HK1 NI180100199910210010/P1
 8. OSI CZ CTCT19088004518
 9. OSI CZ CTCM19088004518/P1
10. RMK CMS/A/**
11. RMK OT/A/0/84260/0-1CZ3857P1CGO.1CZ3857P1URC
12. RMK CA/MHXC16
13. RMK AUTOMATIC FARE QUOTE
14. FN/A/FCNY3860.00/SCNY3860.00/C0.00/XCNY100.00/TCNY100.00CN/TEXEMPTYQ/
    ACNY3960.00
15. EI/BIANGENGTUIPIAOSHOUFEI 变更退票收费
16. FP/CASH,CNY
17. TAO220
```

【步骤十四】变更第一航段客票状态为 RR 状态。

```
►2RR
 1. 李磊 JSRMZW
 2.    CZ6255 Y   WE08MAY   HRBCGO RR1    1150 1455            E --T2
 3.      ARNK                CGOXIY
 4.    CZ6965 Y   SA18MAY   XIYURC HK1    1235 1610            E T3T3
 5. TAO/T TAO/T 0532-83835555/QINGDAO PENGFEI AIRLINES SERVICE LTD.,CO/LI TAO
    ABCDEFG
 6. FC/A/HRB B-08MAY19 A-08MAY19 F-20KG CZ CGO 1660.00Y //XIY B-18MAY19
    A-18MAY19 F-20KG CZ URC 2200.00Y CNY3860.00END
 7. SSR FOID CZ HK1 NI180100199910210010/P1
 8. OSI CZ CTCT19088004518
 9. OSI CZ CTCM19088004518/P1
10. RMK CMS/A/**
+
```

【步骤十五】变更第二航段客票状态为 RR 状态。

```
▲4RR
 1. 李磊 JSRMZW
 2.   CZ6255 Y   WE08MAY  HRBCGO RR1    1150 1455          E --T2
 3.     ARNK                CGOXIY
 4.   CZ6965 Y   SA18MAY  XIYURC RR1   1235 1610          E T3T3
 5. TAO/T TAO/T 0532-83835555/QINGDAO PENGFEI AIRLINES SERVICE LTD.,CO/LI TAO
    ABCDEFG
 6. FC/A/HRB B-08MAY19 A-08MAY19 F-20KG CZ CGO 1660.00Y //XIY B-18MAY19
    A-18MAY19 F-20KG CZ URC 2200.00Y CNY3860.00END
 7. SSR FOID CZ HK1 NI180100199910210010/P1
 8. OSI CZ CTCT19088004518
 9. OSI CZ CTCM19088004518/P1
10. RMK CMS/A/**
11. RMK OT/A/0/84260/0-1CZ3857P1CGO.1CZ3857P1URC
12. RMK CA/MHXC16
13. RMK AUTOMATIC FARE QUOTE
14. FN/A/FCNY3860.00/SCNY3860.00/C0.00/XCNY100.00/TCNY100.00CN/TEXEMPTYQ/
    ACNY3960.00
15. EI/BIANGENGTUIPIAOSHOUFEI 变更退票收费
16. FP/CASH,CNY
17. TAO220
```

【步骤十六】提取电子客票票面信息，此时票面状态为“OPEN FOR USE”。

```
▲detr:tn/781-6151027572
ISSUED BY: TAO220 ORG/DST: SHE/URC ISI:SITI                    BSP-D
TOUR CODE
PASSENGER: 李磊
EXCH:                                                      CONJ TKT:
  FM: 1SHE MU 5824 Y 08MAY 1345 OK Y                     20K OPEN FOR USE
      RL: VF0NT/UCE7W 1E
  TO: CGO
  FM: 2XIY MU 2769 E 18MAY 1150 OK Y                     20K OPEN FOR USE
      RL: VF0NT/UCE7W 1E
  TO: URC
FARE:      CNY3012．00          FOP:
TAX:       CNY100.00CN          OI:
TAX:       CNY140.00YQ
TOTAL:     CNY3252．00          TKTN: 781-6151027572
```

【步骤十七】提取退票单。

```
▲TRFD:AM/3/D
AIRLINE CODE 781TKT NUMBER 6151027572-1027572CHECK
```

```
CONJUNCTION NO.1     COUPON NO.  1  1200    2  0000    3  0000    4  0000
PASSENGER: 李磊
CURRENCY CODE        CNY-2          FORM OF PAYMENT      CASH
CROSS REFUND         3012．00       ET-(Y/N):            Y
DEDUCTION            0.00           COMMISSION           3．00% =
TAX        [1] CN 100.00       [2] YQ 140.00       [3]
           [4]                 [5]                 [6]
           [7]                 [8]                 [9]
           [10]                [11]                [12]
           [13]                [14]                [15]

  REMARK         CREDIT CARD
  NET REFUND=    CNY
```

【步骤十八】提取退票单号，并打印退款单。

```
►TRFD:AM/3/D
ACCEPTED
```

【步骤十九】提取电子客票票面信息，此时票面状态为“REFUNDED”。

```
►DETR:TN/781-6151027572
ISSUED BY: TAO220 ORG/DST: SHE/URC ISI:SITI                BSP-D
TOUR CODE
PASSENGER: 李磊
EXCH:                                                CONJ TKT:
  FM: 1SHE MU 5824 Y 08MAY 1345 OK Y                 20K REFUNDED
        RL: VF0NT/UCE7W 1E
  TO: CGO
  FM: 2XIY MU 2769 E 18MAY 1150 OK Y                 20K REFUNDED
        RL: VF0NT/UCE7W 1E
  TO: URC
FARE:      CNY3012．00        FOP:
TAX:       CNY100.00CN        OI:
TAX:       CNY140.00YQ
TOTAL:     CNY3252．00        TKTN: 781-6151027572
```

练习操作

1．请为旅客李磊预订 5 月 23 日武汉到昆明的航班，并为其申请轮椅（WCHC）和无盐餐食（NOSALT）。身份证号码为 180100199910210010，电话号码为 19088004518。预订完后，由于航空公司原因，请为旅客办理退票。

2．请为本人、李磊、韩梅梅预订 11 月 8 日青岛到福州、11 月 9 日福州到青岛的往返航班，并为三人申请无盐餐食（NOSALT）。电话号码用本人电话号码，身份证号码用本人的身份证号码。李磊的身份证号码为 180100199910210010，电话号码为 19088004518；韩梅梅的身份证号码为 180100199910210020，电话号码为 19088004519。预订完后，由于旅客原因，请帮三人办理退票服务。

3．请为旅客李明（2013 年 8 月 16 日生）预订 5 月 18 日济南到深圳的航班，并为其申请轮椅（WCHC）和无盐餐食（NOSALT）。身份证号码为 180100201308160010，电话号码为 19088004518。预订完后，由于旅客原因，请帮旅客办理退票。

4．请为团体名为 MINHANGAIHAOZHE 的 10 名旅客预订 6 月 18 日青岛到上海的航班，并为其申请无盐餐食（NOSALT）。身份证号码自拟，电话号码自拟。预订完后，由于旅客原因，请帮旅客办理退票。

5．请为旅客李磊（某省省长）预订 6 月 5 日南京到西安、6 月 7 日西安到南京的航班，并为其申请无盐餐食（NOSALT）。身份证号码和电话号码自拟。预订完后，由于旅客原因，请帮旅客办理退票。

6．请为本人、旅客李明（2013 年 8 月 16 日生）预订 8 月 5 日青岛到上海、8 月 20 日上海到青岛的航班，并为两人申请无盐餐食（NOSALT）。电话号码用本人电话号码，身份证号码用本人的身份证号码。李明的身份证号码为 180100201308160010，电话号码为 19088004518。预订完后，由于旅客原因，请帮旅客办理退票。

任务 3　挂起与解挂

知识目标

1．了解挂起的目的。

2．掌握挂起与解挂的一般方法。

能力目标

能够办理客票挂起与解挂。

基础知识

1. 挂起的定义

为解决代理销售电子客票收款过程存在的风险，电子客票挂起后不支持值机、变更、退票、作废等操作。

2. 挂起与解挂的基本指令

① TSS:TN/票号/S（使用票号将电子客票挂起）
② TSS:TN/票号/B（使用票号将电子客票解挂）
③ TSS:CN/记录编号/出票日期/S
（将 PNR 里的所有票的航段挂起，即客票状态由 OPEN FOR USE 变为 SUSPENDED）
④ TSS:CN/记录编号/出票日期/B
（将 PNR 里的所有票的航段解挂，即客票状态由 SUSPENDED 变为 OPEN FOR USE）
示例:
① TSS:TN/9992401111111/S
② TSS:TN/9992401111111/B

任务导入

旅客李磊预订航班后尚未付款，请将其票号为 781-6151027571 的电子客票挂起，收到款后请再为其解挂。

任务实施

【步骤一】提取电子客票票面信息，此时票面状态为 OPEN FOR USE。

```
►DETR:TN/781-6151027571
ISSUED BY: TAO220 ORG/DST: SHE/URC ISI:SITI                    BSP-D
TOUR CODE
PASSENGER: 李磊
EXCH:                                                      CONJ TKT:
  FM: 1SHE MU 5824 S 08MAY 1345 OK Y                    20K OPEN FOR USE
       RL: X79R6/JRQ1Z 1E
  TO: CGO
  FM: 2XIY MU 2769 Y 18MAY 1150 OK Y                    20K OPEN FOR USE
       RL: X79R6/JRQ1Z 1E
  TO: URC
FARE:      CNY2748.00          FOP:
TAX:       CNY100.00CN         OI:
TAX:       CNY140.00YQ
TOTAL:     CNY2988.00          TKTN: 781-6151027571
```

【步骤二】执行挂起指令。

```
►TSS:TN/781-6151027571/S
ACCEPTED
```

【步骤三】再次提取电子客票票面信息，此时票面状态为 SUPENDED。

```
►DETR:TN/781-6151027571
ISSUED BY: TAO220 ORG/DST: SHE/URC ISI:SITI                          BSP-D
TOUR CODE
PASSENGER: 李磊
EXCH:                                                            CONJ TKT:
  FM: 1SHE MU 5824 S 08MAY 1345 OK Y                             20K SUSPENDED
      RL: X79R6/JRQ1Z 1E
  TO: CGO
  FM: 2XIY MU 2769 Y 18MAY 1150 OK Y                             20K SUSPENDED
      RL: X79R6/JRQ1Z 1E
  TO: URC
FARE:       CNY2748.00           FOP:
TAX:        CNY100.00CN          OI:
TAX:        CNY140.00YQ
TOTAL:      CNY2988.00           TKTN: 781-6151027571
```

【步骤四】执行解挂指令。

```
►TSS:TN/781-6151027571/B
ACCEPTED
```

【步骤五】再次提取电子客票票面信息，此时票面状态为 OPEN FOR USE。

```
►DETR:TN/781-6151027571
ISSUED BY: TAO220 ORG/DST: SHE/URC ISI:SITI                          BSP-D
TOUR CODE
PASSENGER: 李磊
EXCH:                                                            CONJ TKT:
  FM: 1SHE MU 5824 S 08MAY 1345 OK Y                             20K OPEN FOR USE
      RL: X79R6/JRQ1Z 1E
  TO: CGO
  FM: 2XIY MU 2769 Y 18MAY 1150 OK Y                             20K OPEN FOR USE
      RL: X79R6/JRQ1Z 1E
  TO: URC
FARE:       CNY2748.00           FOP:
TAX:        CNY100.00CN          OI:
TAX:        CNY140.00YQ
TOTAL:      CNY2988.00           TKTN: 781-6151027571
```

练习操作

1．请为本人预订 5 月 2 日天津到南京、5 月 8 日南京到天津的航班，并为其办理挂起与解挂。

2．请为本人预订 8 月 19 日南宁到合肥、8 月 24 日合肥到深圳的航班，并为其办理挂起与解挂。

3．请为本人预订9月6日银川到西安、9月12日西安到杭州、9月20日杭州到深圳的航班，并为其办理挂起与解挂。

4．请为本人预订11月10日南宁到长沙、11月15日广州到青岛、11月20日济南到成都的航班，并为其办理挂起与解挂。

5．请为本人预订11月8日沈阳到武汉、11月13日长沙到三亚、11月18日海口到厦门的航班，并为其办理挂起与解挂。

6．请为本人预订12月12日呼和浩特到郑州、12月18日西安到北京、12月24日南京到成都的航班，并为其办理挂起与解挂。

任务4　电子客票的作废

知识目标

1．了解作废的定义。

2．掌握作废的一般方法。

能力目标

能够办理客票作废。

基础知识

1. 作废的定义

当天出的票如果要取消行程可以作废，某些航空公司会给出一个作废率，如果超过作废率就要收取一定的费用。

2. 作废的基本指令

（1）作废客票用指令（VT）

指令格式>VT:打票机号/起始票号-结束票号/PNR记录编号

例：“VT:1/784-1234567890/NNH56”将在第1号打票机上所出的PNR记录为NNH56，票号为784-1234567890的客票进行作废。

作废成功后系统提示：ET TRANSACTION SUCCESS。

◉ 注意

A:VT只能作废当天出票且未起飞航班的电子客票。

（2）作废票的恢复

只能恢复当天的作废票。

指令格式>VT:打票机号/票号/PNR 记录编号/R

任务导入

请将旅客李磊票号为 781-6151027571 的电子客票作废。

任务实施

【步骤一】提取电子客票票面信息，此时票面状态为 OPEN FOR USE。

```
►DETR:TN/781-6151027571
ISSUED BY: TAO220 ORG/DST: SHE/URC ISI:SITI                BSP-D
TOUR CODE
PASSENGER: 李磊
EXCH:                                                      CONJ TKT:
  FM: 1SHE MU 5824 S 08MAY 1345 OK Y                       20K OPEN FOR USE
      RL: X79R6/JRQ1Z 1E
  TO: CGO
  FM: 2XIY MU 2769 Y 18MAY 1150 OK Y                       20K OPEN FOR USE
      RL: X79R6/JRQ1Z 1E
  TO: URC
FARE:     CNY2748.00          FOP:
TAX:      CNY100.00CN         OI:
TAX:      CNY140.00YQ
TOTAL:    CNY2988.00          TKTN: 781-6151027571
```

【步骤二】执行作废指令。

```
►VT:3/781-6151027571/JRQ1Z
ET TRANSACTION SUCCESS
```

【步骤三】提取电子客票票面信息，此时票面状态为 VOID。

```
►DETR:TN/781-6151027571
ISSUED BY: TAO220 ORG/DST: SHE/URC ISI:SITI                BSP-D
TOUR CODE
PASSENGER: 李磊
EXCH:                                                      CONJ TKT:
  FM: 1SHE MU 5824 S 08MAY 1345 OK Y                       20K VOID
      RL: X79R6/JRQ1Z 1E
  TO: CGO
```

```
  FM: 2XIY MU 2769 Y 18MAY 1150 OK Y                          20K VOID
        RL: X79R6/JRQ1Z 1E
  TO: URC
FARE:       CNY2748.00            FOP:
TAX:        CNY100.00CN           OI:
TAX:        CNY140.00YQ
TOTAL:      CNY2988.00            TKTN: 781-6151027571
```

练习操作

1．请为旅客李磊预订 5 月 23 日武汉到昆明的航班，并为其申请轮椅（WCHC）和无盐餐食（NOSALT）。身份证号码为 180100199910210010，电话号码为 19088004518。预订完后，对电子客票进行作废处理。

2．请为本人、李磊、韩梅梅预订 11 月 8 日青岛到福州、11 月 9 日福州到青岛的往返航班，并为三人申请无盐餐食（NOSALT）。电话号码用本人电话号码，身份证号码用本人的身份证号码。李磊的身份证号码为 180100199910210010，电话号码为 19088004518；韩梅梅的身份证号码为 180100199910210020，电话号码为 19088004519。预订完后，对电子客票进行作废处理。

3．请为旅客李明（2013 年 8 月 16 日生）预订 5 月 18 日济南到深圳的航班，并为其申请轮椅（WCHC）和无盐餐食（NOSALT）。身份证号码为 180100201308160010，电话号码为 19088004518。预订完后，对电子客票进行作废处理。

4．请为团体名为 MINHANGAIHAOZHE 的 10 名旅客预订 6 月 18 日青岛到上海的航班，并为其申请无盐餐食（NOSALT）。身份证号码自拟，电话号码自拟。预订完后，对电子客票进行作废处理。

5．请为旅客李磊（某省省长）预订 6 月 5 日南京到西安、6 月 7 日西安到南京的航班，并为其申请无盐餐食（NOSALT）。身份证号码和电话号码自拟。预订完后，对电子客票进行作废处理。

6．请为本人、旅客李明（2013 年 8 月 16 日生）预订 8 月 5 日青岛到上海、8 月 20 日上海到青岛的航班，并为两人申请无盐餐食（NOSALT）。电话号码用本人电话号码，身份证号码用本人的身份证号码。李明的身份证号码为 180100201308160010，电话号码为 19088004518。预订完后，对电子客票进行作废处理。

项目七　国际客票的预订

本项目主要介绍国际旅行知识、国际地理知识、运价查询、国际客票预订的一般方法，使学生掌握国际客票预订与出票等基本操作技能，能够为旅客预订国际客票。

知识目标

1．了解国际旅行的一般知识。

2．掌握国际客票运价查询、国际客票预订的基本指令。

3．熟练掌握国际客票的预订流程。

能力目标

1．能够进行国际客票运价查询。

2．能够进行国际客票的预订。

考证标准

民用航空运输销售代理岗位技能培训合格证。

基础知识

1．国际旅行知识

1）入境

外国人来华旅游，华侨，港、澳特别行政区居民，台湾同胞到祖国内地旅游，中国公民到境外旅行返归，都必须在指定的口岸边防检查站（由公安、海关、卫生检疫三方组成）交验有效证件，境外旅行者还需填写入境卡，经边防检查站核准加盖验讫章后方可入境。

（1）有效证件

有效证件是指各国政府为本国公民颁发的出国证件。常见的有效证件有以下几种。

① 护照。

护照是一国主管机关发给本国公民出国或在国外居留的证件，证明其国籍和身份，如图 7-1 所示。

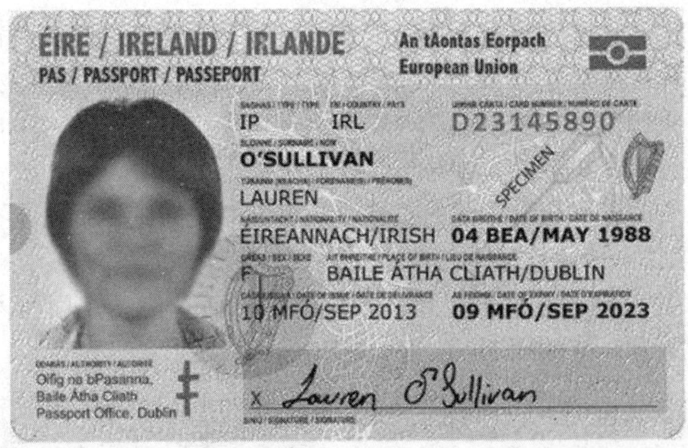

图 7-1　护照样本

护照一般有外交护照、公务护照和普通护照三种。另外，还有团体护照和为出境旅游的公民发放一次性有效的旅游护照。

- 外交护照。发给政府高级官员、国会议员、外交和领事官员、负有特殊外交使命的人员、政府代表团成员等。
- 公务护照。发给政府一般官员，驻外使、领馆工作人员以及因公派往国外执行文化、经济等任务的人员。
- 普通护照。发给出国的一般公民、国外侨民等。

在中国，外交护照和公务护照由外事部门颁发，普通护照由公安部门颁发。外交护照和公务护照有效期最长不超过 5 年，普通护照有效期最长不超过 10 年，期满后换发新照。

② 签证。

签证是一国主管机关在本国或外国公民所持的护照或其他旅行证件上签注、盖印，表示准其出入本国国境或过境的手续，如图 7-2 所示。

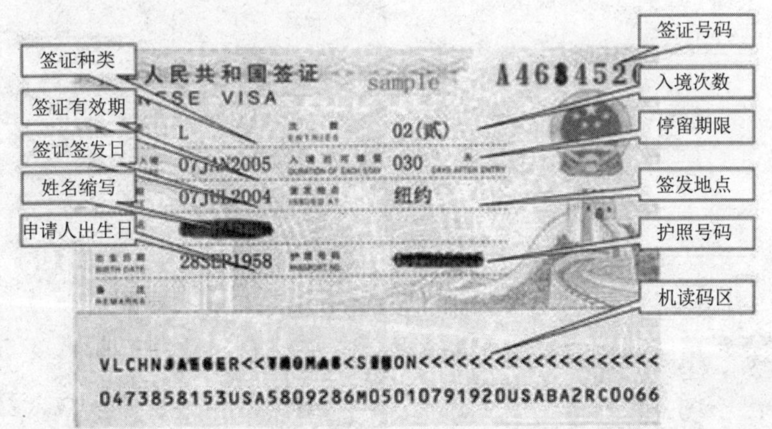

图 7-2　签证样本

签证分外交签证、礼遇签证、公务签证、普通签证等，也可分为入境签证、入出境签证、出入境签证和过境签证等。旅游签证属于普通签证，在中国为“L”字签证（发给来中国旅游、探亲或因其他私人事务入境的人员），签证上规定了持证者在中国停留的起止日期。9 人以上的旅游团体可发给团体签证。华侨回国探亲、旅游无须办理签证。

持联程客票搭乘国际航班直接过境，在中国停留不超过 24 小时不出机场的外国人，免办签证；要求临时离开机场的，须经边防检查机关批准。

随着国际关系的改善和旅游事业的发展，许多国家之间签订了互免签证的协议。

③ 港澳居民来往内地通行证。

《港澳居民来往内地通行证》是港、澳同胞往来于香港、澳门与内地之间的有效证件，由各省公安厅签发，有效期 10 年，如图 7-3 所示。

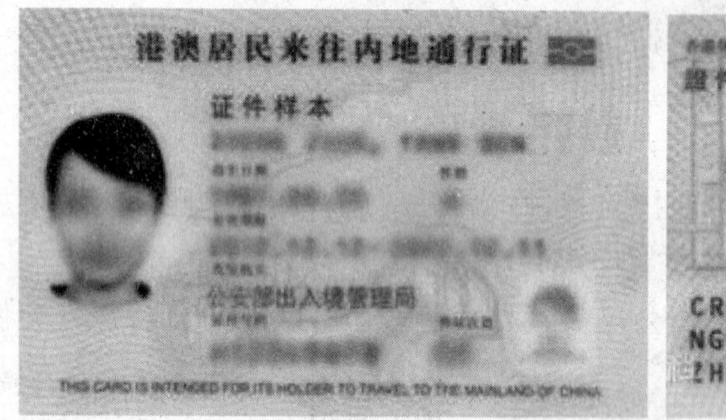

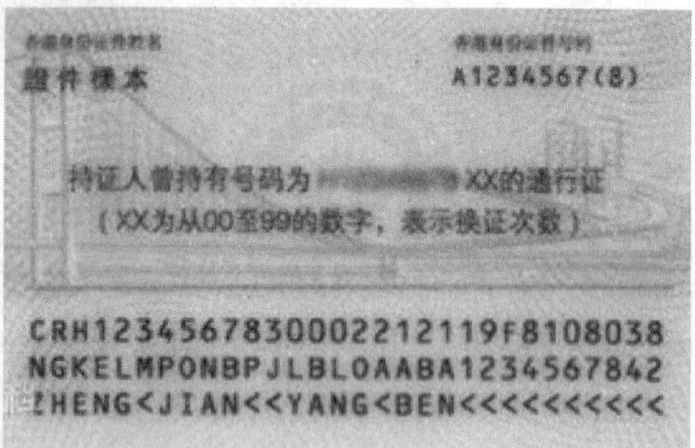

图 7-3　《港澳居民来往内地通行证》样本

④ 台湾居民来往大陆通行证。

《台湾居民来往大陆通行证》是台湾同胞回祖国大陆探亲、旅游的证件，经口岸边防检查站查验并加盖验讫章后，即可作为台湾同胞进出祖国大陆和在内地旅行的有效身份证明，如图 7-4 所示。此证由国家公安部委托香港中国旅行社签发，一次性有效，出境时由口岸边防检查站收回。

图 7-4　《台湾居民来往大陆通行证》样本

（2）入境卫生检疫

外国人进入中国，应根据国境检疫机关的要求如实填报健康申明卡，传染病患者隐瞒不报，按逃避检疫论处，一经发现禁止入境；已经入境者，须请其提前出境。

来自传染病疫区的人员须出示有效的有关疾病的预防接种证书（俗称“黄皮书”）；无证者，国境卫生检疫机关将从其离开感染疫区时算起，实施为期6日的留验观察。

（3）不准入境的几种人

有下列情况之一的外国人不准进入中国。

① 被中国政府驱逐出境，未满不准入境年限的。

② 被认为入境后可能进行恐怖、暴力、颠覆活动的。

③ 被认为入境后可能进行走私、贩毒、卖淫活动的。

④ 患有精神病和麻风病、艾滋病、性病、开放性肺结核等传染病的。

⑤ 不能保障其在中国境内所需费用的。

⑥ 被认为入境后可能进行危害我国国家安全和利益的其他活动的。

中国边防检查站有权阻止其入境的几种人。

① 未持有效护照、证件或签证的。

② 持伪造、涂改或他人护照、证件的。

③ 拒绝接受查验证件的。

④ 公安部或者国家安全部通知不准入境的。

2）出境

（1）外国旅行者出境

根据有关规定，属于下列情况之一的外国旅行者不准出境。

① 刑事案件的被告人和公安机关、人民检察院或人民法院认定的犯罪嫌疑人。

② 人民法院通知有未了结民事案件的当事人。

③ 有其他违反中国法律的行为尚未处理，经有关主管机关认定需要追究的当事人。

属于下列情况之一的旅行者，边防检查机关有权限制其出境。

① 持无效出境证件的。

② 持伪造、涂改或他人护照、证件的。

③ 拒绝接受查验证件的。

④ 外国旅行者携带我国出口的文物（包括古旧图书、字画等），应向海关递交中国文物管理部门的鉴定证明，不能提供证明的不准携带出境。

（2）中国旅行者出境

中国旅行者出境同样要向我国口岸检查站交验有效护照和前往国家或地区的签证（赴香港、澳门须提交来往香港、澳门特别行政区通行证）。

中国旅游者出境前，对自己所带的贵重物品或海关限制物品，应按有关规定填写行李申报单（一式两份），以便回程时海关凭此核对免税带进。海关将其中的一份已签章的行李申报单退回旅游者本人留存，待回程时交入境地海关查验。

2. 国际地理知识

（1）IATA 的分区

国际航空运输协会（International Air Transport Association，IATA）为了制定规则和贯彻规则，将世界分为三大交通会议区（Traffic Conference Areas），简称 TC1、TC2、TC3，对三大区的正确了解是准确计算国际运价的必要条件之一，三大区具体范围如图 7-5 所示。

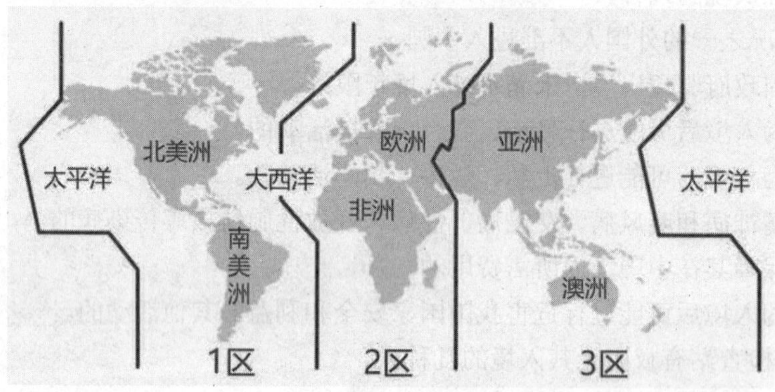

图 7-5　IATA 分区示意图

① 一区（TC1）包括：南北美洲大陆及其邻近的岛屿，还包括格陵兰岛，百慕大、西印度群岛，加勒比群岛，以及夏威夷群岛。

一区中与我国通航的国家主要有加拿大和美国，通航城市主要有温哥华、多伦多、旧金山、西雅图、洛杉矶、芝加哥和纽约。

② 二区（TC2）包括：欧洲、非洲及其邻近岛屿，包含阿松森岛及乌拉尔山以西部分（包括伊朗）的亚洲部分。注意：IATA 定义的欧洲次区除了包括地理上的欧洲外，还应加上突尼斯、阿尔及利亚、摩洛哥、加纳利群岛、马德拉群岛以及塞浦路斯和土耳其的亚洲部分。

二区中与我国通航的国家主要为欧洲国家，也有少数中东和非洲国家，包括英国、法国、比利时、西班牙、瑞典、埃及、以色列、土耳其和埃塞俄比亚。主要城市有伦敦、巴黎、法兰克福、哥本哈根、斯德哥尔摩、柏林、马德里、苏黎世、开罗等。

③ 三区（TC3）包括：亚洲及其邻近岛屿（不包括二区内的）东印度群岛、澳大利亚、新西兰以及太平洋中的群岛（不包括一区内的）。

三区（TC3）中与我国通航的国家主要为亚洲国家，包括日本、韩国、朝鲜、越南、马来西亚、新加坡、印度尼西亚、澳大利亚等。主要城市有东京、大阪、福冈、长崎、首尔、新加坡、悉尼、雅加达等。

（2）世界主要航线

根据 IATA 分区，把世界分为东半球和西半球，东半球指 IATA 二区和三区，西半球指 IATA 一区。在计算国际运价时，我们要考虑从一个区域到另一个区域的航行方向即全球指标（Global Indicator，GI），它是准确计算国际运价的一个重要依据，因为从一个城市至另一个城市在不同的方向下有不同的运价公布，所以我们在计算运价时，首先必须明确航程的方向。下面我们介绍常见的主要航线方向及代号。

① AT（VIA ATLANTIC 经大西洋方向），适用于经大西洋的航程。

例 1：BJS-KHI-PAR-NYC

例 2：SFO-PAR

② EH（EASTERN HEMISPHERE 经东半球方向），适用于整个在东半球内的航程。

例 3：MAD-ATH（雅典）-SIN

例 4：BJS-BKK-LON

③ PA（VIA PACIFIC 经太平洋方向），适用于经太平洋的航程。

例 5：TYO-HKG-SFO

例 6：BJS-HNL-NYC

④ AP（VIA ATLANTIC AND PACIFIC 既经大西洋又经太平洋方向），适用于既经大西洋又经太平洋的航程。

例 7：HKG-SFO-NYC-LON

例 8：BKK-TYO-WAS-CPH

⑤ TS（VIA SIBERIA(MOW)AND NONSTOP EUROPE-JAPAN/KOREAN 跨西伯利亚方向），适用于二区与三区之间欧洲经西伯利亚到日本、韩国、朝鲜间乘直达航班的旅行。

例 9：TYO-STO

例 10：BKK-TYO-FRA

例 11：HKG-SEL-MOW-LCA

⑥ WH（WESTERN HEMISPHERE 经西半球方向），适用于整个在西半球（一区）内的航程。

例 12：NYC-LIM

3. 国际主要指令

（1）选择航段——SEL

当 PNR 中只需要对部分航段进行计算票价时，可以使用 SEL 指令选择航段，然后对这些航段进行计算。

指令格式>SEL:PNR 中航段序号

示例：请选择第二个航段。

```
▶RT
1. ZHANG/HAN
2.    CA1506 Y    WE01SEP    FOCPEK DK1    1155 1430        733 S 0
3.    CA101  Y    TH09SEP    PEKHKG DK1    0750 1050        744 S 0
4. 65005435
5. TAO220
```

操作如下：

```
▶SEL：3
 1．ZHANG/HAN
 2．CA1506 Y   WE01SEP  FOCPEK DK1   1155 1430    733 S 0
 3．CA101  Y   TH09SEP  PEKHKG DK1   0750 1050    744 S 0      QTE
 4．65005435
 5．TAO220
```

（2）显示运价结果——QTE

选择好航段后，便可以使用 QTE 指令计算出航程的运价。下面举例说明。

指令格式>QTE:

示例：旅客航程为北京—旧金山，乘坐 8 月 28 日 CA985 航班，C 舱，PNR 如下。现计算公布运价。

```
▶RT：
1．JIN/YE   MKSL2
2．CA985  C   SA28AUG  PEKSFO RR1   1245 1305
3．TAO/T TAO/T 0532-83835555/QINGDAO PENGFEI AIRLINES SERVICE LTD.,CO/LI TAO
    ABCDEFG
4．NO
5．RMK CA/H47LN
6．RMK AK HDQUA WTG1TU
7．RMK AK SWI1G XXXXXX
8．TAO220
```

操作如下：

```
▶QTE:
FSI/
S CA    985C28AUG PEK1245 1305SFO0S
01 C                      13251 CNY                       INCL TAX
*ATTN PRICED ON 24AUG99*1446                                含税价格
 BJS
 SFO C                  NVB         NVA28AUG PC
FARE   CNY     13040
TAX     CNY        50XY CNY        42YC CNY       119XT
TOTAL CNY      13251
28AUG99BJS CA SFO1575.31NUC1575.31END ROE8.277700SITI
XT CNY 102US CNY 17XA
ONLN/1E /DB1
```

【说明】

① 订座情况代码：

S——Confirmed booking（座位已确认 HK 或 RR）。

L——Booking on request or wait listed（申请或候补 HL 或 HN）。

O——Open segment（OPEN 航段）。

U——Unknown.Any of the above Booking Status Codes.（情况不明）。

② 日期变更标识：

空格——到达与出发日期相同。

>——到达日期比出发日期晚一天。

+ \——到达日期比出发日期晚两天。

<——到达日期比出发日期早一天。

③ 经停标识：

S——Stopover（经停）。

X——No Stopover（不经停）。

U——Unknown（情况不明）。

知识补充

QTE 指令最多可以计算 16 个航段的运价，当航段超过 8 段时，QTE 后，系统不能立即算出其结果，而是给出一个编码，然后再使用 XS FSI/编码找到其结果；如果使用 XS FSI/编码依然没有结果时，1 分钟之后再使用 XS FSI/编码提取结果。

编码可在系统中保留 24 个小时，此时间段中可反复使用此编码。

（3）显示运价计算横式——XS FSQ

当营业员通过 QTE 或 XS FSP、XS FSI 计算运价后，有时计算机系统会给出几个运价结果，供营业员选择。FSQ 指令可以显示运价计算的横式。

指令格式>XS FSQ 运价序号

示例：请显示第二个运价的横式。

```
►QTE
FSI/
S CA    931Y25AUG PEK1240 1655FRA0S
S CA    932K01SEP FRA1835>1005PEK0S
01 Y                   28926 CNY                     INCL TAX
02 YHPX3M              14816 CNY       RE            INCL TAX
*2*PEX FARE
*ATTN PRICED ON 24AUG99*1620
ONLN/1E /DB1 /PAGE 1/1
```

操作如下：

```
►XS FSQ 2
FSI/
S CA    931Y25AUG PEK1240 1655FRA0S
```

```
S CA    932K01SEP FRA1835>1005PEK0S
01 Y                    28926 CNY                    INCL TAX
02 YHPX3M                  14816 CNY       RE              INCL TAX
*2*PEX FARE
*ATTN PRICED ON 24AUG99*1620
 BJS
 FRA YHPX3M              NVB25AUG NVA25AUG 20K
 BJS YHPX3M              NVB01SEP NVA01SEP 20K
FARE    CNY     14690
TAX     CNY       92RA CNY       34DE
TOTAL CNY    14816
25AUG99BJS CA FRA887.32CA BJS887.32NUC1774.64END ROE8.277700
SITI
ENDOS FARE RESTRICTIONS APPLY
ATTN PEX FARE             **
ONLN/1E /DB1
```

（4）显示运价附加规则——XS FSG

每一个运价都有其适用的规则。QTE 计算出运价后，可以通过 XS FSG 指令查出相应的使用规则。

指令格式>XS FSG 运价序号

示例：请显示第二个运价的使用规则。

```
►QTE
FSI/
S CA    931Y25AUG PEK1240 1655FRA0S
S CA    932K01SEP FRA1835>1005PEK0S
01 Y                    28926 CNY                    INCL TAX
02 YHPX3M                  14816 CNY       RE              INCL TAX
*2*PEX FARE
*ATTN PRICED ON 24AUG99*1620
ONLN/1E /DB1 /PAGE 1/1
```

操作如下：

```
►XS FSG 2
FSN V403/XX /000/00/25AUG99*INDEF   /        BJSFRA
00.TITLE/APPLICATION
   TC23   PEX FARES FROM CHINA EXCLUDING HONG KONG SAR
   TO EUROPE VIA EH, FE                          <SEE ALSO S999>
   A> APPLICATION
      ECONOMY CLASS
      ROUND, CIRCLE, OPEN JAW TRIP
```

```
        SPECIAL EXCURSION <PEX> FARES
        FROM CHINA EXCLUDING HONG KONG SAR
        TO EUROPE
        VIA EH, FE
03.SEASONALITY
    A> 2> SEASONAL PERIODS
            PEAK        H    15 MAR - 30 APR
                        H    15 JUN - 31 OCT
            BASIC       L    01 MAY - 14 JUN
                        L    01 NOV - 14 MAR
06.MINIMUM STAY
    A> 6 DAYS
07.MAXIMUM STAY
```

（5）自动运价存储指令——DFSQ:A

QTE 计算运价后，DFSQ:A 可将计算出的运价结果自动加入 PNR，及时出票后票面会自动生成出票标识（A 标识）。使用指令 DFSQ:A 后，订座系统自动生成 FC/FN/TC/EI 等组并自动加入 PNR。

```
指令格式>DFSQ:A
```

示例：现调取如下运价，请生成 PNR 的运价组。

```
►QTE:/BA
FSI/BA S BA 038V10JUL PEK1140 1555LHR0S 777 #DFAJCDRIWETYBHKMLVSNQO
01 VHXF00S2 7658 CNY  INCL TAX
*SYSTEM DEFAULT-CHECK OPERATING CARRIER
*ATTN PRICED ON 16JAN19*0957
BJS LON VHXF00S2 NVB10JUL19 NVA10JUL19 1PC FARE CNY 6410  TAX
CNY 90CN CNY 1158YQ  TOTAL CNY 7658 10JUL19BJS BA LON932．03NUC932．03END RO
E6.874172    ENDOS
*CARRIER RESTRICTION APPLY  ENDOS *PENALTY APPLIES
*AUTO BAGGAGE INFORMATION AVAILABLE - SEE FSB
*COMMISSION VALIDATED - DATA SOURCE TRAVELSKY TKT/TL23JAN19*0956 COMMISSION
0.00 PERCENT OF GROSS FSKY/1E/UMKJLGMJP61SA22/FCC=T/
```

操作如下：

```
►DFSQ:A
1．JOHN/SMITH MR HYDC63
2．UA089  Y   MO15JUL  EWRPEK HK1    1150 1335+1 SEAME  C 3
3．SU205  Y   FR02AUG  PEKSVO HK1    1140 1455  SEAME  2 D
4．PEK/T  PEK/T010-80885338/BEIJING  ORIENT  BLUE  SKY  INTERNATIONAL  AVIATION
SERVICE CO.,LTD//GEXING ABCDEFG
5．TL/0950/15JUL/PEK592
```

```
6. FC/A/15JUL19NYC A-15JUL20 F-2PC UA BJS Q300.00 M 3696.00Y1ARY SU MOW    Q120.39
2363.92YFOA NUC6480.31END ROE1. 000000 XT 90.00CN14.00RI1646.00YQ3  1. 00XFEWR4.5
7. SSR OTHS 1E UA 089 15JUL ADV PAX FLT ARRIVES TERMINAL-3 ADV PAX FLT DEPARTS
TERMINAL-C
8. SSR OTHS 1E UA 089 15JUL BUSINESSFIRST OFFERED THIS FLIGHT
9. SSR DOCS SU HK1 P/US/E39480750/US/17FEB80/M/20DEC22/JOHN/SMITH/P1
10. SSR DOCS UA HK1 P/US/E39480750/US/17FEB80/M/20DEC22/JOHN/SMITH/P1
11. SSR CTCM SU HK1 19088004518/P1
12. SSR CTCM UA HK1 19088004518/P1
13. RMK OT/A/0/42053//UA
14. RMK TLWBINSD
15. RMK SU/NENTOX
16. RMK UA/PHK0JE
17. FN/A/FUSD6480.00/ECNY43860.00/SCNY43860.00/C0.00/XCNY1945.00/TCNY38.00AY/
TCNY126.00US/TCNY1781. 00XT/ACNY45805.00
18. EI/A/REFUNDABLE
19. PEK592
```

【说明】

可在 DFSQ:A 指令中手动输入代理费率、免费行李额、信用卡支付方式、旅客序号等内容，指令格式如表 7-1 所示。

表 7-1　自动运价存储指令

指 令 格 式	说　明
>DFSQ:A/3PC01-02,4PC04	免费行李额为第一和第二航段 3 件，第四航段 4 件，第二航段不变为 2 件
>DFSQ:A/3PC	所有航段免费行李额为 3 件
>DFSQ:A/30KG01,30KG04	免费行李额为第一和第四航段 30 千克，第二和第三航段为 20 千克（以经济舱为例）
>DFSQ:A/30KG	所有航段免费行李额为 30 千克
>DFSQ:A/3PC01-03,30KG04	免费行李额为第一到第三航段 3 件，第四航段 30 千克
>DFSQ:A/C6. 00	特殊代理费率，指定代理费率为 6%
>DFSQ:A/CC	信用卡支付，指定支付方式为信用卡
>DFSQ:A/P2	旅客序号，指定将运价存储给第二名旅客
>DFSQ:A/C3.00/30KG01, 3PC02-03/CC/P2	多种选项混合使用，指定代理费率为 3%、免费行李额第一航段 30 千克、第二第三航段 3 件、以信用卡支付，并将运价指定存储给第二名旅客

① 免费行李额。如未在 DFSQ:A 指令中指定行李额，对于行李额为 PC 的情况，默认为 2PC；对于行李额为 KG 的情况，使用 SITA 运价计算系统的默认值（头等舱 40KG，公务舱 30KG，经济舱 20KG）。

② 信用卡支付方式。仅支持使用信用卡支付全额票价和税款（部分使用信用卡支付，部分使用现金的模式不支持），并且 FP 项中信用卡授权信息部分仍需使用其他指令或手工完成。

③ 指定旅客序号。DFSQ:A 执行结果默认适用于 PNR 中所有旅客；当 PNR 中有多

种旅客类型的情况下，需要指定旅客序号将自动计算的结果保存给该旅客。并且，通常指定旅客序号选项在 DFSQ:A 中最后输入。

任务导入

请为旅客李磊预订 7 月 10 北京到伦敦的航班，李磊的护照号码是 E39480750，电话号码为 19088004518。

任务实施

【步骤一】查询航班。

```
►AVH/BJSLON/10JUL
 10JUL(WED) BJSLON
1-CA787 DS# PEKLHR 0735 1150 359 0^ E >T3 2 11:15
2 BA038 DS! F9 A9 J9 C9 D9 R9 I9 W9 E9 T9 PEKLHR 1140 1555 777 0^M E
  >Y9 B9 H9 K9 M9 L9 V9 S9 N9 Q9 O9 GL 3 5 11:15
3 CA937 DS#   PEKLHR 1410 1745 773 0^ E > T3 2 10:35
4 *VS7937 DS! J4 C4 D4 I4 Z4 Y9 B9 R9 L9 U9 PEKLHR 1410 1745 773 0 M E
  >CA937 M9 E0 Q0 X0 N0 O0 T3 2 10:35
5 CA855 DS# PEKLHR 1625 2040 359 0^ E T3 2 11:15
6 *VS7939 DS! J4 C4 D4 I4 Z4 Y9 B9 R9 L9 U9 PEKLHR 1625 2040 359 0 H E
  >CA855 M9 E0 Q0 X0 N0 O0 T3 2 11:15
7+TK021 DS! C4 D4 Z4 K4 J4 I4 R0 Y9 B9 M9 PEKIST 0010 0520 77W 0'M E
  >A9 H9 S9 O9 E9 Q9 TC LC VC PC WC UC X0 N0 G0 3 I 10:10
  TK1981 DS! C4 D4 Z4 K4 J4 I4 R0 Y9 B9 M9 LGW 0725 0930 32B 0'M E
  >A9 H9 S9 O9 E9 Q9 TC LC VC PC WC UC X0 N0 G0 I S 16:20
```

【步骤二】预订航班。

```
►SD2V1
  1. BA038 V WE10JUL PEKLHR DK1 1140 1555  SEAME  3 5
  2. BA038 O WE10JUL PEKLHR DK1 1140 1555  SEAME  3 5
  3. PEK/T PEK/T010-80885338/ BEIJING ORIENT BLUE SKY INTERNATIONAL AVIATION
SERVICE CO.,LTD//GEXING ABCDEFG
  4. PEK592
```

【步骤三】输入旅客姓名。

```
►NM1LI/LEI MR
1. LI/LEI MR
2. BA038 V WE10JUL PEKLHR DK1 1140 1555 SEAME  3 5
3. PEK/T PEK/T010-80885338/BEIJING ORIENT BLUE SKY INTERNATIONAL AVIATION
SERVICE CO.,LTD//GEXING ABCDEFG
4. PEK592
```

【步骤四】输入旅客护照信息。

```
►SSR:DOCS BA HK1 P/CN/E39480750/CN/17FEB80/M/20DEC22/LI/LEI/P1
1. LI/LEI MR
2. BA038 V WE10JUL PEKLHR DK1 1140 1555 SEAME  3 5
3. PEK/T PEK/T010-80885338/BEIJING ORIENT BLUE SKY INTERNATIONAL AVIATION SERVICE
CO.,LTD//GEXING ABCDEFG
4. SSR DOCS BA HK1 P/CN/E39480750/CN/17FEB80/M/20DEC22/LI/LEI/P1
5. PEK592
```

【步骤五】输入联系方式。

```
►OSI BA CTCM 19088004518/P1
1. LI/LEI MR
2. BA038 V WE10JUL PEKLHR DK1 1140 1555 SEAME  3 5
3. PEK/T PEK/T010-80885338/BEIJING ORIENT BLUE SKY INTERNATIONAL AVIATION
SERVICE CO.,LTD//GEXING ABCDEFG
4. SSR DOCS BA HK1 P/CN/E39480750/CN/17FEB80/M/20DEC22/LI/LEI/P1
5. SSR CTCM BA HK1 19088004518/P1
6. PEK592
```

【步骤六】封口。

```
►@
BA 038  V WE10JUL  PEKLHR DK1   1140 1555                    KX1ZW9
*** 预订酒店指令 HC, 详情 ►HC:HELP   ***
```

【步骤七】提取 PNR。

```
►RT KX1ZW9
1. LI/LEI MR KX1ZW9
2. BA038 V WE10JUL PEKLHR HK1 1140 1555 SEAME 3 5
3. PEK/T PEK/T010-80885338/BEIJING ORIENT BLUE SKY INTERNATIONAL AVIATION
SERVICE CO.,LTD//GEXING ABCDEFG
4. TL/0940/10JUL/PEK592
5. SSR DOCS BA HK1 P/CN/E39480750/CN/17FEB80/M/20DEC22/LI/LEI/P1
6. SSR CTCM BA HK1 19088004518/P1
7. RMK TLWBINSD
8. RMK 1A/PDVXTV
9. PEK592
```

【步骤八】调取运价。

```
►QTE:/BA
FSI/BA
S BA   038V10JUL PEK1140 1555LHR0S 777 #DFAJCDRIWETYBHKMLVSNQO
01 VHXF00S2 7658 CNY INCL TAX
```

```
*SYSTEM DEFAULT-CHECK OPERATING CARRIER          *ATTN PRICED ON 16JAN19*0957
BJS LON VHXF00S2 NVB10JUL19 NVA10JUL19 1PC FARE CNY 6410 TAX CNY 90CN CNY 11
58YQ TOTAL CNY 7658 10JUL19BJS BA LON932．03NUC932．03END ROE6.874172 ENDOS
*CARRIER RESTRICTION APPLY ENDOS *PENALTY APPLIES
*AUTO BAGGAGE INFORMATION AVAILABLE - SEE FSB
*COMMISSION VALIDATED - DATA SOURCE TRAVELSKY TKT/TL23JAN19*0956 COMMISSION
0.00 PERCENT OF GROSS FSKY/1E/UMKJLGMJP61SA22/FCC=T/
```

【步骤九】计算运价。

```
►DFSQ:A
1. LI/LEI MR KX1ZW9
2. BA038  V  WE10JUL  PEKLHR HK1   1140 1555 SEAME 3 5
3. PEK/T PEK/T010-80885338/BEIJING ORIENT BLUE SKY INTERNATIONAL AVIATION SERVICE
CO.,LTD//GEXING ABCDEFG
4. TL/0940/10JUL/PEK592
5. FC/A/10JUL19BJS B-10JUL19 A-10JUL19 F-1PC BA LON 932．03VHXF00S2          NUC932．03
END ROE6.874172    、
6. SSR DOCS BA HK1 P/CN/E39480750/CN/17FEB80/M/20DEC22/ LI/LEI/P1
7. SSR CTCM BA HK1 19088004518/P1
8. RMK OT/A/0/42053//BA
9. RMK TLWBINSD
10. RMK 1A/PDVXTV
11. FN/A/FCNY6410.00/SCNY6410.00/C0.00/XCNY1248.00/TCNY90.00CN/TCNY1158.00YQ/-
ACNY7658.00
12. EI/A/CARRIER RESTRICTION APPLY PENALTY APPLIES
13. PEK592
```

【步骤十】删除出票时限。

```
►XE:4
1. LI/LEI MR KX1ZW9
2. BA038  V  WE10JUL  PEKLHR HK1   1140 1555 SEAME 3 5
3. PEK/T PEK/T010-80885338/BEIJING ORIENT BLUE SKY INTERNATIONAL AVIATION SERVICE
CO.,LTD//GEXING ABCDEFG
4. FC/A/10JUL19BJS B-10JUL19 A-10JUL19 F-1PC BA LON 932．03VHXF00S2
NUC932．03END ROE6.874172
5. SSR DOCS BA HK1 P/CN/E39480750/CN/17FEB80/M/20DEC22/LI/LEI/P1
6. SSR CTCM BA HK1 19088004518/P1
7. RMK OT/A/0/42053//BA
8. RMK TLWBINSD
9. RMK 1A/PDVXTV
10. FN/A/FCNY6410.00/SCNY6410.00/C0.00/XCNY1248.00/TCNY90.00CN/TCNY1158.00YQ/-
ACNY7658.00
```

```
11. EI/A/CARRIER RESTRICTION APPLY PENALTY APPLIES
12. PEK592
```

【步骤十一】变更客票状态为RR状态。

```
►2RR
1. LI/LEI MR KX1ZW9
2. BA038  V   WE10JUL  PEKLHR RR1   1140 1555 SEAME 3 5
3. PEK/T PEK/T010-80885338/BEIJING ORIENT BLUE SKY INTERNATIONAL AVIATION SERVICE
CO.,LTD//GEXING ABCDEFG
4. FC/A/10JUL19BJS B-10JUL19 A-10JUL19 F-1PC BA LON 932. 03VHXF00S2
NUC932. 03END ROE6.874172
5. SSR DOCS BA HK1 P/CN/E39480750/CN/17FEB80/M/20DEC22/LI/LEI/P1
6. SSR CTCM BA HK1 19088004518/P1
7. RMK OT/A/0/42053//BA
8. RMK TLWBINSD
9. RMK 1A/PDVXTV
10. FN/A/FCNY6410.00/SCNY6410.00/C0.00/XCNY1248.00/TCNY90.00CN/TCNY1158.00YQ/-
ACNY7658.00
11. EI/A/CARRIER RESTRICTION APPLY PENALTY APPLIES
12. PEK592
```

【步骤十二】出票。

```
►ETDZ:3
CNY6410.00    KX1ZW9
ET PROCESSING... PLEASE WAIT!
ELECTRONIC TICKET ISSUED
```

练习操作

1. 请为本人预订7月1日北京到伦敦的航班。本人护照号码是E39480750，电话号码为19088004518。

2. 请为本人预订8月10日上海到香港的航班。本人护照号码是E39480750，电话号码为19088004518。

3. 请为本人预订9月15日广州到首尔的航班。本人护照号码是E39480750，电话号码为19088004518。

4. 请为本人预订10月1日北京到巴黎、10月10日巴黎到北京的航班。本人护照号码是E39480750，电话号码为19088004518。

5. 请为本人预订11月12日法兰克福到北京、11月18日北京到东京的航班。本人护照号码是E39480750，电话号码为19088004518。

6. 请为本人预订12月20日上海到新加坡、12月30日新加坡到悉尼的航班。本人护照号码是E39480750，电话号码为19088004518。

第三篇
提升篇

项目八　民航呼叫中心

本项目主要介绍呼叫中心的基本知识，使学生能够熟练使用呼叫中心礼貌用语服务旅客。

知识目标

1．了解呼叫中心的发展史。

2．掌握呼叫中心的注意事项。

3．熟练掌握呼叫中心礼貌用语。

能力目标

1．能够熟练使用呼叫中心礼貌用语。

2．能够热情周到地服务旅客。

考证标准

民用航空运输销售代理岗位技能培训合格证。

任务 1　民航客票的预订服务

知识目标

1．掌握为旅客订座沟通基本服务用语。

2．掌握为旅客订座沟通其他服务用语规范。

能力目标

能够按照旅客要求建立订座记录，使旅客满意。

基础知识

1956 年，美国泛美航空公司建成了世界上第一家呼叫中心。在 20 世纪 80 年代，呼叫中心在欧美等发达国家的电信企业、航空公司、商业银行等领域得到了广泛的应用。航空公司最早的呼叫中心主要用于接受旅客的机票预订业务，那时的呼叫中心更多的应该称为热线电话，除了电话排队外，其全部服务由人工完成。

呼叫中心作为航空公司对旅客服务的第一窗口也是最重要的窗口。新航空公司开航，除了飞行保障外，首先要建设的肯定是呼叫中心系统。呼叫中心座席（Customer Service Representative，CSR）作为直接接触旅客的岗位，工作人员适宜的言行举止至关重要。本部分罗列了常见的呼叫中心座席的常用语，以便更好地服务于旅客。

1. 呼叫中心基本服务用语要求

当我们要表达前面这句话的意思时，请用后面括号中的话语来表达，会取得更好的效果。

（1）你找谁？（请问您找哪一位？）

（2）有什么事？（请问有什么可以帮到您吗？）

（3）你是谁？（方不方便告诉我，您怎么称呼？）

（4）你必须……（我们要您那样做，这是我们需要的。）

（5）如果你需要我的帮助，你必须……（我愿意帮助您，但首先我需要……）

（6）你找他有什么事？（请问有什么可以转告的吗？）

（7）不知道/我怎么会知道（对不起，我现在手头暂时还没有相关的信息。）

（8）怎么回事，不可能的/没这种可能，我从来没有……（对不起，也许需要向您澄清一下……）

（9）为什么不行呢？那你叫我该怎么办？（对不起，打搅您了。如果不介意的话我希望过后还能再有机会向您介绍……）

（10）知道了，不要再讲了。（您的要求我已经记录清楚了，我们会在最短的时间跟您联系。请问，您还有什么其他要求？）

（11）我只能这样，我没办法。（对不起，也许我真的帮不上您！）

（12）不行就算了！（如果觉得有困难的话，那就不麻烦您了！）

（13）问题是那个机票都卖完了（由于需求很高，××机票暂时没有了。）

（14）你怎么有这么多问题（看上去这些问题很相似。）

（15）我不想给您错误的建议！（我想给您正确的建议。）

（16）你错了，不是那样的！（对不起我没说清楚，但我想它运作方式有些不同。）

（17）你没有弄明白，这次听好了。（也许我说得不清楚，请允许我再解释一遍。）

（18）这是公司的政策！（根据多数人的情况，我们公司目前是这样规定的……）

2. 关键服务流程标准服务用语

（1）查询机票用语

① 情景：旅客查询机票

旅客：麻烦帮我查查明天××到××的航班。

CSR：请稍等，现在/正在/立即为您查询。

② 情景：hold 线恢复/查询回来

CSR：感谢您的耐心等待。

③ 情景：查询时间过长

CSR：非常抱歉，现在系统速度不够理想，请您稍等。

（2）预订机票

① 情景：旅客问好

旅客：小姐，您好！

CSR：您好，请问有什么可以帮到您。

② 情景：询问旅客姓名

CSR：先生/小姐，请问怎么称呼您？

CSR：先生/小姐，方便留下您的全名吗？

③ 情景：询问旅客证件号码

CSR：请问/麻烦提供您的身份证号/证件号。

④ 情景：核对错误旅客信息

CSR：您的证件号是 12345。

旅客：不对，是 123456。

CSR：非常抱歉，是 123456，对吗？

（3）提醒行李重量问题

CSR：先生/小姐，您的客票为头等舱/经济舱，您的免费手提行李重量限额为 5KG（头等舱 2 件，经济舱 1 件），您的免费托运行李限额 40/20KG。超重部分行李将按经济舱客票价格 1.5%收取。

（4）主动营销用语

① 情景：推荐入会

CSR：成为我航会员可以累加积分，请问您需要吗？

② 情景：推销机票

旅客：麻烦帮我预订一张深圳至海口的机票。

CSR：先生/小姐，您好，请问是单程还是往返呢？

③ 情景：推销保险

CSR：先生/小姐，您的机票加保险一共××元，您看可以吗？

④ 情景：推荐电话支付（旅客完成航段选择）

CSR：机票已为您定妥，请问您方便电话支付吗？

旅客：方便。

⑤ 情景：推荐我航航班

旅客：小姐，请帮我查询明天昆明到深圳的航班。

CSR：小姐，您好，明天昆明到深圳我们××航空有上午 9:00 和下午 13:00 的。

⑥ 情景：旅客致电查询特价机票但未预订

CSR：先生/小姐，特价机票数量有限，建议您尽快购买。

（5）转接电话

旅客要求投诉转接电话。

① 属于呼叫中心业务范围之内

CSR：先生/小姐，您好！您所反映的问题已经为您做出相应的解答，如果您对此问题仍然存在疑问，请您拨打意见受理部门电话投诉键反映您的问题，您看可以吗？（前提保证在业务和服务方面回复旅客均无差错，且征得当班组长同意。）

② 属于呼叫中心业务范围之外

CSR：先生/小姐，您好！您所反映的问题，将由意见受理部门进行受理，请您拨打意见受理部门电话投诉键反映您的问题。（前提保证在个人业务和服务方面回复旅客均无差错，且征得当班组长同意。）

（6）语音评价

CSR：先生/小姐，您好！请问还有什么可以帮到您？

旅客：（需要，则继续服务。）不需要。

CSR：感谢您的来电！请您听到提示音后对我的服务进行评分，再见！（先于旅客挂机，点“评价”。）

练习操作

采用角色扮演法，一名同学扮演旅客李磊，一名同学扮演座席，运用服务用语与旅客沟通，帮旅客办理以下业务。

1. 请为李磊预订10月18日上海到西安的航班。李磊的身份证号码为180100199010210010，电话号码为19088004518。

2. 请为李磊及其儿子李明（2013年8月16日生）预订6月12日青岛到上海的航班。李磊的身份证号码为180100199010210010，电话号码为19088004518；李明的身份证号码为180100201308160010，电话号码为19088004518。

3. 请为旅客李磊及其儿子李明（2019年4月15日生）预订8月1日济南到厦门、8月12日厦门到广州的航班。李磊的身份证号码为180100199010210010，电话号码为19088004518。

4. 李磊作为MINHANGAIHAOZHE旅行团的导游，请为该团10名旅客预订6月18日青岛到上海的航班。身份证号码自拟，电话号码自拟。

5. 请为旅客李磊（某省省长）预订8月12日上海到重庆、8月15日重庆到西宁、8月22日西宁到上海的航班。身份证号码和电话号码自拟。

6. 请为旅客李磊预订5月23日武汉到昆明的航班，并为其申请轮椅（WCHC）和无盐餐食（NOSALT）。李磊的身份证号码为180100199010210010，电话号码为19088004518。

任务 2　民航客票的特殊情景处理

知识目标

1．掌握特殊情景的基本用语。

2．掌握特殊情景处理的注意事项。

能力目标

能按照客户要求完成特殊情景的处理，使客户满意。

基础知识

工作过程中，可能会面临各种突发状况，服务人员要沉着冷静、态度友好地解决顾客遇到的问题。

情景 1：电话接通客户无声音时

这种情况很可能是因为客户在等待过程中没有意识到电话已接通，你应该保持微笑着说："您好！这里是 160 订票中心，您的电话已接通，请问有什么可以帮您？"

间隔 3 秒左右，继续提示客户："您好！您的电话已接通，请问您能听见我的声音吗？"

如果仍听不到客户的回应，很可能是电话机出现问题，你可以耐心地告诉客户："对不起！您的电话无声，请您换一部话机再拨，谢谢您的来电，再见！"停顿 2 秒，然后挂机。

情景 2：客户声音太小，听不清楚时

应立即将电话机的音量调整到合适程度。

如果电话机的音量已调到最大，仍然听不清时，可以微笑着提醒客户："对不起，我听不清您的声音，麻烦您大声一点，好吗？"

如果仍听不清，可以再重复一遍，重复时语气要保持轻柔委婉。

如果确实无法听清，可以请求客户谅解："对不起，电话声音太小，请您换一部电话再拨，好吗？谢谢您的来电，再见！"停顿 2 秒，然后挂机。

情景 3：手机信号太弱时

应立即提醒客户："对不起，可能信号比较差，我听不清您的讲话，请您将手机换个方向再试一试，好吗？"

如果还是听不清，可以请求客户的谅解："对不起，我听不清您的声音，请您换一部电话再拨，好吗？"停顿 2 秒后说："谢谢您的来电，再见！"然后挂机。

情景 4：电话杂音太大时

可以尝试调整电话机的音量，将客户的声音调低一点。

如果还是听不清，可以委婉地告知客户："对不起！您的电话杂音太大，请您换一部话机再拨，好吗？"停顿2秒后说："谢谢您的来电，再见！"然后挂机。

情景5：客户提出你声音太小时

你可以将耳麦往嘴边拉近一点，并稍微提高音量，确认客户能够听清了，再说："请问有什么可以帮您吗？"

如果声音已经足够大，客户仍无法听清时，你可以请客户换一部话机再拨，而不宜再提高音量，影响其他同事工作。应答："很抱歉，我这里的声音已经调至最大，如果您还是听不清楚，请您换一部话机再拨好吗？"（或者主动给客户回电）

部分客户习惯使用免提通话，你如果听不清，可以轻柔委婉地告诉客户："对不起，我听不清您的声音，请您将话筒拿起来好吗？"

情景6：没听清或不明白用户的话时

没听清客户讲话时。如果只是个别字眼没有听清，可以与客户进行确认："请问您的意思是……吗？"或者"您是说……，对吗？"如果完全没有听清，你应用征询的语气向客户询问："对不起，请您重复一遍，好吗？谢谢！"

客户不理解你的话语时。你要立即查找客户不理解的原因，如果是因为使用了过多的专业术语，你应改用通俗易懂的语言做解释："对不起，可能我解释得不太清楚，请允许我再说一遍好吗？"

如果未使用专业术语，则很可能是涉及技术方面的问题导致客户不理解，如果有必要，可换种表达方式耐心地向客户解释。切不可让客户感觉你不屑于解答或者嘲笑其无知。

如果客户对某个专业术语不理解，你应当敏锐地觉察出来并立即做进一步的解释："……指的就是……，请问我的解答您是否清楚？"

如果客户对业务理解错误，你应委婉地纠正客户："对不起，我没解释清楚，我的意思是这样……"切不可强硬地使用"不对""错了"等字眼。

如果客户听不懂普通话，且特别要求使用方言，这种情况下，你可以用方言受理。

情景7：解答过程中注意事项

倾听客户述说过程中要适时回应，可以用"是""对"等轻声附和，表示你正在倾听，不要让客户感觉一个人自言自语。

当客户停顿等待时，CSR可适当说："先生/小姐，您请说，我正在听。"

客户担心你不明白时，可说："您的意思我明白，您请继续。"

当CSR解答中客户没有声音时，可说："先生/小姐，请问您是否可以听清我的说话呢？"

当客户咨询完一个问题后，不能马上挂机，应问："请问还有其他可以帮到您的吗？"

当客户对你的服务表示感谢，应说："不客气，这是我应做的。"

当客户的问题表达不清楚时，要用问话适当地进行引导。如"您是指……，是吗？"

如果你意识到刚才的解释是错误的，那么，你应该立即向客户致歉，诚恳接受客户的批评，不得强词夺理："实在抱歉，刚才我的解释有些欠缺，应该是……"

如果刚才的解释不够完整，你应该诚恳地告诉客户："非常抱歉，刚才的问题请容许我再补充几点……"

情景 8：查询中需要用户等待时

当用户咨询的问题不能马上确认时，应说："请您稍等，帮您查询。"

用户在等待中认为你的效率太慢时，应说："很抱歉给您带来不便，我会马上为您处理，请您再稍等一下好吗？谢谢。"

查询后继续通话前，应说："感谢您的耐心等候！"

查询后不能马上确认的问题，应记录下用户的全名、联系电话确认后再予以回复，应说："先生/小姐，您的问题我们需要到相关部门查询，为了不耽误您的宝贵时间，请您留下电话和姓名，我查询后立即回复您，好吗？谢谢！"

确认客户的联系电话后，可明确知道回复时间的，可以说："我查询清楚后，马上给您回复。""我查询清楚后，××分钟给您回复。"时间不好确认的，可以说："请问我什么时间联系您比较方便？"

情景 9：当用户使用方言时

全国呼转后，由于全国各地方言都不相同，使用方言的用户肯定是存在的。当用户使用方言时，可委婉地向用户建议："先生/小姐，我没听懂您的讲话，请您使用普通话好吗？"

如果用户称，我不会普通话，或者说我说的就是普通话时，你可以委婉建议："很抱歉，那麻烦您说慢点好吗？"

如果用户的方言实在无法听懂，可以边与用户沟通边确认用户说的属于哪里的方言，再想想我们的座席代表中是否有能听懂此种方言的，然后再委婉地告诉用户："很抱歉，由于我没听懂您的话，我请其他工作人员与您沟通好吗？"注意，必须要获取用户的同意后方可换人。

需要用户记录时可说："为了方便您更好记忆，请您拿笔记一下好吗？"

情景 10：需要用户提供资料时

出票时经常要问用户的姓名、电话号码等，不允许直接说："告诉我你的姓名、电话"，应该说："请问乘机人的姓名？""请问您的电话号码？"

问完后应该再与用户确认一下，应该说："与您确认一下乘机人姓名是×××，电话号码是××××……对吗？"

当问到用户姓名的输写方式时，请尽量使用褒义词，避免使用贬义词。另外，列举名人的名字时，请尽量以正面人物举例，避免举反面人物。如"李"字，可以问"请问您是李世民的李吗？"，而不要说"请问是李莲英的李吗？"姓名原则上最好用偏旁拆分开来确认，比如"胜"，可以说"请问是左边月亮的月加右边生活的生吗？"最好不用单说"请问是胜利的胜吗？"因为广东话"胜利"与"顺利"音有些相似，容易出错。

情景 11：当来电的客户恰好是老客户时

当你听出或通过客户报姓名、联系电话确认是属于老客户，这时你应该适当地表示问候：“先生/小姐，很高兴能再次为您服务！”

如果你恰巧记得该客户上次咨询/处理的问题，你还可以关切地询问客户目前情况如何。比如，客户上次反映网上支付很麻烦，你可以这样问他（她）：“×先生/小姐，现在网上支付没有问题了吧？”客户一定会被你的关怀所感动。

情景12：客户的要求超出你的工作权限时

你要耐心听完客户的叙述，不可中途打断客户的话语，并在能力范围内做初步处理。初步处理时，遇到难做决策时应主动请示相关领导。

你应清楚告知原因，并表示歉意，同时要给客户一个解决问题的建议或主动协助解决：“对不起，×先生/小姐，这超出了我的权限范围，虽然我帮不到您，但我会立即将问题反映给上级部门处理，您看这样好吗？”忌：“我办不了，没办法。”

如果客户提出无理要求，你应耐心向客户解释，寻求客户的谅解：“对不起，×先生/小姐，我很难帮到您，您的要求已经超出了×××的服务范围，请您谅解！”

对于个别客户的失礼言语，要尽量克制忍耐，得理让人，不得与客户争辩顶撞，必要时可请主管协助处理。

如果客户因自己的失礼言语向你道歉，你应当大方地说：“没关系！请问还有其他可以帮到您的吗？”

情景13：当客户提出对公司的意见和建议时

感谢客户提出意见和建议：“谢谢您为我们提出的宝贵意见，我们将在以后的工作中不断提高，谢谢！”并迅速记录下来，上交给主管进行归纳总结。

情景14：客户咨询完业务却又不想挂机时

在确认客户已没有问题需要咨询了，你可以婉言提醒客户：“对不起，×先生/小姐，如果您没有其他问题的话，欢迎您下次致电160，谢谢合作！再见！”

如果客户打骚扰电话，你可以冷静地提醒客户：“对不起，您还需要咨询什么业务方面的问题吗？”如果客户仍旧没有业务问题提出，可以将客户骚扰电话当作无声电话来处理，可以说：“对不起，我听不清您的声音，请您换一部电话再拨，谢谢您的来电，再见！”停顿2秒，然后挂机。”

情景15：客户来电要其他同事接听时

先确认客户找其他同事的目的，如果是处理业务，你可以热情地告诉客户：“对不起，×先生/小姐，您稍等，正在帮您转接！”

如果客户是同事的朋友，因为私事要找他（她），你可以耐心地向客户解释：“对不起，×先生/小姐，公司规定上班时间不可以聊天，请您下班后与他（她）联系，好吗？谢谢您的来电！再见！”

情景16：如何拒绝客户的邀请

对于客户善意的约会，你可以先向客户表示感谢，然后含蓄地请求客户谅解：“非常感谢您的诚心邀请及您对我工作的肯定，但很抱歉不能接受您的邀请，希望以后能继续得到您的支持，谢谢！”

如果客户询问你的姓名，你可以委婉地向客户解释："×先生/小姐，很抱歉，我们在工作时只使用工号，我是××号。"

情景 17：客户要求与领导联系时

如果客户要求直接与领导讲话，你需要敏锐、准确地判断事情的轻重缓急，并灵活地选择处理方式。

一般情况下，你应该坚持自行解决："您别着急，请把您的事情告诉我，我会帮您解决的，好吗？"

如果客户坚持要找领导，这时，你可以这样说："您可以把事情大概讲一下，我会记录下来，请示领导后再回复您，好吗？"

如果客户执意要求一定要见领导，那么，你可以请求主管协助："请您稍等，我请主管过来听电话，请您不要挂机，谢谢！"

情景 18：客户产生异议时

如果客户来电纯属发泄对已解决问题的不满，你应诚恳地接受客户的批评，并做详细解释："对不起，×先生/小姐，很抱歉给您带来了不便，我们将在以后的工作中加以改进，谢谢您的建议！"

情景 19：通话结束时

属于预订或查询的情况在确认客户没有其他问题后，你应该这样结束通话："感谢您的来电！再见！"

属于订单成功的情况在确认客户没有其他问题后，你应该这样结束通话："祝您旅途愉快，感谢您的来电，再见！"客户会很乐意听到你的祝福。

订单不成功，应该这样结束通话："如您下次有需要，请再来电。感谢您的来电，再见！"

练习操作

采用角色扮演法，一名同学扮演旅客李磊，一名同学扮演座席，运用服务用语与旅客沟通，帮旅客办理以下业务。

情景 1．李磊为本公司的老客户，请为李磊预订 10 月 18 日上海到西安的航班。李磊的身份证号码为 180100199010210010，电话号码为 19088004518。

情景 2．请为李磊及其儿子李明（2013 年 8 月 16 日生）预订 6 月 12 日青岛到上海的航班。李磊的身份证号码为 180100199010210010，电话号码为 19088004518；李明的身份证号码为 180100201308160010，电话号码为 19088004518。预订过程中李磊给公司提出了一些建议。

情景 3．请为旅客李磊及其儿子李明（2019 年 4 月 15 日生）预订 8 月 1 日济南到厦门、8 月 12 日厦门到广州的航班。李磊的身份证号码为 180100199010210010，电话号码为 19088004518。来电要求另一个经常给他预订机票的座席帮其办理业务。

情景 4．李磊作为 MINHANGAIHAOZHE 旅行团的导游，请为该团 10 名旅客预订

6 月 18 日青岛到上海的航班。身份证号码自拟，电话号码自拟。由于沟通不愉快，李磊要求联系座席的领导。

情景 5．请为旅客李磊（某省省长）预订 8 月 12 日上海到重庆、8 月 15 日重庆到西宁、8 月 22 日西宁到上海的航班。身份证号码和电话号码自拟。

情景 6．请为旅客李磊预订 5 月 23 日武汉到昆明的航班，并为其申请轮椅（WCHC）和无盐餐食（NOSALT）。李磊的身份证号码为 180100199010210010，电话号码为 19088004518。

项目九　机票电子商务平台

本项目主要介绍机票分销平台、电子商务销售平台等基本知识，使学生掌握使用机票分销平台出票的操作技能，能够灵活使用机票分销平台和电子商务平台。

知识目标

1. 了解主要的机票分销平台、机票电子商务平台。
2. 掌握机票分销平台的操作方法。
3. 熟练使用机票分销平台的出票方法。

能力目标

1. 能够选择最优的机票分销平台。
2. 能够熟练使用机票分销平台出票。

考证标准

民用航空运输销售代理岗位技能培训合格证。

基础知识

1. 机票分销平台的概念

机票分销平台简称商旅平台，是指由 B2B 网络营销商研发提供的，用于帮助机票供应商搭建、管理及运作其网络销售渠道，帮助机票分销商获取货源渠道的平台。

2. 机票分销平台成立背景

在全球经济低迷的 2009 年，中国民航业依然逆势增长，全年旅客运输总量达到 2.3 亿人次，2018 年已达到 6.1 亿人次，成为稳居世界第二的民航大国。随着国内经济逐渐走向回暖，有更多公司和个体消费者愿意乘坐飞机进行商务出行或休闲旅游，但合理的机票价格仍是他们考虑的首要问题。一方面，对价格敏感的消费者，航空公司和机票分销商必须给出更为合理的价格才能吸引到更多的客户。另一方面，目前的机票销售利润已经摊薄到很低，分销平台、系统平台、代理人只有通过有效的资金管理才能在竞争日趋激烈的市场中存活，获得更好的生存空间。机票价格的调控首先必须有赖于对销售成本的控制。这样一来，对各级机票分销商来说，如何提高资金使用效率，缓解资金压力，扩大业务规模就成了他们的竞争核心。电子商务的发展让消费者有了更多的渠道获得价格更低的机旅产品，而航空公司和分销代理人也希望通过电子商务渠道探寻更加高效的在线营销模式。

民航业是一项高投入、高成本、高风险产业，无论是航空公司的日常运营成本还是各级分销的销售成本，很多环节是刚性成本，很难削减。同时，民航业又是一个高度竞争的行业，从航空公司之间到分销商之间的竞争。在这样一个高度竞争的市场环境下，唯一能够“节流”的环节，就是销售手段以及对应的资金流转，而这一切都离不开电子商务，特别是作为机票在线销售的资金流转枢纽的第三方支付的支持。

多数代理人在渠道拓展中均面临着以下问题：缺乏销售渠道，以及知名 B2C 网站带来巨大的竞争压力；缺乏最具优势且最全面的价格资源；缺乏专业性人才资源支撑；缺乏管理、效率降低、成本增加等。

3. 机票分销平台的服务内容

（1）为机票供应商提供产品及服务展示、报价的在线平台，帮助供应商在线拓展销售渠道。

（2）为下游采购商提供大量的上游供应商以及产品信息，帮助其拓展采购渠道；提供供应商信用评价等信息，帮助采购商做出购买决策。

（3）为上下游企业的在线交易提供网上交易流程及交易相关服务等。

4. 机票分销平台主要功能

（1）采购商授信。平台授信模式，为采购商提供授信额度和账期，采购商在平台上采购的机票出票后，由平台将票款垫付给供应商，采购商在账期结束后还款即可。

（2）自动出票。全面支持 BSP 和 B2B 自动出票，只需要简单地设置即可实时完成，同时与授信业务结合，全面实现出票和付款整个流程免人工操作！

（3）常旅客管理。在订票输入乘客信息时，系统自动将输入的乘机人的姓名、证件、航空公司卡号等保存为常旅客信息，再订票时不用每次询问客人信息，可快速从常旅客信息中选择。

（4）全国特价政策支持。系统支持国内各类特价舱位，供应商录入操作更加简单，采购商获取信息更加全面。

（5）退废票 24 小时退款。业内首家提供客户端软件与网页版无缝结合，通过 e 票通客户端实时发送催单等客服提醒，再也无须专人刷屏盯单。

5. 目前国内主要的机票分销平台

（1）易商旅平台。易商旅专注于航空商旅行业，为产业链的各个环节，包括航空公司、机票代理人、集团客户等提供纵深的产业化服务和电子商务服务，如图 9-1 所示。

图 9-1　易商旅平台

（2）51book 商旅平台。51book 商旅平台隶属北京联拓天际电子商务旗下，是一个面向机票代理人行业的 B2B 网站，如图 9-2 所示。

图 9-2　51book 商旅平台

（3）今日天下通商旅平台。今日天下通创立于 2007 年，作为上海古大旅游服务有限公司之下的一个优秀电子客票平台，它是目前中国领先的 B2B、B2C 电子客票交易平台之一，如图 9-3 所示。

（4）我要去哪 517Na 商旅平台。我要去哪 517Na 是中国领先的在线旅游交易平台，也是中国领先的机票交易平台，同时也是中国领先的企业差旅服务云平台，如图 9-4 所示。

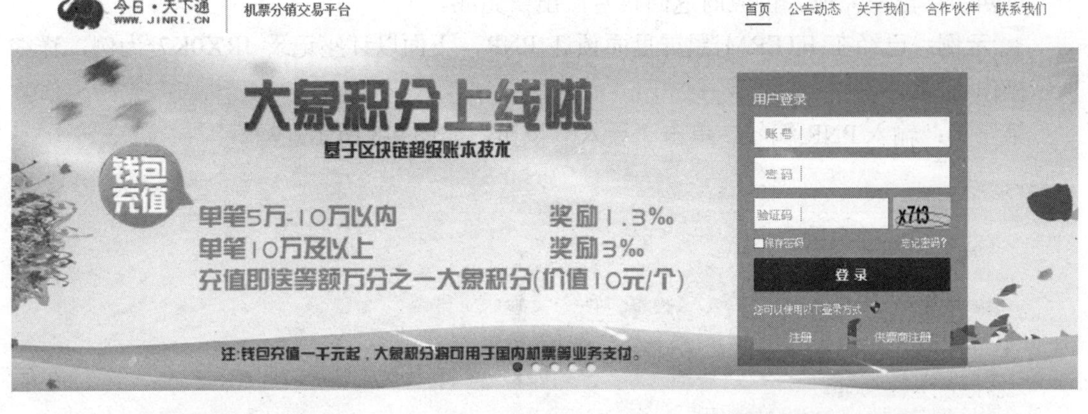

图 9-3　今日天下通商旅平台

图 9-4　我要去哪 517Na 商旅平台

6. 机票分销平台出票步骤

PNR 下单出票，采购可自己通过 ETERM 黑屏预订 PNR，复制 PNR 粘贴在 PNR 编码导入栏，根据 PNR 分类，以散客 PNR 方式或团队 PNR 方式导入。

第一步：PNR 下单。登录出票平台 PNR 下单。

第二步：选择政策，生成订单。系统自动匹配政策，选择政策生成订单。

第三步：在线支付。通过第三方支付，如支付宝在线支付。

第四步：出票完成。供应商返回票号，出票完成。

示例：已经在 ETERM 黑屏里面预订 PNR，下面以订座记录 JRX0K7 为例，详细展示操作程序。

第一步：输入 PNR 编号，单击“导入”按钮，如图 9-5 所示。

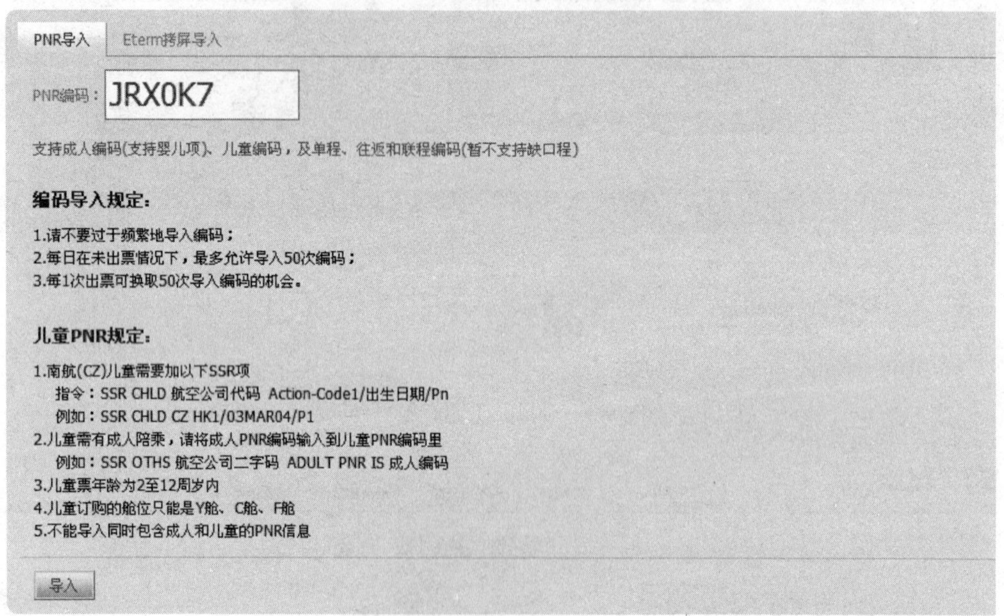

图 9-5　PNR 下单

第二步：选择供应商政策，可以选择普通或特殊高返政策，如图 9-6 所示。

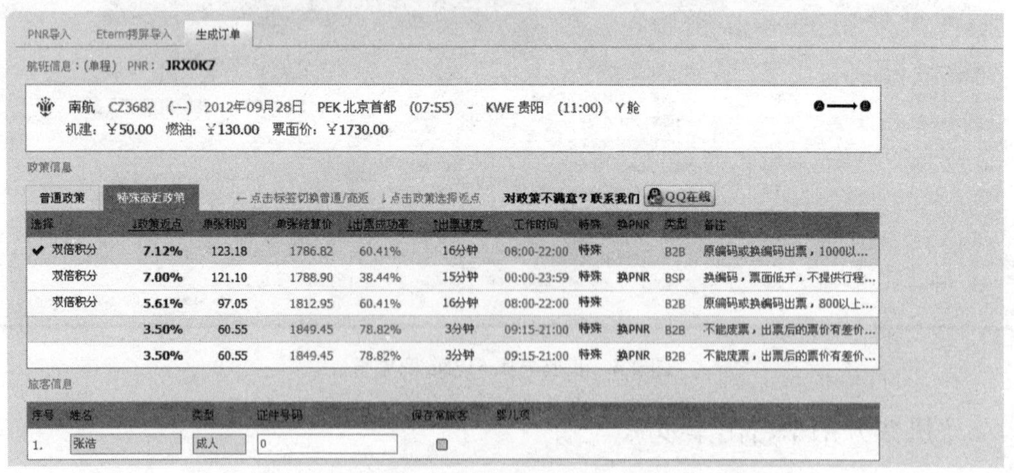

图 9-6　选择政策

第三步：在同意返点条款那里打勾，生成订单，如图 9-7 所示。

第四步：信息核对无误后选择立即支付或取消订单，如图 9-8 所示。

第五步：选择支付方式，并支付款项，如图 9-9 所示。

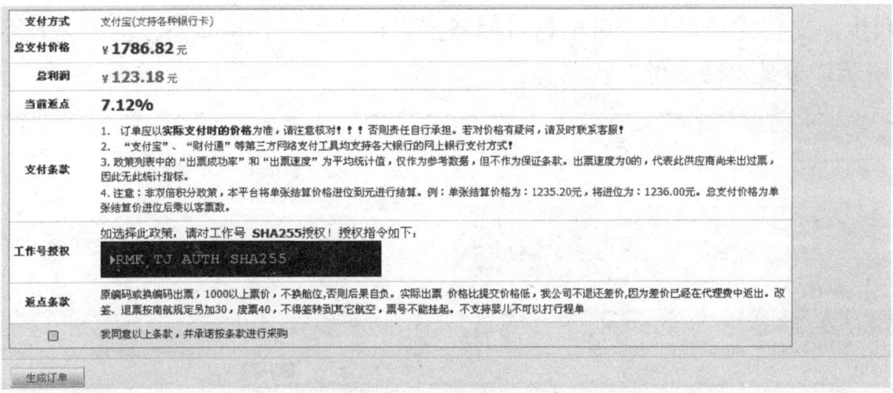

支付方式
支付宝(支持各种银行卡)
总支付价格
¥1786.82元
总利润
¥123.18元
当前返点
7.12%
支付条款
1. 订单应以实际支付时的价格为准，请注意核对！！！否则责任自行承担。若对价格有疑问，请及时联系客服！
2. "支付宝"、"财付通"等第三方网络支付工具均支持各大银行的网上银行支付方式！
3. 政策列表中的"出票成功率"和"出票速度"为平均统计值，仅作为参考数据，但不作为保证条款。出票速度为0的，代表此供应商尚未出过票，因此无此统计指标。
4. 注意：非双倍积分政策，本平台将单张结算价格进位到元进行结算。例：单张结算价格为：1235.20元，将进位为：1236.00元。总支付价格为单张结算价进位后乘以客票数。
工作号授权
如选择此政策，请对工作号 SHA255授权！授权指令如下：
RMK TJ AUTH SHA255
返点条款
原编码或换编码出票，1000以上票价，不换舱位,否则后果自负。实际出票 价格比提交价格低，我公司不退还差价,因为差价已经在代理费中返出。改签、退票按南航规定另加30，废票40，不得签转到其它航空，票号不能挂起。不支持婴儿不可以打行程单
我同意以上条款，并承诺按条款进行采购
生成订单

图 9-7　生成订单

订单详情
订单状态：等待支付　[刷新订单 | 查看订单历史记录 |]
南航 CZ3682 (机型: ---) Y舱 2012-09-28 07:55 北京首都 PEK - 2012-09-28 11:00 贵阳 KWE
票面价：¥1730.00　机建费：¥50.00　燃油费：¥130.00　Y价：¥1730.00
政策返点 7.12%　单张代理费 ¥123.18　单张结算价 ¥1786.82　供应商工作时间 08:00-22:00　出票成功率 60.41%　出票速度 16分钟　特殊 是　换PNR 否　类型 B2B
政策备注：
原编码或换编码出票，1000以上票价，不换舱位,否则后果自负。实际出票 价格比提交价格低，我公司不退还差价,因为差价已经在代理费中返出。改签、退票按南航规定另加30，废票40，不得签转到其它航空，票号不能挂起。不支持婴儿不可以打行程单
姓名　类型　证件号　票号　婴儿项　行程单　退票　废票　改期　升舱　换开
张浩　成人　0　无　无　无　无　无
总计应付：¥1786.82
¥立即支付
取消订单
说明：1. 请在新打开的窗口中完成支付；支持各种银行卡网银支付；
2. 不能打开支付窗口的，请检查是否屏蔽了弹出窗口，请改为允许弹出窗口！
3. 打开支付宝界面时，请仔细核对支付价格是否正确（可能因供应修改返点而导致价格变化）！不核对而导致经济损失责任自负。
4. 下单后请在60分钟内完成支付，否则订单将自动作废；
5. 退票或废票，请选择要退废票的旅客，未选择或全部选择均代表全部退废票；

图 9-8　选择支付或取消订单

订单名称　订单创建时间　收款方　订单金额
出票网订单支付：，订单号：... 详情　2012年09月12日 15:31:46　北京空港龙信息技术有限...　1786.82元
您正在使用即时到账交易：1. 确认订单 → 2. 付款给卖家 → 3. 交易完成　什么意思？
登录后，您可以选择网点、消费卡、红包、优惠券等多种付款方式。
选择付款方式：　支付宝余额　储蓄卡　信用卡　更多方式
快捷支付（含卡通）必须登录后才能付款。网银付款无需登录，直接到网上银行完成付款。
快捷支付（含卡通）：无需开通网上银行功能。
快捷支付或卡通付款（需要支付宝账户登录）
银行储蓄卡：需要通过网上银行付款。
中国工商银行　中国建设银行　中国农业银行　招商银行
中国银行　交通银行　浦发银行　兴业银行
广发银行CGB　中国光大银行　中国民生银行　中信银行
深圳发展银行　中国邮政储蓄银行　平安银行　中国工商银行 企业
中国建设银行 企业　中国农业银行 企业　招商银行 企业　中国银行 企业
浦发银行 企业　选择其他

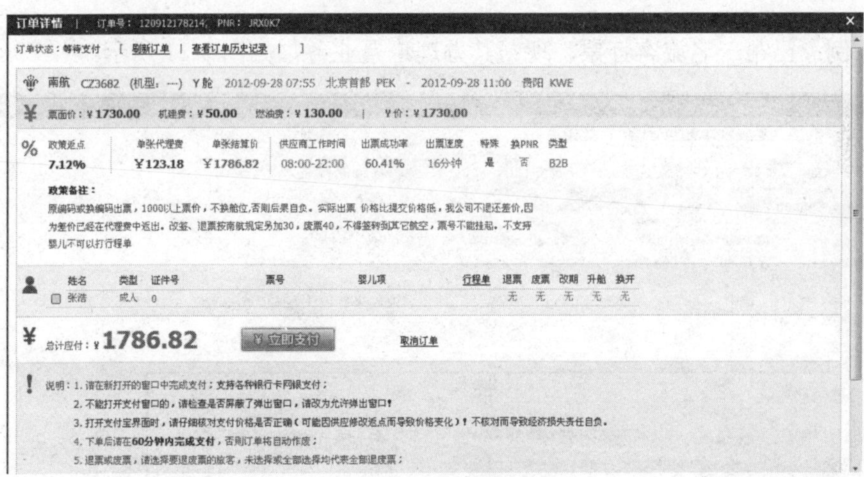

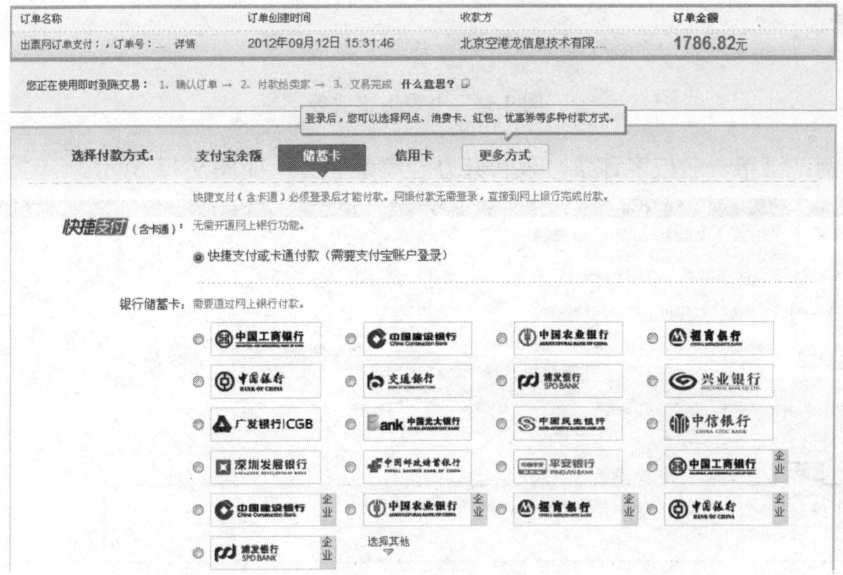

图 9-9　选择支付方式

第六步：支付完成以后，可根据日期范围查询已支付订单状态。因为是演示，所以图 9-10 所示订单是“待支付”状态。

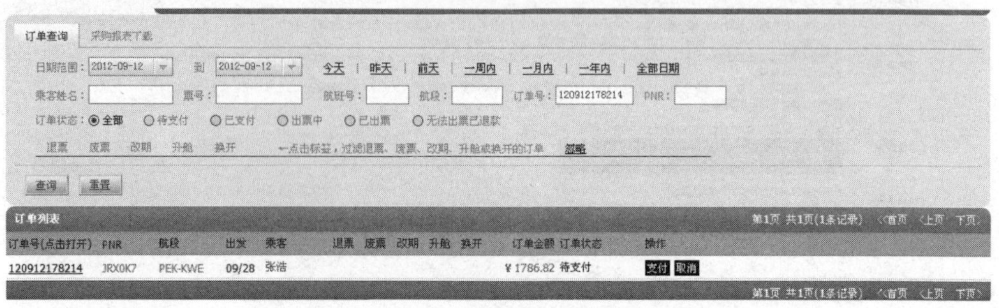

图 9-10　查询支付订单状态

示例：已帮一名旅客订票，现帮其办理退票业务，如图 9-11 所示。

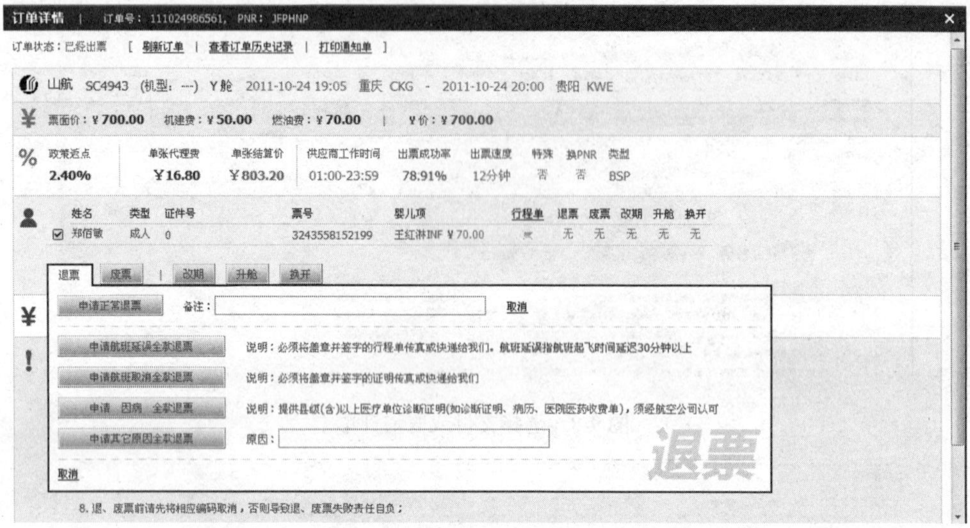

图 9-11　办理退票业务

示例：已帮一名旅客订票，现帮其办理废票业务，如图 9-12 所示。

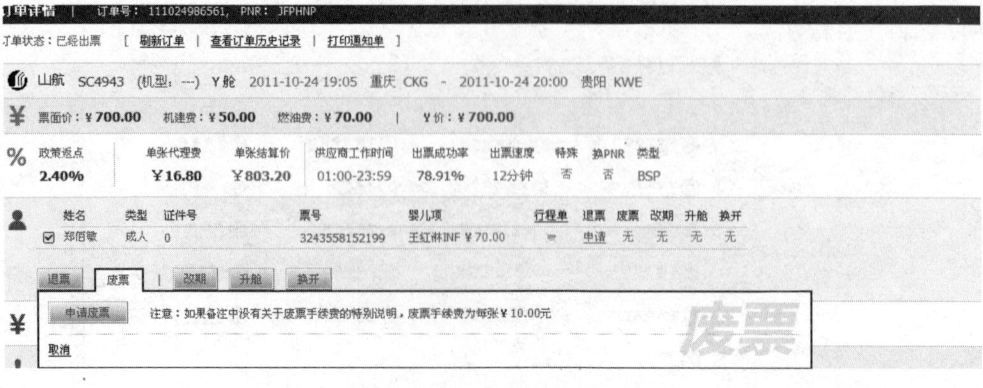

图 9-12　办理废票业务

选择需要废票的旅客，根据废票说明提交申请，注意：只有当天出的票才可以作废票处理，一般废票手续费为每张 10 元。

示例：已帮一名旅客订票，现帮其办理改期业务，如图 9-13 所示。

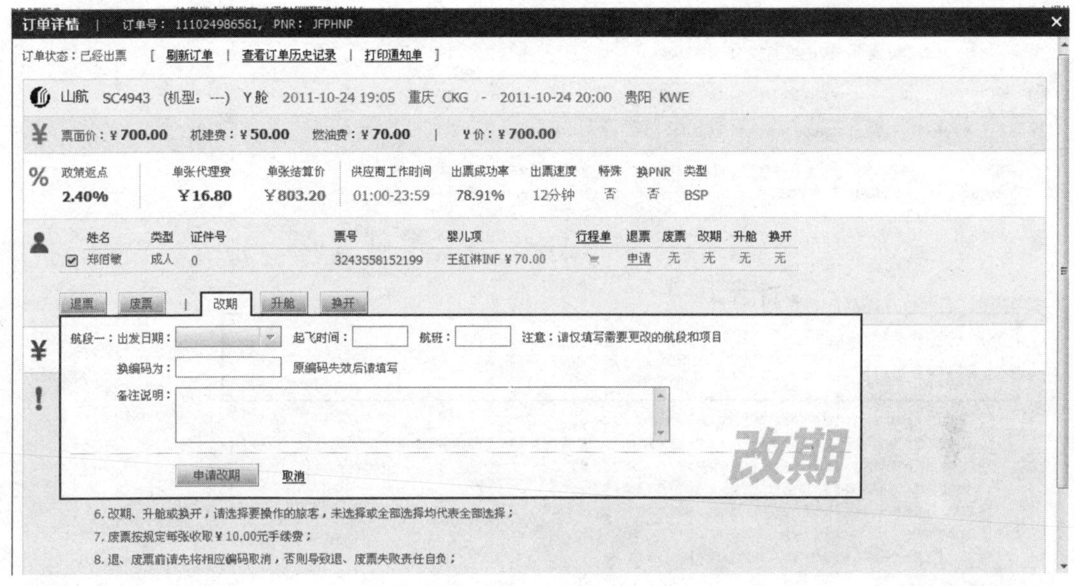

图 9-13　办理改期业务

改期，选择需要改期的乘客，根据需要改期的日期，将起飞时间、航班、PNR 填写完整，备注说明后提交申请。

示例：已帮一名旅客订票，现帮其办理升舱业务，如图 9-14 所示。

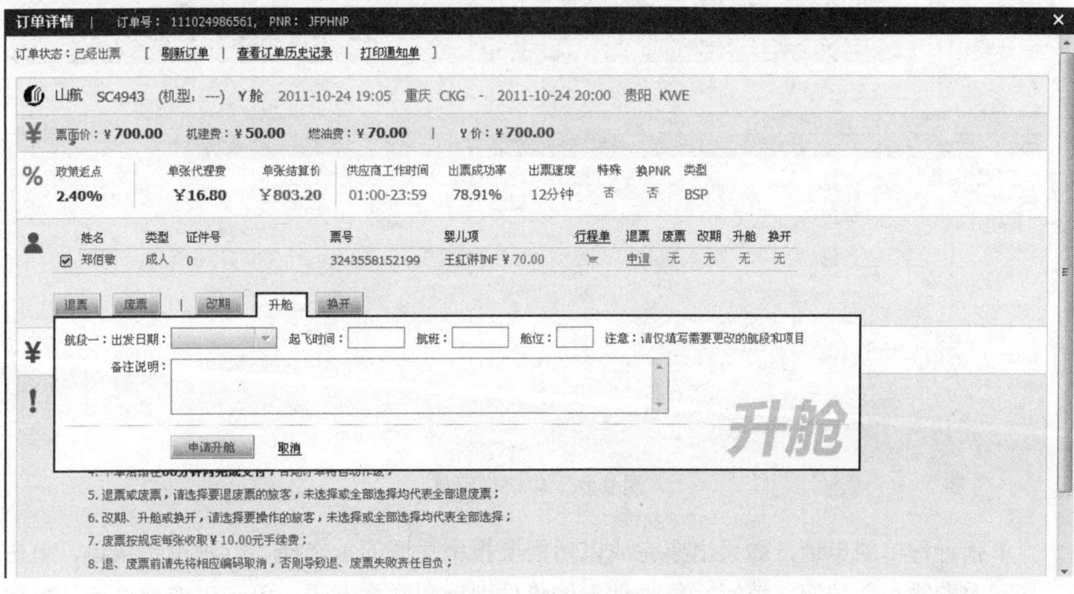

图 9-14　办理升舱业务

升舱，选择需要升舱的旅客，根据系统要求将乘机人出发日期、航班的起飞时间、航班号、需要升舱的舱位、备注信息填写完整，提交升舱申请。

示例：已帮一名旅客订票，现帮其办理换开业务，如图 9-15 所示。

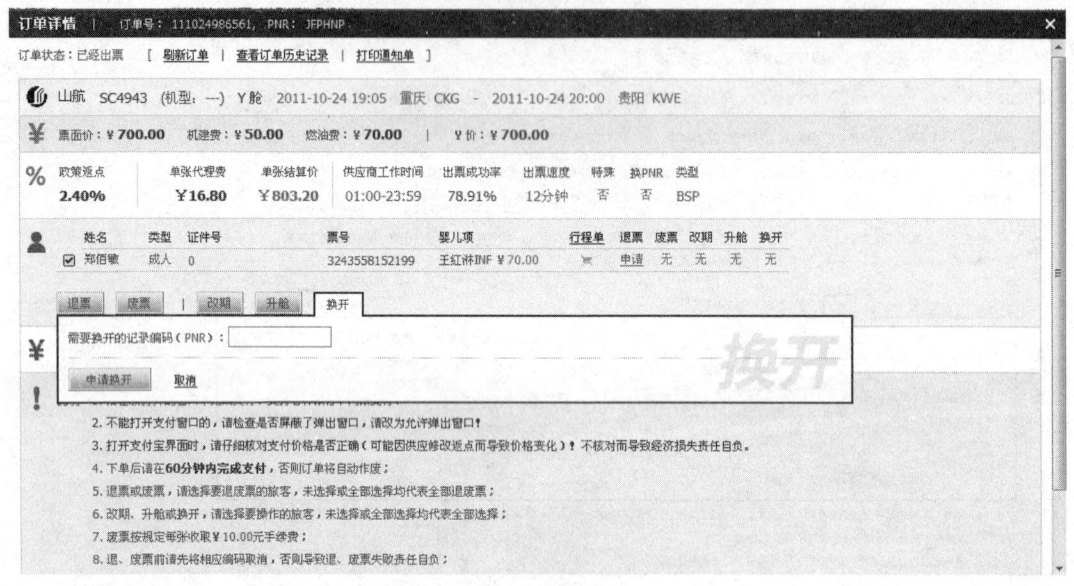

图 9-15　办理换开业务

换开，选择需要换开的旅客，根据系统要求填写需要换开的 PNR，提交申请换开。

示例：已帮一名旅客订票，现帮其申请行程单，如图 9-16 所示。

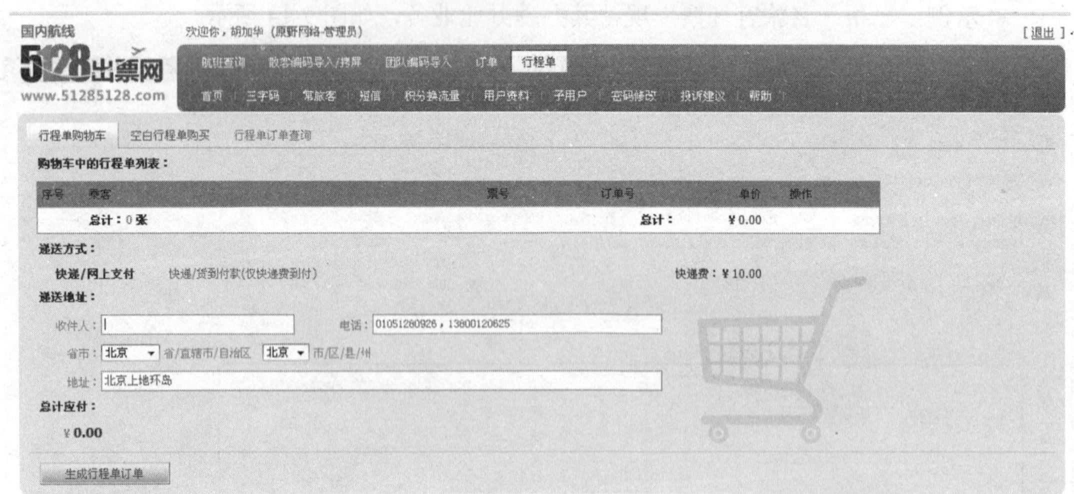

图 9-16　申请行程单

单张行程单的申请，如果出票完成以后需要报销凭证的，选择“行程单”菜单，单击“行程单购物车”按钮，填写完整收件人的收件地址和联系方式。单击生成行程单订单提交申请，快递费是 10 元，收方付。

7. 机票分销平台现状与发展趋势

（1）行业竞争加剧，利润趋平

随着民航票价体系的变革与市场竞争的加剧，行业利润逐步趋平，经营成本也没有下降，加剧了行业的竞争程度。

（2）通过信息化手段提高竞争力

机票分销平台是一个服务行业，服务的对象是人，不是商品，服务对象的不同决定了需要为服务付出个性化的代价。但是若需要人工处理数以千万的客户，是一件令人望而生畏的事情，所以，如何以信息化的手段提高效率，在微利时代继续创造赢利，是每个业内人士孜孜以求的目标。

（3）外航加入竞争，市场瞬息万变

随着中国加入 WTO 的进程，国内商旅市场逐渐开放，国外实力雄厚的企业携资金、管理、技术、人才的优势进军中国市场，加剧了国内市场的竞争程度。市场环境瞬息万变，没有任何一家企业能永葆长盛不衰的辉煌。

（4）行业不断细分，专业市场逐步成熟

随着大众消费水平的不断提高与各专业市场的不断挖掘，商旅行业不断细分，并且不断成熟，在民航代理人市场利润率不断下降的同时，其他市场，如商旅计划、自助游、订房等细分市场不断有企业做大做强。国家相关行业管理政策法规不断出台，行业经营逐步走向正规化与规范化，不再是依靠资源与关系就能经营良好的局面了，商旅企业必须要在细分的市场面前做出准确的选择加上精心的经营才能适应市场。

练习操作

请选择一个机票分销平台，并进行注册，在平台上模拟出票。

参 考 文 献

[1] 刘得一，张兆宁，杨新湦．民航概论[M]．北京：中国民航出版社，2015．

[2] 徐婷婷，许夏鑫．民航旅客运输[M]．北京：科学出版社，2014．

[3] 唐忍雪，胡涛．民航国内客票销售实务[M]．北京：科学出版社，2012．

[4] 中国航信编写组．中国航信 BSP 自动出票证书培训教程[M]．北京：科学出版社，2011．

[5] 陆东．民航订座系统操作教程[M]．北京：中国民航出版社，2012．

附录A 国内航空公司代码索引

序　号	航空公司名称	二字代码	客票代号
1	四川航空公司	3U	867
2	云南祥鹏航空公司	8L	859
3	春秋航空公司	9C	089
4	九元航空公司	AQ	902
5	奥凯航空公司	BK	866
6	中国国际航空公司	CA	999
7	中国南方航空公司	CZ	784
8	成都航空公司	EU	811
9	上海航空公司	FM	774
10	华夏航空公司	G5	883
11	天津航空公司	GS	826
12	吉祥航空公司	HO	018
13	海南航空公司	HU	880
14	首都航空公司	JD	898
15	幸福航空公司	JR	929
16	中国联合航空公司	KN	822
17	厦门航空公司	MF	731
18	中国东方航空公司	MU	781
19	河北航空公司	NS	836
20	西部航空公司	PN	847
21	青岛航空公司	QW	912
22	山东航空公司	SC	324
23	深圳航空公司	ZH	479

附录B 国际航空公司代码索引

序　号	航空公司名称	二字代码	客票代号
1	哈萨克斯坦航空公司	9Y	452
2	法国航空公司	AF	057
3	澳洲安塞特航空公司	AN	090
4	芬兰航空公司	AY	105
5	意大利航空公司	AZ	055
6	英国航空公司	BA	125
7	文莱皇家航空公司	BI	672
8	加拿大国际航空公司	CP	018
9	日本航空公司	JL	131
10	港龙航空公司	KA	043
11	大韩航空公司	KE	180
12	荷兰皇家航空公司	KL	074
13	德国汉莎航空公司	LH	220
14	瑞士航空公司	LX	085
15	以色列航空公司	LY	114
16	马来西亚航空公司	MH	232
17	全日本航空公司	NH	205
18	美国西北航空公司	NW	012
19	澳门航空公司	NX	675
20	奥地利航空公司	OS	257
21	韩亚航空公司	OZ	988
22	巴基斯坦航空公司	PK	214
23	澳洲航空公司	QF	081
24	北欧航空公司	SK	117
25	新加坡航空公司	SQ	618
26	泰国航空公司	TG	217
27	美国联合航空公司	UA	016
28	越南航空公司	VN	738

附录 C　国内城市三字代码

城　　市	三字代码	省　　份	城　　市	三字代码	省　　份
北京首都机场	PEK	北京	阿克苏	AKU	新疆
北京南苑机场	NAY	北京	库尔勒	KRL	新疆
北京大兴机场	PKX	北京	伊宁	YIN	新疆
上海浦东	PVG	上海	富蕴	FYN	新疆
上海虹桥	SHA	上海	库车	KCA	新疆
拉萨	LXA	西藏	塔城	TCG	新疆
昌都	BPX	西藏	那拉提	NLT	新疆
林芝	LZY	西藏	哈密	HMI	新疆
天津	TSN	天津	贵阳	KWE	贵州
银川	INC	宁夏	兴义	ACX	贵州
济南	TNA	山东	遵义	ZYI	贵州
烟台	YNT	山东	安顺（黄果树）	AVA	贵州
临沂	LYI	山东	铜仁	TEN	贵州
威海	WEH	山东	南宁	NNG	广西
青岛	TAO	山东	北海	BHY	广西
潍坊	WEF	山东	柳州	LZH	广西
东营	DOY	山东	桂林	KWL	广西
西安	SIA/XIY	陕西	梧州	WUZ	广西
延安	ENY	陕西	南昌	KHN	江西
榆林	UYN	陕西	九江	JIU	江西
安康	AKA	陕西	井冈山	JGS	江西
汉中	HZG	陕西	景德镇	JDZ	江西
乌鲁木齐	URC	新疆	赣州	KOW	江西
和田	HTN	新疆	吉安	KNC	江西
阿勒泰	AAT	新疆	庐山	LUZ	江西
克拉玛依	KRY	新疆	合肥	HFE	安徽
喀什	KHG	新疆	安庆	AQG	安徽
且末	IQM	新疆	阜阳	FUG	安徽

续表

城　市	三字代码	省　份	城　市	三字代码	省　份
蚌埠	BFU	安徽	万县	WXN	重庆
黄山	TXN	安徽	南京	NKG	江苏
石家庄	SJW	河北	常州	CZX	江苏
秦皇岛	BPE	河北	盐城	YNZ	江苏
山海关	SHF	河北	苏州	SZV	江苏
邢台	XNT	河北	徐州	XUZ	江苏
郑州	CGO	河南	南通	NTG	江苏
南阳	NNY	河南	无锡	WUX	江苏
洛阳	LYA	河南	连云港	LYG	江苏
安阳	AYN	河南	福州	FOC	福建
沈阳	SHE	辽宁	高琦	GQI	福建
锦州	JNZ	辽宁	武夷山	WUS	福建
大连	DLC	辽宁	厦门	XMN	福建
鞍山	AOG	辽宁	晋江	JJN	福建
朝阳	CHG	辽宁	杭州	HGH	浙江
兴城	XEN	辽宁	温州	WNZ	浙江
长海	CNI	辽宁	黄岩	HYN	浙江
丹东	DDG	辽宁	宁波	NGB	浙江
哈尔滨	HRB	黑龙江	义乌	YIW	浙江
佳木斯	JMU	黑龙江	衢州	JUZ	浙江
齐齐哈尔	NDG	黑龙江	舟山	HSN	浙江
黑河	HEK	黑龙江	广州	CAN	广东
牡丹江	MDG	黑龙江	珠海	ZUH	广东
满洲里	NZH	黑龙江	惠州	HUZ	广东
长春	CGQ	吉林	韶关	HSC	广东
吉林	JIL	吉林	东莞	DGM	广东
延吉	YNJ	吉林	深圳	SZX	广东
太原	TYN	山西	湛江	ZHA	广东
大同	DAT	山西	梅州	MXZ	广东
运城	YUC	山西	汕头	SWA	广东
梁平	LIA	山西	佛山	FUO	广东
长治	CIH	山西	香港	HKG	香港
重庆	CKG	重庆	长沙	CSX	湖南

续表

城　　市	三字代码	省　　份	城　　市	三字代码	省　　份
大庸	DYG	湖南	赤峰	CIF	内蒙古
衡阳	HNY	湖南	包头	BAV	内蒙古
永州	LLF	湖南	锡林浩特	XIL	内蒙古
张家界	DYG	湖南	通辽	TGO	内蒙古
常德	CGD	湖南	昆明	KMG	云南
芷江	HJJ	湖南	西双版纳（景洪）	JHG	云南
成都双流机场	CTU	四川	香格里拉（中甸）	DIG	云南
成都天府机场	TFU	四川	文山	WNH	云南
九寨沟	JZH	四川	元谋	YUA	云南
达县	DAX	四川	大理	DLU	云南
泸州	LZO	四川	昭通	ZAT	云南
宜宾	YBP	四川	思茅	SYM	云南
西昌	XIC	四川	芒市	LUM	云南
绵阳	MIG	四川	丽江	LJG	云南
攀枝花	PZI	四川	保山	BSD	云南
南充	NAO	四川	海口	HAK	海南
广元	GYS	四川	三亚	SYX	海南
广汉	GHN	四川	武汉	WUH	湖北
兰州	LHW	甘肃	宜昌	YIH	湖北
庆阳	IQN	甘肃	沙市	SHS	湖北
嘉峪关	JGN	甘肃	恩施	ENH	湖北
敦煌	DNH	甘肃	襄樊	XFN	湖北
酒泉	CHW	甘肃	西宁	XNN	青海
呼和浩特	HET	内蒙古	格尔木	GOQ	青海
海拉尔	HLD	内蒙古	澳门	MFM	澳门
乌兰浩特	HLH	内蒙古	台北	TPE	台湾

附录D　国际城市三字代码

城　　市	三字代码	所属国家	IATA区域	次　　区
温哥华	YVR	加拿大	TC1	北美
渥太华	YOW	加拿大	TC1	北美
蒙特利尔	YMQ	加拿大	TC1	北美
多伦多	YTO	加拿大	TC1	北美
旧金山	SFO	美国	TC1	北美
洛杉矶	LAX	美国	TC1	北美
西雅图	SEA	美国	TC1	北美
休斯顿	HOU	美国	TC1	北美
新奥尔良	MSY	美国	TC1	北美
孟菲斯	MEM	美国	TC1	北美
芝加哥	CHI	美国	TC1	北美
亚特兰大	ATL	美国	TC1	北美
迈阿密	MIA	美国	TC1	北美
华盛顿	WAS	美国	TC1	北美
纽约	NYC	美国	TC1	北美
安克雷奇	ANC	美国	TC1	北美
夏威夷	HNL	美国	TC1	北美
达拉斯	DFW	美国	TC1	北美
墨西哥城	MEX	墨西哥	TC1	北美
贝尔莫潘	BCV	伯利兹	TC1	中美
危地马拉城	GUA	危地马拉	TC1	中美
特古西加尔巴	TGU	洪都拉斯	TC1	中美
圣萨尔瓦多	SAL	萨尔瓦多	TC1	中美
马那瓜	MGA	尼加拉瓜	TC1	中美
圣何塞	SJO	哥斯达黎加	TC1	中美
哈瓦那	HAV	古巴	TC1	加勒比
太子港	PAP	海地	TC1	加勒比
金斯敦	KIN	牙买加	TC1	加勒比

续表

城　　市	三字代码	所属国家	IATA 区域	次　　区
卡宴	CAY	法属圭亚那	TC1	加勒比
加拉加斯	CCS	委内瑞拉	TC1	南美
圣菲波哥大	BOG	哥伦比亚	TC1	南美
卡宴	CAY	法属圭亚那	TC1	南美
巴西利亚	BSB	巴西	TC1	南美
圣保罗	SAO	巴西	TC1	南美
里约热内卢	RIO	巴西	TC1	南美
亚松森	ASU	巴拉圭	TC1	南美
蒙得维的亚	MVD	乌拉圭	TC1	南美
布宜诺斯艾利斯	BUE	阿根廷	TC1	南美
圣地亚哥	SCL	智利	TC1	南美
利马	LIM	秘鲁	TC1	南美
基多	UIO	厄瓜多尔	TC1	南美
苏克雷	SRE	玻利维亚	TC1	南美
哥本哈根	CPH	丹麦	TC2	欧洲
奥斯陆	OSL	挪威	TC2	欧洲
斯德哥尔摩	STO	瑞典	TC2	欧洲
赫尔辛基	HEL	芬兰	TC2	欧洲
圣彼得堡	LED	俄罗斯	TC2	欧洲
莫斯科	MOW	俄罗斯	TC2	欧洲
基辅	IEV	乌克兰	TC2	欧洲
雅典	ATH	希腊	TC2	欧洲
布达佩斯	BUD	匈牙利	TC2	欧洲
华沙	WAW	波兰	TC2	欧洲
柏林	BER	德国	TC2	欧洲
法兰克福	FRA	德国	TC2	欧洲
慕尼黑	MUC	德国	TC2	欧洲
维也纳	VIE	奥地利	TC2	欧洲
罗马	ROM	意大利	TC2	欧洲
米兰	MIL	意大利	TC2	欧洲
佛罗伦萨	FLR	意大利	TC2	欧洲
巴黎	PAR	法国	TC2	欧洲
马赛	MRS	法国	TC2	欧洲

续表

城　市	三字代码	所属国家	IATA 区域	次　区
里昂	LYS	法国	TC2	欧洲
苏黎世	ZRH	瑞士	TC2	欧洲
日内瓦	GVA	瑞士	TC2	欧洲
布鲁塞尔	BRU	比利时	TC2	欧洲
阿姆斯特丹	AMS	荷兰	TC2	欧洲
鹿特丹	RTM	荷兰	TC2	欧洲
马德里	MAD	西班牙	TC2	欧洲
巴塞罗那	BCN	西班牙	TC2	欧洲
里斯本	LIS	葡萄牙	TC2	欧洲
都柏林	DUB	爱尔兰	TC2	欧洲
伦敦	LON	英国	TC2	欧洲
曼彻斯特	MAN	英国	TC2	欧洲
突尼斯	TUN	突尼斯	TC2	欧洲
阿尔及尔	ALG	阿尔及利亚	TC2	欧洲
拉巴特	RBA	摩洛哥	TC2	欧洲
安卡拉	ANK	土耳其	TC2	欧洲
伊斯坦布尔	IST	土耳其	TC2	欧洲
达喀尔	DKR	塞内加尔	TC2	非洲
巴马科	BKO	马里	TC2	非洲
阿比让	ABJ	科特迪瓦	TC2	非洲
阿克拉	ACC	加纳	TC2	非洲
拉各斯	LOS	尼日利亚	TC2	非洲
布拉柴维尔	BZV	刚果	TC2	非洲
罗安达	LAD	安哥拉	TC2	非洲
基加利	KGL	卢旺达	TC2	非洲
坎帕拉	EBB	乌干达	TC2	非洲
亚的斯亚贝巴	ADD	埃塞俄比亚	TC2	非洲
内罗毕	NBO	肯尼亚	TC2	非洲
达累斯萨拉姆	DAR	坦桑尼亚	TC2	非洲
利隆圭	LLW	马拉维	TC2	非洲
卢萨卡	LUN	赞比亚	TC2	非洲
哈拉雷	HRE	津巴布韦	TC2	非洲
温得和克	ERS	纳米比亚	TC2	非洲

续表

城　市	三字代码	所属国家	IATA区域	次　区
开普敦	CPT	南非	TC2	非洲
约翰内斯堡	JNB	南非	TC2	非洲
塔那那利佛	TNR	马达加斯加	TC2	非洲
开罗	CAI	埃及	TC2	中东
喀土穆	KRT	苏丹	TC2	中东
大马士革	DAM	叙利亚	TC2	中东
安曼	AMM	约旦	TC2	中东
贝鲁特	BEY	黎巴嫩	TC2	中东
耶路撒冷	JRS	以色列	TC2	中东
利雅得	RUH	沙特阿拉伯	TC2	中东
萨那	SAH	也门	TC2	中东
亚丁	ADE	也门	TC2	中东
马斯喀特	MCT	阿曼	TC2	中东
阿布扎比	AUH	阿联酋	TC2	中东
迪拜	DXB	阿联酋	TC2	中东
多哈	DOH	卡塔尔	TC2	中东
巴林	BAH	巴林	TC2	中东
科威特	KWI	科威特	TC2	中东
巴格达	BGW	伊拉克	TC2	中东
德黑兰	THR	伊朗	TC2	中东
喀布尔	KBL	阿富汗	TC3	南亚次大陆
加德满都	KTM	尼泊尔	TC3	南亚次大陆
廷布	QJC	不丹	TC3	南亚次大陆
伊斯兰堡	ISB	巴基斯坦	TC3	南亚次大陆
卡拉奇	KHI	巴基斯坦	TC3	南亚次大陆
新德里	DEL	印度	TC3	南亚次大陆
孟买	BOM	印度	TC3	南亚次大陆
加尔各答	CCU	印度	TC3	南亚次大陆
达卡	DAC	孟加拉国	TC3	南亚次大陆
科伦坡	CMB	斯里兰卡	TC3	南亚次大陆
马累	MLE	马尔代夫	TC3	南亚次大陆
平壤	FNJ	朝鲜	TC3	日、韩、朝次区
首尔	SEL	韩国	TC3	日、韩、朝次区

续表

城　　市	三字代码	所属国家	IATA 区域	次　　区
釜山	PUS	韩国	TC3	日、韩、朝次区
东京	TYO	日本	TC3	日、韩、朝次区
大阪	OSA	日本	TC3	日、韩、朝次区
札幌	SPK	日本	TC3	日、韩、朝次区
乌兰巴托	ULN	蒙古	TC3	东南亚次区
曼谷	BKK	泰国	TC3	东南亚次区
金边	PNH	柬埔寨	TC3	东南亚次区
河内	HAN	越南	TC3	东南亚次区
吉隆坡	KUL	马来西亚	TC3	东南亚次区
新加坡	SIN	新加坡	TC3	东南亚次区
雅加达	JKT	印度尼西亚	TC3	东南亚次区
万隆	BDO	印度尼西亚	TC3	东南亚次区
马尼拉	MNL	菲律宾	TC3	东南亚次区
堪培拉	CBR	澳大利亚	TC3	西南太平洋次区
悉尼	SYD	澳大利亚	TC3	西南太平洋次区
墨尔本	MEL	澳大利亚	TC3	西南太平洋次区
阿德莱德	ADL	澳大利亚	TC3	西南太平洋次区
奥克兰	AKL	新西兰	TC3	西南太平洋次区
惠灵顿	WLG	新西兰	TC3	西南太平洋次区
莫尔兹比港	POM	巴布亚新几内亚	TC3	西南太平洋次区
瑙鲁	INU	瑙鲁	TC3	西南太平洋次区
马朱罗	MAJ	马绍尔群岛	TC3	西南太平洋次区
楠迪	NAN	汤加	TC3	西南太平洋次区

附录 E　常用特殊服务需求代码

1. 餐食、轮椅代码

AVML	VEGETARIAN HINDU MEAL	亚洲印度素食
BBML	INFANT/BABY MEAL	婴儿餐
BLML	BLAND MEAL	病人餐
CHML	CHILD MEAL	儿童餐
DBML	DIABETIC MEAL	糖尿病餐食
FPML	FRUIT PLATTER MEAL	水果盘餐
GFML	GLUTEN INTOLERANT MEAL	无麸质餐食
HNML	HINDU MEAL	北印度餐食
KSML	KOSHER MEAL	犹太餐食
LCML	LOW CALORIE MEAL	低卡路里餐食
LFML	LOW FAT MEAL	低胆固醇无脂肪餐食
LSML	LOW SALT MEAL	低钠无盐餐食
MOML	MOSLEM MEAL	穆斯林餐食
NLML	LOW LACTOSE MEAL	无乳糖餐食
RVML	VEGETARIAN RAW MEAL	鲜果鲜蔬餐食
SFML	SEAFOOD MEAL	海鲜餐食
SPML	SPECIAL MEAL	特殊餐食
VGML	VEGETARIAN VEGAN MEAL	素餐/西式素食
VLML	VEGETARIAN LACTO OVO MEAL	蛋奶素餐/西式素食
VOML	VEGETARIAN ORIENTAL MEAL	东方素食
WCBD	WHEELCHAIR DRY CELL BATT	干电池驱动轮椅
WCBW	WHEELCHAIR WET CELL BATT	湿电池驱动轮椅
WCHC	PSGR COMPLETELY IMMOBILE	轮椅服务起止于客舱
WCHR	PSGR NN WCHR FOR LONG DIST	轮椅服务起止于停机坪
WCHS	CANNOT ASCEND OR DESCEND STEPS	轮椅服务起止于客梯
WCMP	WHEELCHAIR MANUAL POWER	手动轮椅
WCOB	ON BOARD WHEELCHAIR	机上轮椅

2. 其他特殊服务需求代码

AVIH	ANIMAL IN HOLD	活体动物运输（货舱中）
BIKE	BICYCLE – specify number.	自行车运输
BLND	BLIND CUSTOMER –specjfy if accompanied by seeing eye dog or other service animal	盲人旅客
BSCT	BASSINET OR CARRY COT / BABY BASKET	婴儿摇篮
BULK	BULKY BAGGAGE-specify number weight size if known	超大行李
CBBG	CABIN BAGGAGE-for which an extra seat(s) has been phruchased	客舱占座行李
CHLD	CHILD	儿童
CKIN	PSGR HANDLE AT DEPARTURE	提供需要在办理乘机手续时进行处理的旅客信息
COUR	COMMERICIAL COURIER	商业信使
DEAF	DEAF PASSENGER	聋哑旅客
DEPA	DEPORTEE ACCOMPANIED	被遣返旅客—有人陪伴
DEPU	DEPORTEE UNACCOMPANIED	被遣返旅客—无人陪伴
DIPL	DIPLOMATIC COUIER	外交信使
EXST	EXTRA SEAT	额外占座
FRAG	FRAGILE BAGGAGE	易碎行李
FRAV	FIRST AVAILABLE	优先保证定座
INFT	INFANT	婴儿
LANG	SPECIFY LANGUAGE SPOKEN	特定语言
MAAS	MEET AND ASSIST	需要满足与帮助的旅客
MEDA	MEDICAL CASE	身体患病旅客
MEQT	MEDICAL EQUIPMENT	医疗设备
OXYG	OXYGEN	氧气
PETC	ANIMAL IN CABIN	客舱运输动物
SEAT	ADVANCE SEAT ASSIGNMENT	机上座位预订
SEMN	SHIPS CREW	海员
SKYT	SKYTEAM PASSENGER	天合联盟旅客
SPEQ	SPORTS EQUIPMENT	运动器械
STCR	STRETCHER PASSENGER	担架旅客
TWOV	TRANSIT TRANSFER WITHOUT VISA	无签证过境
UMNR	UNACCOMPANIED MINOR	无成人陪伴儿童
WEAP	WEAPONS FIREARMS	武器
XBAG	EXCESS BAGGAGE	额外占座行李

附录F 指令索引

AV 指令索引

例 1．AV:PEKSHA/10OCT　显示 10 月 10 日北京至上海航班座位情况

例 2．AV:PEKSHA　显示当天北京至上海航班座位可利用情况

例 3．AV:PEKCAN/15OCT/CA　显示 10 月 15 日北京至广州国航航班座位情况

例 4．AV:SHACTU/10DEC/1100　显示 12 月 10 日 11 点上海至成都航班座位情况

例 5．AV:SHACTU/10DEC/1100/SZ　显示上海至成都西南航空公司的座位情况

例 6．AV:PEKPVG/11DEC　显示 12 月 11 日北京至浦东航班座位可利用情况

例 7．AV:RA/21DEC　显示 12 月 21 日回程航班座位情况

例 8．AV:CA983/1DEC　显示 12 月 1 日国航各舱位座位可利用情况

例 9．AV:E/PEKCAN/1DEC　按照飞行时间顺序显示航班座位情况

例 10．AV:PEKFRA/1DEC/D　显示 12 月 1 日北京至法兰克福直达航班信息

例 11．AV:SHAFRA/4DEC/N　显示 12 月 4 日上海至法兰克福不经停航班

例 12．AV:LONFRA/5DEC/1A　显示 12 月 5 日伦敦至法兰克福 1A 系统中航班座位可利用情况

FV 指令索引

例 1．FV:PEKSHA　显示北京至上海最早有座位的航班

例 2．FV:SHA/20OCT　显示 10 月 20 日之后从本地至上海最早有座位的航班

例 3．FV:PEKSHA/Y　显示北京至上海 Y 舱最早有座位的航班

例 4．FV:PEKSHA/5　显示北京至上海最早有 5 个座位的航班

例 5．FV:PEKSHA/20OCT/1100　显示 10 月 20 日北京至上海 11 点以后最早有座位的航班

例 6．FV:PEKSHA/20OCT/1100/CA　显示 10 月 20 日北京至上海 11 点以后国航最早有座位的航班

例 7．FV:PEKSHA/20OCT/1100/5/CA/F　显示 10 月 20 日北京至上海 11 点以后国航下舱最早有 5 个座位的航班

例 8．FV:E/PEKCAN　显示北京至广州飞行时间最短、最早有座位的航班

SK 指令索引

例 1．SK:A/CAN/10DEC/C1　按照到达时间的顺序显示 12 月 10 日从本地到广州，并且有一个连接点的航班时刻

例 2. SK:PEKNNG/15OCT　显示 10 月 15 日北京至南宁的航班周期、时刻

例 3. SK:PEKCAN/20DEC/1100/CA　显示指定时间、航空公司航班周期

例 4. SK:PEKSHA　显示北京至上海所有航班的飞行周期、时刻

例 5. SK:CAN/20NOV　显示 11 月 20 日本地至广州的航班周期、时刻

例 6. SK:SHACTU/15OCT/MU　显示指定航空公司日期的航班周期、时刻

例 7. SK:PEKCDG/10OCT/D　显示直达航班的周期、时刻

例 8. SK:PEKNRT/20OCT/N　显示不经停航班的周期、时刻

例 9. SK:PEKCSX/14OCT/F　显示含有 F 舱的航班周期、时刻

例 10. SK:PEKSHA/MU/F　显示指定航空公司舱位的航班周期、时刻

DS 指令索引

例 1. DS:PEKCAN　显示北京至广州航班的机型、时刻等信息

例 2. DS:PEKCAN/12DEC　显示具体日期的航班机型、时刻等信息

例 3. DS:A/PEKLAX/10DEC/1100/CA/D　显示具体日期、时间及航空公司的直达航班的机型、时刻等信息

例 4. DS:CSX/15OCT　显示 10 月 15 日本地至长沙的航班机型、时刻等信息

例 5. DS:E/PEKHGH　按照飞行时间顺序显示的机型时刻等信息

例 6. DS:CANSHA/16OCT/CZ　显示具体日期、航空公司的航班机型、时刻等信息

FF 指令索引

例 1. FF:CA929/9OCT　显示 10 月 9 日国航的经停点及起降时间

FD 指令索引

例 1. FD:PEKSHA/./CA　显示当前国航北京至上海运价

例 2. FD:PEKSHA/CA　显示国航北京至上海所有运价

例 3. FD: PEKSHA/14FEB96/CA　显示过期国航北京至上海运价

例 4. AV:PEKCSX　显示航班座位可利用情况

FD:1　根据 AV 显示继续查询运价

ML 指令索引

例 1. ML:C/CA1321/7OCT　显示该航班上所有订座

例 2. ML:B/CA1321/Y/7OCT　显示该航班 Y 舱上所有 HK 的订座

例 3. ML:X/CA1321/7OCT　显示该航班所有取消的订座

例 4. ML:G/CA1321/7OCT　显示该航班所有团体订座

例 5. ML:U/CA1321/7OCT　显示该航班未订妥座位的记录

例 6. ML:R/CA1321/7OCT　显示该航班上所有 RR 的订座

例 7. ML:NR/CA1321/7OCT　显示该航班上所有未 RR 的订座

例 8. ML:NG/CA1321/7OCT　显示该航班所有非团体订座 PNR

例 9. ML:GBNR/CA1321/7OCT　显示该航班上团体 HK 的订座 PNR

DSG 指令索引

例 1．DSG:C/CA981/Y　显示该航班起降时间、飞行时间

例 2．DSG:CA981/Y　显示该航班起降时间、机型

例 3．DSG:C/CA981/Y/PEKDTW　显示该航段上起降时间、飞行时间

例 4．RT MR142　根据 PNR 查询

DSG:C/2/3　显示 PNR 中序号为 2、3 的航班起降时间、飞行时间

DSG:C　完整显示 PNR 中涉及的全部航段信息

订座或手工出票 PNR 的构成

例 1．NM（GN）姓名组（团名）

例 2．SS、SD、SN、SA 航段组

例 3．CT 联系组

例 4．TK 票号组

例 5．RMK 备注组

例 6．SSR 特殊服务组

例 7．OSI 其他服务组

例 8．@ 封口生效

自动出票 PNR 的构成

例 1．NM（GN）姓名组（团名）

例 2．SS、SD、SN、SA 航段组

例 3．CT 联系组

例 4．FC 运价计算组

例 5．FN 运价组

例 6．FP 付款方式组

例 7．>DZ:1 封口并打票

RT 指令索引

例 1．>RT:XXXXX　根据 PNR 提取订座记录

例 2．>RT:ZHANG/CA1301/10DEC　根据旅客姓名、航班提取订座记录

例 3．>ML: C/CA1301/10DEC　提取该航班的所有订座记录

例 4．>RT:序号　根据 ML 中旅客序号提取订座记录

例 5．>RT:C/XXXXX　提取 PNR 处理的全过程

例 6．>RT:U/1　提取 PNR 的历史部分

例 7．>RT:N/XXXXX　提取团体 PNR 及其所有旅客姓名

例 8．>RT:NC/XXXXX　提取团体 PNR 处理的全过程

RRT 指令索引

例 1．>RRT:V/XXXXX/CA1301/10DEC　根据航空公司系统记录编号提取记录

例 2．>RRT:OK　生效该记录
例 3．SITA AIRFARE　运价指令索引
例 4．>RT:XXXXX　提取订座记录
例 5．（>SEL:X/X/X）　选定需要计算的航段（可选项）
例 6．>QTE:　计算运价
例 7．>XS FSU X　显示相关运价的具体内容
例 8．>XS FSG X　显示相关运价的使用规则
例 9．>XS FSQ X　显示运价计算的横式
例 10．>XS FSS X　显示航段订座舱位
例 11．>XS FSP　未建立航段的运价计算
例 12．>XS FSI　已建立航段的运价计算
例 13．>XS FSD　显示两点间公布运价
例 14．>XS FSN　显示票价注解
例 15．>XS FXC　以另一种货币显示运价
例 16．>XS FXH　显示比例运价的构成
例 17．>XS FSL　显示运价的航路限制
例 18．>XS FSE　显示与运价有关的资料
例 19．>XS FSM　显示里程
例 20．>XS FSO　显示不同方向的里程
例 21．>XS FSC　显示货币转换
例 22．>XS FXB　显示某一货币与其他货币的比价
例 23．>XS FXT　显示税信息
例 24．>XS FXR　显示有关货币信息、机场、国家等信息
例 25．>XS FXA　显示联运协议
例 26．>XS FSN FSD H　显示 FSD 指令的帮助信息
例 27．>XS FSPN　向后翻页
例 28．>XS FSPL　向前翻页
例 29．>XS FSPC　再次显示当前页
例 30．>XS FSPG3　指定某一页
例 31．>XS FSDPG2　指定看某功能应答的第 2 页

TIM 指令索引

例 1．>TIM TIFV　查询签证信息
例 2．>TIM TIFH　查询健康检疫信息
例 3．>TIM TIFA　同时查询签证、健康检疫信息
例 4．>TIM TIDFT/CITY/SECT/SUBSECT/PAGE　查询与出入境有关的信息

例 5．>TIM TIRGL　显示 TIMATIC 国际组织

例 6．>TIM TIRGL/NATO　显示某一国际组织

例 7．>TIM TILCC/COUNTRY NAME　按照国家查询城市

例 8．>TIM TIRCC　显示所有城市名称

例 9．>TIM TIRCC/CTY　按照城市所在国列出所有城市名称

例 10．>TIM TIHELP　显示 TIM 帮助功能

例 11．>TIM TIRULES　显示 TIM 中有关规则

例 12．>TIM TINEWS　显示综合旅游信息新闻

附录G　出错信息提示总汇

SI

PROT SET　密码输入错误

USER GRP　级别输入错误

PLEASE SIGN IN FIRST　请先输入工作号，再进行查询

SO

PENDING　表示有未完成的旅客订座PNR，在退号前必须完成或放弃它

TICKET PRINTER IN USE　表示未退出打票机的控制，退出后即可

QUE PENDING　表示未处理完信箱中的QUEUE、QDE或QNE

PROFILE PENDING　表示未处理完常旅客的订座，PSS：ALL处理

FD

AIRLINE　查询运价时，应加上航空公司代码

NM

ELE NBR　旅客序号不正确

INFANT　缺少婴儿标识

INVALID CHAR　姓名中存在非法字符，或终端参数设置有误

NAME LENGTH　姓名超长或姓氏少于两个字符

PLS NM1XXXX/XXXXXX　姓名中应加斜线（/），或斜线数量不正确

SEATS　座位数与姓名数不符，可RT检查当前的PNR

NO NAME CHANGE FOR MU/Y　某航空公司不允许修改姓名

SS、SD

UNABLE　当所订的航班舱位不存在或状态不正确时，系统给出应答为UNABLE并显示航班情况

ACTION　行动代码不正确

SEATS　订座数与PNR中旅客数不一致

SEGMENT　城市对输入无效

TIME　输入时间不正确

FLT NUMBER　航班号不正确

SCH NBR　航线序号不符

TK DATE　输入的日期不正确

INVALID CHAR　自由格式项中存在非法字符

OFFICE　部门代码不正确

PLS INPUT FULL TICKET NUMBER　输入完整的票号，航空公司客票代码及十位票号

@ CHECK CONTINUITY　检查航段的连续性，使用@I

CONTACT ELEMENT MISSING　缺少联系组，将旅客的联系电话输入 PNR 中，MAX TIME FOR EOT - IGNORE PNR AND RESTART 建立了航段组，但未封口的时间超过 5 分钟，这时系统内部已经做了 IG，将座位还原，营业员应做 IG，并重新建立 PNR SIMULTANEOUS MODIFICATION-REENTER MODIFICATION 类似的修改，IG，并重新输入当前的修改

QT

FORMAT　输入错误格式使操作被拒绝

ILLEGAL　错误的数字代码操作被拒绝

OFFICE　操作指定的部门号不存在

QS

FORMAT　输入格式错误

ILLEGAL　错误的数字代码操作被拒绝

NO QUEUE　说明该部门此类信箱不存在

OFFICE　营业员所要处理的信箱部门不存在

Q EMPTY　信箱中此类信箱为空的，已处理完成，没有需要处理的内容

WORKING Q　表示营业员正在对某一种信箱进行处理，未处理完时，不能再处理另外一种 Q。这时若要结束原来的处理，可以做 QDE 或 QNE，然后再 QS:XX

QD

FORMAT QD　指令的输入格式不正确

NO DISPLAY QD　没有信件可放回系统

QN

ILLEGAL QN　指令的申请操作被拒绝

NO DISPLAY QN　没有信箱可放回系统

QC

FORMAT　输入额外的错误格式

ILLEGAL QC　指令中错误的数字代码操作被拒绝

NO DISPLAY QC　指令操作指示没有信箱项可供转移

OFFICE　营业员意图转移到的部门不存在

QE

FORMAT　输入额外的错误格式

OFFICE　部门代号不存在

Q TYPE　所要发送到的信箱的种类在目的部门中没有定义

RL　记录编号不存在

附录 H　出错信息索引

ACTION　行动代码不正确

AIRLINE　航空公司代码不正确

CHECK CONTINUITY　检查航段的连续性，使用@I，或增加地面运输航段

CONTACT ELEMENT MISSING　缺少联系组，将旅客的联系电话输入 PNR DATE，输入的日期不正确

ELE NBR　序号不正确

FLT NUMBER　航班号不正确

FORMAT　输入格式不正确

ILLEGAL　不合法

INFANT　缺少婴儿标识

INVALID CHAR　存在非法字符，或终端参数设置有误

MAX TIME FOR EOT - IGNORE PNR AND RESTART　建立了航段组，但未封口的时间超过 5 分钟，这时系统内部已经做了 IG，将座位还原，营业员应做 IG，并重新建立 PNR

NAME LENGTH　姓名超长或姓氏少于两个字符

NAMES PNR　中缺少姓名项

NO DISPLAY　没有显示

NO NAME CHANGE FOR MU/Y　某航空公司不允许修改姓名

NO QUEUE　说明该部门此类信箱不存在

OFFICE　部门代号不正确

PENDING　表示有未完成的旅客订座 PNR，在退号前必须完成或放弃它

PLEASE SIGN IN FIRST　请先输入工作号，再进行查询

PLS INPUT FULL TICKET NUMBER　输入完整的票号，航空公司客票代码及十位票号

PLS NM1XXXX/XXXX　姓名中应加斜线（/），或斜线数量不正确

PROFILE PENDING　表示未处理完常旅客的订座，PSS:ALL 处理

PROT SET　工作号密码输入错误

Q TYPE　所要发送到的信箱的种类在目的部门中没有定义

Q EMPTY　信箱中此类信箱为空的，已处理完成，没有需要处理的内容

QUE PENDING　表示未处理完信箱中的 QUEUE，QDE 或 QNE

RL 记录编号不存在

SCH NBR 航线序号不符

SEATS 订座数与 PNR 中姓名数不一致，可 RT 检查当前的 PNR

SEGMENT 航段

TICKET PRINTER IN USE 表示未退出打票机的控制，退出后即可

TIME 输入时间不正确

UNABLE 不能

USER GRP 工作号级别输入错误

WORKING Q 表示营业员正在对某一种信箱进行处理，未处理完时，不能再处理另外一种 Q。这时若要结束原来的处理，可以做 QDE 或 QNE，然后再 QS

附录 I　国际组织名称及缩写

ICAO

INTERNATIONAL CIVIL AVIATION ORGANIZATION　国际民航组织

IATA

INTERNATIONAL AIR TRANSPORT ASSOCIATION　国际航空运输协会

UNWTO

WORLD TOURISM ORGANIZATION　世界旅游组织

UFTAA

UNIVERSAL FEDERATION OF TRAVEL AGENTS' ASSOCIATIONS

世界旅行社协会联合会

WHO

WORLD HEALTH ORGANIZATION　世界卫生组织

IMO

INTERNATIONAL MARITIME ORGANIZATION　国际海事组织

OECD

ORGANIZATION FOR ECONOMIC CO-OPERATION AND DEVELOPMENT

经济合作与发展组织

IASET

INTERNATIONAL ASSOCIATION OF SCIENCE EXPERTS IN TOURESM

国际旅游科学专家协会

ATA

AIR TRANSPORT ASSOCIATION OF AMERICAN　美国航空运输协会

OAG

OFFICIAL AIRLINE GUIDE　航班信息指南

SITA

SOCIETY INTERNATIONAL DE TELECOMMUNICATION AERO-NAUTIQUES

国际航空电信协会